T0010533

EL PACTO
SECRETO

JUDY RAKOWSKY

EL PACTO
SECRETO

La historia no contada entre los nazis y el gobierno polaco
que aseguró el Holocausto

Título original: *Jews in the garden*

© 2023, Judy Rakowsky

Traducción: Alejandro Romero
Formación: Moisés Arroyo
Diseño de portada: Planeta Arte & Diseño / Estudio La fe ciega /
Domingo Martínez
Imagen de portada: Fotoarte creado con imágenes de © iStock
Fotografía de la autora: © Sam Mendales
Imágenes internas © Judy Rakowsky (Capítulos 1-10);
Sam Mendales (Capítulos 11-15)

Derechos reservados

© 2023, Editorial Planeta Mexicana, S.A. de C.V.
Bajo el sello editorial PLANETA M.R.
Avenida Presidente Masarik núm. 111,
Piso 2, Polanco V Sección, Miguel Hidalgo
C.P. 11560, Ciudad de México
www.planetadelibros.com.mx

Primera edición en formato epub: noviembre de 2023
ISBN: 978-607-39-0819-1

Primera edición impresa en México: noviembre de 2023
ISBN: 978-607-39-0649-4

Impreso en los talleres de Litográfica Ingramex, S.A. de C.V.
Centeno núm. 162-1, colonia Granjas Esmeralda, Ciudad de México
Impreso y hecho en México –*Printed and made in Mexico*

ÍNDICE

Tercera parte

*Para los relatores de verdades que revelan las historias
de vidas descartadas, y las rescatan, y a nosotros,
de caer en la negación de una historia oscura.*

«Todos necesitamos paz.
Sin embargo, la memoria engendra inquietud».

DOCTOR PIOTR M. A. CYWINSKI,
director del Auschwitz-Birkenau State Museum

HENA OCULTA

Zagórzyce, Polonia, 1944

Las fuertes pisadas retumbaban por el camino aquella noche lluviosa de mayo. Los hombres avanzaban en amenazante formación frente a kilómetros y kilómetros de campos recién arados.

Los 18 meses que había pasado ocultándose agudizaron el oído de Hena Rożeńka, siempre alerta al peligro de los alemanes o de cualquiera que pudiera traicionarla a ella y a su familia. Ahí, posada en la cima de una colina en Polonia central resultaba más sencillo percatarse de cuándo se acercaba algún intruso. El escondite en la granja se encontraba a solo unos cuantos kilómetros, y a todo un mundo de distancia, de la casa y la tienda donde ella había pasado su vida rodeada de múltiples familiares. Pero ¿quiénes eran estos hombres con rifles al hombro? ¿Y por qué se dirigían directamente a la granja como si fuera su objetivo?

El temor de Hena aumentaba con cada paso que los hombres armados daban hacia la casa. Sus padres, sus hermanas y su hermano estaban adentro. A esas alturas de la guerra, con la liberación a la vuelta de la esquina, se habían aventurado a buscar refugio y consuelo de aquel aguacero primaveral.

Las figuras oscuras traspasaron la propiedad. Por su parte, Hena sintió cómo el miedo y la impotencia le revolvían el estómago. No podía advertir a su familia sin revelar su ubicación; lo único que podía hacer era echar vistazos de vez en cuando desde su escondite. Aquella noche pudo haber tenido miles de razones para no estar junto a su familia. Después de todo, a sus 16 años, había estado con ellos a cada momento desde septiembre de 1942, y añoraba pasar algo de tiempo a solas. La última vez que había visto a sus compañeros de clase tenía 11 años.

Sus padres le recordaban constantemente lo afortunados que eran. El Pan [señor] Radziszewski, un hombre amable y cliente leal de su ferretería los había rescatado antes de la redada. De otro modo, los hubieran forzado a subir a las carretas y los trenes con el resto de los judíos de Kazimierza Wielka.

Ahí en la granja, alejados de todo, tal brutalidad era imposible de creer, pero su valiente protector les había contado todo lo ocurrido: los alemanes habían enviado a casi doscientos judíos a Bełżec, el campo de concentración más cercano, y nadie volvió a saber de ellos. Tiempo después hubo una segunda redada. Durante todo el otoño y el invierno de 1942, Pan Radziszewski les llevaba noticias sobre cómo los grupos nazis se dedicaban a «peinar» toda la región, a asesinar a cualquier judío que encontraran, así como a amenazar a los pobladores con fuertes represalias para cualquiera que se atreviera a albergar judíos. Los Rożeńek recibían estos informes en su escondite y hacían todo lo posible por permanecer invisibles.

Desde su llegada, habían soportado dos inviernos. Y en el transcurso de esos meses, la hija adolescente del granjero se había marchado; una más entre todos esos polacos que habían sido involuntariamente deportados para hacer trabajos forzados en Alemania.1 Sin embargo, recientemente, los padres y hermanos de Hena se encontraban entusiasmados por las últimas noticias que Pan Radziszewski había traído del pueblo: las tropas del Ejército Rojo se aproximaban. Su sufrimiento se terminaría pronto.

La esperanza, sin duda, relajó mucho a sus padres. En algunas noches sin luna salían con sigilo de los abarrotados anexos para respirar aire fresco, lo cual significaba un gran alivio después de la interminable quietud de estar agachados en la tierra. Incluso se habían atrevido a soñar con recuperar su vida de antes, a cargo de la tienda, y con que Hena viera nuevamente a sus compañeros de escuela.

Hena observó con cautela. Los hombres armados no portaban nada que los identificara como tropas rusas ni alemanas. ¿Y por qué se habían posicionado alrededor de esa granja?

Las figuras oscuras se apostaron frente a la puerta y se escucharon unas voces amortiguadas en medio del aire frío y húmedo.

Luego llegaron aquellos sonidos que recordaría por un largo tiempo. Metal sobre metal, las armas dispuestas para entrar en acción. Los golpes atronadores en la puerta principal rebotaron en las casas cercanas.

Los hombres gritaban en polaco:

—¡Entreguen a los judíos! ¡Sabemos que están escondiendo judíos! ¡Entréguenlos!

Hena no podía creer lo que estaba sucediendo. ¿Cuántas veces había imaginado un ataque con soldados de asalto, grandes autos negros estacionados frente a la casa, hombres dispersándose por el corral antes de que alguien tuviera oportunidad de huir? Ahora, esas escalofriantes fantasías se habían convertido en realidad.

Pan Radziszewski apareció en la puerta con aspecto amodorrado. La luz del interior iluminaba ligeramente su silueta; llevaba un niño pequeño en brazos. Los hombres armados irrumpieron en la casa gritando y golpearon al granjero con la culata de sus rifles. Pan Radziszewski abrazó al bebé con fuerza, para protegerlo a él en lugar de a sí mismo.

—Sabemos que ocultas judíos. Entrégalos. ¿Dónde están?

—¿De qué hablan? —protestó Radziszewski. El niño gritó—. ¿Qué están haciendo aquí? —preguntó—. ¿Quiénes son?

Los hombres armados registraron toda la casa, rompiendo platos y otras cosas a su paso. Su escandaloso ataque y sus acusaciones resonaban por los campos y llegaban hasta las granjas vecinas. Hena no escuchaba nada de alemán ni ruso, solo polaco.

El majestuoso cerezo afuera de la casa, ahora cubierto de retoños mojados, acababa de sacudirse el estancamiento invernal; los brotes nudosos habían emergido, y se abrían con racimos de pétalos pálidos que alegraban el paisaje de la guerra. Hena podría haberse acurrucado debajo de él. Tal vez los atacantes no encontrarían a su familia, se dijo para tratar de consolarse. Probablemente no buscarían en el espacio entre la estufa y el ático, donde algunos de los Rożeńek se habían ocultado durante otras irrupciones, como cuando la hija de un vecino fue a jugar.

Los sonidos de muebles siendo derribados y más ataques al granjero emanaban de la casa. Y, después de unos instantes de silencio, llegaron los gritos exultantes. Su corazón se hundió en su pecho. Seguramente, los hombres armados habían encontrado a su presa: su amada familia.

—¡Los tenemos! —bramó alguien con tono triunfante. Los gritos amortiguados provenientes del interior de la casa se volvieron agudos y claros. Y Hena vio por qué. Las ventanas del segundo piso habían sido abiertas de golpe, y los hombres armados en el interior les gritaban a los que estaban reunidos abajo.

Después vio la forma de su hermana Frania. Su maestra y protectora. Frania tenía 5 años más que Hena. Apareció en la ventana abierta; las facciones de su rostro estaban deformadas por el terror. Su cuerpo saltó a la vista. Los atacantes reían mientras la empujaban por la ventana. Su forma ligera flotó por un momento, y las balas salieron disparadas hacia arriba. Luego aterrizó con un golpe horrible.

El humo acre de las armas llegó hasta el escondite de Hena. Los despiadados soldados reían y gritaban, incitándose unos a otros para hacer lo mismo con la siguiente: su hermana Frymet. ¿Cómo podía presenciar aquello otra vez? Los sonidos y las imágenes se repitieron. Horrorizada y con un nudo en el estómago, vio el rostro demacrado de su madre aparecer en la ventana. Es probable que estuviera mirando hacia abajo, al lugar en que sus hijas yacían desplomadas. Ita tenía cincuenta y tantos años, y se había encargado de calmarlas durante innumerables días y noches en los que tenían que sentarse en la tierra húmeda. Ella se movió torpemente. Los sádicos soldados la empujaron y picaron. Luego vino un empujón violento. Sus gritos resonaron en medio de la lluvia de disparos.

Hena alcanzaba a distinguir los extremos de los cañones de las armas apuntando hacia arriba, mientras asesinaban a su familia, miembro por miembro. Le costaba trabajo creer que su madre y sus hermanas, quienes momentos antes se encontraban apiñadas con temor, ya estaban muertas.

Su hermano y padre observaban con impotencia, inmovilizados por otros de los agresores. Volvieron a escucharse los sonidos horribles. Y luego vio cómo empujaban a su padre y a su hermano hacia la lluvia de disparos; sus cuerpos cayeron sobre los otros.

Los pistoleros vitorearon con aire triunfante, orgullosos de su crueldad asesina y felicitándose mutuamente por haber matado a los «Yids», término peyorativo para referirse a los judíos.

A los agresores no les importó ser vistos. Organizaron las ejecuciones descaradamente; sus gritos y disparos resonaron por toda la aldea. Nadie en el pueblo respondió. Ni los alemanes ni la policía polaca.

Hena seguía inmóvil aun horas después de la masacre. Aparentemente los hombres armados se habían marchado, pero los había escuchado advertirle al granjero que no tocara ninguna de las pertenencias de los judíos, ya que volverían.

Pero ¿cuándo?

Mucho después de que el ruido de las botas desapareció, ella permaneció congelada en su lugar. Estaba sola en el mundo.

¿Dónde podía permanecer a salvo? No podía pedirle apoyo a Pan Radziszewski. Los atacantes podrían enterarse de que ella seguía con vida y torturarlo.

El cerezo se convirtió en el cementerio de su familia. Pero la ubicación de los restos de la familia Rożeńek no sería un secreto. El propio árbol se negaba a ocultar el crimen.

Cada primavera florecía como de costumbre. Las flores daban paso a los prometedores frutos color verde lima, como una nueva esperanza que brotaba, pero nunca adoptarían el tono rojizo anaranjado de las famosas cerezas de Polonia. Retuvieron su promesa como el orgullo de Polonia y nunca maduraron. En cambio, se volvieron negros y luego se pudrieron, como si impidieran que los aldeanos olvidaran lo que se encontraba debajo.

Con el paso del tiempo el árbol llamó la atención de los habitantes de la aldea, así como de poblaciones vecinas. En los alrededores la gente había escuchado hablar del cerezo, y de los judíos asesinados, los Rożeńek, enterrados debajo del árbol. ¿Acaso estaba maldito?

Asimismo, surgieron rumores de que un solo miembro de la familia había escapado a ese terrible destino: Hena, la hija menor. Solo ella se había salvado.

PRIMERA PARTE

La fiesta del octogésimo cumpleaños de Benjamin Rakowsky, quien emigró a EUA en 1913. Ben celebra con su hermano menor, Joe, padre de Sam (Rakowski) Ron, quien se quedó atrás y sobrevivió al Holocausto. Judy asistió a esta celebración cuando tenía 7 años.

1
PERDIDO Y ENCONTRADO

Lima, Ohio, 1966

Poppy estaba sentada en la cabecera de una mesa larga en el Lost Creek Country Club, sonriendo ante su familia, que estaba ataviada con vestidos relucientes y trajes elegantes para la celebración de su octogésimo cumpleaños. Ben Rakowsky, mi amado abuelo, se había casado con Jennie Stokfish en Varsovia incluso antes de que alguien hubiera escuchado de una guerra mundial. De su familia de ocho hijos, provenientes de un pueblo cerca de Cracovia, solo tres habían sobrevivido y llegado a este país. Esa noche los ojos azul pálido de Poppy brillaban entre sus pómulos anchos y su frente poblada, esos rasgos familiares indelebles que se repetían en los rostros cuadrados de sus hermanos y su progenie sentada alrededor de la mesa, incluido su único hijo, mi padre, Rudy.

El camino de Poppy para llegar a esa celebración de cumpleaños había comenzado en otro continente, cuando su país ni siquiera existía. Ben se fue de casa a sus veintitantos años, alentado por su madre para evitar el servicio militar obligatorio. En ese entonces Polonia había sido dividida por Rusia, Austria y Alemania. Los padres judíos preferían que sus hijos emigraran en lugar de entregar su vida al ejército ruso. De acuerdo con versiones familiares, se supone que estuvo involucrado en un complot contra el zar Nicolás II, un incentivo adicional para abandonar el país en tiempos de pogromos contra los judíos y las turbulencias anteriores a la guerra. Ben logró escapar de las garras del zar al salir del país con un grupo de judíos polacos patrocinados para la inmigración a

Estados Unidos. Al aterrizar en Galveston, Texas, el 11 de septiembre de 1913, el manifiesto del barco *Breslau* registró su llegada. A los 27 años dejó a su esposa, Jennie, y a su pequeña hija, Helen, en Varsovia. En los pantanos de Texas, la malaria abatió al grupo de inmigrantes de Ben, y su patrocinador los puso en un tren hacia la Clínica Mayo. Ben, siempre nos decían, fue el único lo suficientemente sano como para bajar del tren por su propio pie. Después de recibir tratamiento, Benjamin Rakowsky, cuyo apellido terminaría en «y» gracias a la pluma de un funcionario de inmigración, se dirigió al este desde Minnesota y se detuvo en un pequeño pueblo en el noroeste de Ohio que alguna vez gozó de un gran auge petrolero, antes de que Texas encontrara una veta mucho más grande. Ben ganaba dinero midiendo a estudiantes universitarios que querían hacerse trajes a la medida, y vivía en Lima, Ohio. Ahí es donde se instalaría. ¿Por qué Lima, Ohio? Porque quedó sumamente impresionado con la cálida recepción: un presidente de cierto banco le abrió la puerta a él, un pobre inmigrante polaco.

Seis años y una guerra mundial después, Jennie y Helen se reunieron con él en Lima. Dejaron aquel lugar que una vez más había reclamado su identidad como Polonia. Ningún otro familiar se les unió.

Después de que Alemania y la Unión Soviética invadieran Polonia en 1939, Poppy envió cartas que no obtuvieron respuesta de su familia en Europa. Finalmente, en 1946, llegó un telegrama; era de su «sobrino desconocido», Samuel Rakowski, hijo de su hermano menor, Józef. Sam había colaborado con la Cruz Roja para localizar a Poppy usando una pista que recordaba de algunas cartas viejas dirigidas a su abuela: la dirección del remitente incluía la palabra «*buckeye*», parte del nombre de la empresa que Ben había fundado en Ohio, conocida como Buckeye State.

—De nuestra familia, sobrevivieron nuestra hermana Lily, su hijo de 19 años, tu hermano Józef, que es mi padre, y mi madre, que también se encuentra bien. Lamento comunicarte que el resto de la familia fue aniquilada por *y'mak shmo*, su nombre, Hitler, debería ser borrado.

Ben patrocinó a los sobrevivientes, para que pudieran obtener visas e ir a América. Fue hasta entonces cuando se enteró de que los libertadores estadounidenses de Mauthausen habían encontrado a su otrora musculoso hermano tendido sobre una pila de cadáveres, apenas con vida y con un peso de poco menos de 40 kg. Yisrael, hijo de Joe y hermano de Sam, falleció en el mismo campo dos meses después de la liberación. La esposa de Joe, Sophie, había sobrevivido a tres campos de concentración, así como a una marcha de la muerte de Gross-Rosen con su hermana Minna.

Joe y Sophie llegaron a Lima, a quedarse con Poppy y la abuela; sin embargo, para ella no era nada fácil acoger a estos inmigrantes, a pesar de todo lo que habían vivido. La abuela, una mujer quisquillosa y de piel delgada, se sintió incómoda por la recepción de Joe en su ciudad natal adoptiva, donde tras décadas de esfuerzos por encajar, por fin había logrado sentirse aceptada. Pero la gente confundía constantemente a su cuñado con su marido, de modo que ella volvió a sentir la punzada de ser una extranjera y judía en un pequeño pueblo cristiano blanco. La abuela no se esforzaba por ocultar sus sentimientos; les dio indicaciones a los recién llegados sobre buenos modales en la mesa y les negaba una segunda rebanada de pan tostado.

Una vez llegada la celebración del cumpleaños, esas tensiones habían desaparecido desde hacía mucho tiempo. Joe y Sophie se mudaron de Lima poco después de emigrar. Joe echó a andar un exitoso negocio de construcción de viviendas en Canton, Ohio. Las dos parejas se volvieron cercanas. De hecho, en la fiesta, Ben todavía tenía el bronceado de sus vacaciones anuales en Miami.

Para mí, que tenía 7 años, ninguno de estos antecedentes significaría nada durante décadas. La fiesta llegaba a mi memoria mediante recuerdos vagos: el vestido que me picaba y los zapatos negros de charol que me lastimaban.

Aquella noche me tomó tiempo reconocer a la abuela, con su pelo de color durazno encendido peinado en una nube elegante. Llevaba una estola de visón sobre un vestido color champán, y conversaba con los familiares visitantes en yiddish, su espacio íntimo. Sonaban como ella incluso cuando hablaban inglés: la *th* sonaba como *t* (en palabras como «*thing*») y la *w* como *v* (en palabras como «*what*»). Y cada frase subía una octava al final, sonando siempre como una pregunta. No obstante, mis ojos estaban puestos en Poppy, cuya sonrisa brillaba como la luz del sol. Traté de llamar su atención, de atraer la mirada de esos resplandecientes ojos azul oscuro que me había heredado únicamente a mí, y no a alguno de sus tres hijos o sus seis nietos. Él sonrió en mi dirección, lo que yo interpreté como una invitación para levantarme de mi asiento y escabullirme debajo de la bandeja de una mesera que les estaba gritando a los parientes del viejo país como si sus acentos los volvieran sordos.

Una vez al lado de Poppy, aguardé. Esperaba que me tuviera en su amplio regazo como solía hacer en nuestras visitas semanales, cuando cualquier cosa que hiciera o dijera lo hacía reír con tal regocijo que le temblaba el estómago. Sin embargo, esa noche me dejó de pie bajo su brazo protector, cautivado por su hermano, Joe.

Parecían atrapados en recuerdos que habían tenido lugar hace mucho tiempo.

Hasta que estuve en quinto grado, no pensé mucho en el origen de Poppy y la abuela. La maestra nos comentó que la gente en América provenía prácticamente de todo el mundo, de modo que conformábamos un maravilloso crisol en el que todos se desprendieron de sus identidades anteriores para perseguir el sueño americano como único objetivo. Nos pidió que habláramos sobre el país de origen de nuestras familias; casi todos en la clase se encogieron de hombros. Algunos de los niños estadounidenses blancos de varias generaciones tenían cierta idea. Un niño llamado Smith podría ser inglés, sugirió la maestra. Él no sabía.

Entonces yo dije: «Soy de ascendencia judía-polaca». A la maestra le pareció interesante, así que compartí con la clase lo poco que sabía sobre mis abuelos inmigrantes. Cuando repetí mi relato en el viaje compartido de la escuela a la casa, la mamá que iba manejando volteó a verme y me acusó de mentir: «Todo el mundo sabe que todos los polacos son católicos». Yo estaba estupefacta. ¿Por qué mentiría sobre eso?

Tenía una vaga idea de por qué teníamos pocos parientes por parte de mi papá. Sabíamos que Hitler mató a muchos judíos, incluidos nuestros familiares. El final tuvo un desenlace en América. Poppy fue inteligente al dejar Europa antes de la guerra y encontró la libertad en Estados Unidos. Nadie hacía mención sobre la vida que nuestra familia había dejado atrás, ni sobre a quién perdimos y cómo.

Dos décadas más tarde, en Canton, Ohio, deslicé una lata de macarrones sobre la mesa entre las delicias caseras de Pesaj, frunciendo el ceño ante mi ofrenda comprada en la tienda. Me invitaron a la casa de ese sobrino desconocido, que nació como Shmul Rakowski en Polonia; una vez terminada la guerra él y su esposa cambiaron sus apellidos a Ron, que significa «alegría» en hebreo. Se despojó de los oscuros recuerdos acerca de la destrucción en Europa y rehizo su vida en un nuevo país.

Saludé a la anfitriona, Bilha, la esposa de Sam, que estaba preparando una sopa de bolas de matzá como toda una profesional. Bilha, una vivaracha israelí con ojos de zafiro, preguntó:

—¿Tu madre te enseñó a hacer bolas de matzá?

—Solo de paquete —murmuré. Recordé los estresantes séders que organizaba mi mamá pocos años después al deterioro que le impidió a la abuela Rakowsky realizar ciertas actividades. El escrutinio de la abuela persistió mucho después de que su salud se viera disminuida. Mi mamá se esforzó por seguir sus recetas y su ejemplo, pero cuando la abuela entró, la tensión se apoderó de nuestra casa. Se dirigió directamente a la cocina y a nuestra variedad verde aguacate. El vapor de la sopa empañó sus gruesos lentes cuando se inclinó sobre la olla y sacó con sus manos artríticas una bola de matzá. Frunció los labios y le dio un mordisco. Contuvimos la respiración. Luego emitió su juicio con un chasquido de la lengua. Mi madre se dio la vuelta y sus esperanzas se hundieron como la tercera tanda de bolas de matzá que había preparado ese día. Todo había sido en vano. Podría haber hecho un trillón de bolas de matzá perfectas, pero para la abuela, la sincera conversión y los esfuerzos de mi mamá por criarnos en su fe adoptiva nunca serían suficientes. Ella nunca pudo compensar el hecho de no haber nacido judía.

Por el contrario, en la casa de Sam y Bilha, las vacaciones estaban maravillosamente desprovistas de tales actitudes. Ellos eran primos segundos que no conocía bien. De cualquier forma, estaba nerviosa, y no paraba de preguntarme si se darían cuenta de que había bajado de peso desde mi reciente divorcio. Nadie lo mencionó, ni tampoco el hecho de que estuviera divorciada a los 23. Tal vez me estaban juzgando como lo habría hecho mi abuela si todavía estuviera viva, pensando: «Estás mejor así, porque en todo caso, él no era judío». Resultó que su enfoque no estaba en mí.

Bilha, una educadora judía muy inteligente y culta, fue el centro de atención durante el largo Séder, contó historias y entonó canciones mientras nos servía un banquete casero. Sam se sentó en la cabecera de la mesa; me recordaba a mi difunto abuelo, con el mismo acento y los mismos intentos de avanzar rápido y tal vez saltarnos algunos pasos del servicio. Escuché cortésmente. Era consciente de lo que no sabía, ya que había sido la cuarta hija, que cambió la escuela hebrea por la práctica de natación. Al momento de la última canción de la noche estaba viendo mi reloj, pensando en mi largo viaje a casa y en la noticia en la que me encontraba trabajando.

Entonces, Sam salió disparado de su silla como si alguien hubiera accionado un interruptor.

—Quiero enseñarles algo —dijo, y sacó un proyector de diapositivas—. Voy a mostrarles de dónde provienen.

Hizo a un lado la colección de arte israelí de Bilha y convirtió una de las paredes de la sala de estar en una pantalla. Luego sacó un rollo de diapositivas que podrían entretenernos allí hasta

el amanecer. El proyector zumbaba y mostraba imágenes en la oscura sala de estar de familiares que nunca había visto en mi vida,
en un lugar del que nunca había oído hablar.

—Él es Kazimierza Wielka —dijo. Lo pronunció en sílabas susurrantes que lo hicieron sonar tan grandioso como París y tan
realista como Cleveland.

Esa presentación admirable no coincidía del todo con las imágenes de edificios de estuco abandonados que llenaban la pantalla.
Sam repasó las imágenes y describió su primer viaje de regreso a
Polonia desde la guerra. Había ido con su hijo David, quien veía
la presentación de diapositivas junto con su esposa, su hermana,
su cuñado y mi hermano Mike. Cada una de las diapositivas mostraba paisajes urbanos monocromáticos y grises que resultaban
familiares por las noticias acerca de cómo era la vida detrás de la
Cortina de Hierro. Sin embargo, Sam veía algo más.

Aún sonreía con los recuerdos de su primer regreso a casa desde la guerra, a esa ciudad al noreste de Cracovia, donde habían
prosperado generaciones de nuestra familia. No podía creer la calidez de su recepción. Él y David habían cancelado un recorrido
que tenían planeado por la decisión de último minuto de Sam de
visitar su ciudad natal. Dijo que se sintió nervioso cuando el taxi
pasó por su antiguo barrio.

Entonces, una antigua vecina gritó de alegría al verlo. Ella le
dijo al taxista: «Lleva al príncipe de la ciudad en su taxi».

Hasta esa noche, mis recuerdos de Sam eran el de un alhelí en grandes reuniones familiares. Se sentaba con los familiares
del viejo país que hablaban yiddish y fumaban puros. Parecía una
versión más delgada y sin brillo de mi padre, que estaba al otro
lado de la habitación con una sudadera de color durazno eléctrico,
hablando sin pausa con su voz gangosa y su acento de Ohio, y con
un Lucky Strike en los labios.

A pesar de que eran primos que nacieron con un año de diferencia y en mundos muy diferentes, mi papá y Sam, con sus serios
ojos marrones y cejas pobladas, parecían hermanos. Para ser pri

mos que se conocieron después de convertirse en padres, sus gestos eran casi idénticos: la ceja arqueada con escepticismo y ese guiño rápido después de contar un chiste. Pero hasta esa noche, los veía como opuestos.

Sam se llenaba de vitalidad mientras hablaba sobre su ciudad natal. Se levantaba constantemente y caminaba hacia la pantalla para admirar las imágenes, en particular, una donde aparecía de pie con un saco azul y lentes grises, sonriendo junto a un letrero con el nombre de su ciudad. Rebosaba de orgullo. ¿Se postulaba para algún cargo o vendía tiempos compartidos? Mi educación en Lima, Ohio, conocida por producir los autobuses escolares, los coches fúnebres y los tanques del ejército del país, no me había convertido en una adepta. Y nadie en este sitio nos obligó a portar estrellas amarillas ni nos apuntó con un arma con la intención de matarnos.

Sam nos enseñó una fotografía de 1929 que mostraba a mi imponente bisabuelo Moshe David Rakowski y su esposa de aspecto severo, Pearl Chilewicz Rakowski, posando frente al aserradero familiar, el negocio que Moshe David estableció cuando se mudó a la ciudad natal de Pearl, Kazimierza Wielka. Sam, de 2 años, estaba sentado con las piernas cruzadas en un traje de marinero a los pies de su abuelo.

Al observar la imagen de su abuela en la pantalla, Sam bajó la voz. Nos llevó de regreso a la noche en que su familia se ocultó. Su abuela de 93 años era una mujer formidable y bastante sana, pero no podía seguir el ritmo de un grupo que corría en la oscuridad hacia un escondite distante. La decisión fue desgarradora. Tuvieron que dejarla a la deriva, aunque eran conscientes de lo que eso significaba.

El lunes por la mañana, según describieron los pobladores más tarde, los nazis invadieron la ciudad, tomaron las calles mientras exigían a través de los altavoces que todos los judíos se presentaran de inmediato en la plaza del mercado. Grupos de alemanes fuertemente armados registraron las casas en busca de judíos que no obedecieran.

La voz de Sam se entrecortó. Luego se aclaró la garganta.

Pearl ignoró las órdenes. Un grupo de soldados alemanes que habían estado bebiendo vodka en un zaguán cercano irrumpió en su casa y la encontraron sola. Las dos familias, ocho Rakowski y Banach, que vivían allí habían desaparecido. Entre varios nazis sacaron a Pearl y, frente a los vecinos, amartillaron sus armas y abrieron fuego. La gente del pueblo recordó que se necesitaron muchas balas para matarla, y que cayó agitando el puño.

Me estremecí. Las luces se encendieron y me quedé helada, sentada como una mala invitada que ni siquiera ofrece su ayuda para recoger los platos. Advertí mis garabatos en las servilletas, palabras que no podía pronunciar y que apenas podía deletrear. Mientras Sam hablaba, traté de registrar los nombres, las fechas y los lugares como si fueran estrellas fugaces que desaparecerían si no las capturaba. El trágico final de la vida de mi bisabuela me llenó de orgullo y horror. La electricidad que rodeaba a Sam era asombrosa, como si un sonámbulo se hubiera despertado.

Posterior a dos trabajos periodísticos, luego de cubrir todo tipo de fechorías, desde el crimen organizado hasta el abuso sexual de sacerdotes, así como un juez corrupto que intercambió una indulgencia con un traficante de drogas a cambio de un Mercedes-Benz, saqué esas servilletas. Fijé mi mirada en Sam y la notable historia no contada de mi propia familia.

A mediados de la década de 1980, el mundo había comenzado a prestar más atención a los sobrevivientes del Holocausto. Elie Wiesel dijo algo en una charla a la que asistí que no pude ignorar: «Escuchen a los sobrevivientes». Presioné a Sam hasta que accedió a describir esas experiencias del Holocausto que guardaba desde hace tanto tiempo, para una historia de la revista dominical. En sus primeras entrevistas, nos sentamos en la mesa de su comedor cubierta con un mantel blanco, para las sesiones maratónicas. Lo convencí de que volviera a recorrer ese doloroso sendero. Desempacó los recuerdos que había guardado cuidadosamente en cajas. Cada detalle de las historias de Sam me resultaba cautivador, y su atención a la exactitud, tranquilizadora. No adornaba nada.

Por un momento olvidé mi rol de reportera policiaca. Le hice preguntas con una voz infantil que me sorprendió al transcribir las cintas de mis entrevistas. Él respondió de la misma manera, comenzando todas las respuestas con un: «Verás, cariño...». Conforme avanzaba en su historia traté de impulsarlo con el objetivo de que llenara más espacios en blanco, de modo que pudiera desarrollar mi comprensión de las escenas. Él se resistió. Comenzaba cada respuesta con «No, no». Con el tiempo, aprendí que estas negativas eran desechables, una pausa, una oportunidad para pensar. Yo siempre buscaba descifrar cómo se veían, olían o se sentían las cosas. En cambio, Sam, ya sea por su naturaleza o por experiencia, recordaba la acción, no el color.

En esas entrevistas me llevó junto con la familia a su escondite en un granero durante dos meses, en el otoño de 1942. Los alemanes estaban sacando a los judíos de sus escondrijos y ejecutándolos a todos. El padre de Sam decidió que estarían más seguros en el gueto de Cracovia, a 50 km de distancia. Un noble, amigo del padre de Sam desde que sirvieron juntos en el ejército polaco, organizó su transporte al gueto. Los ocho Rakowski y Banach se vistieron como granjeros y viajaron en una carreta jalada por caballos hasta Cracovia, donde saltaron justo antes de llegar al área confinada. Pero antes de que pudieran recoger sus pertenencias, el conductor se alejó a toda velocidad. «Entonces», dijo Sam, «llegamos desnudos al gueto».

Durante casi cinco meses vivió en la parte del gueto de Cracovia designada para judíos lo suficientemente sanos como para traspasar los confines rodeados por alambre de púas y trabajar como esclavos en las fábricas de la zona. Sam trabajaba en el turno nocturno en la metalurgia de Wachs. Una mujer polaca que fungía como su supervisora le daba comida y leche a escondidas, y lo ayudaba a cumplir con su cuota de trabajo.

En marzo de 1943, los alemanes irrumpieron en el gueto y mataron a 2 000 judíos. Sam se vio obligado a enterrar los restos de las personas que reconocía.

Se unió a los sobrevivientes en el campo de concentración cercano de Plaszów, construido sobre cementerios judíos. El sádico comandante de Plaszów, Amon Göth, era conocido por disparar de forma impulsiva a los judíos desde la ventana de su oficina si consideraba que se estaban moviendo demasiado lento. Mató a un cocinero judío porque la sopa estaba demasiado caliente.[1] Sam recordó haber arrastrado piedras de un lado a otro por el terreno con la única intención de inducir el agotamiento y acelerar la muerte. El miedo perseguía a todos los miembros del equipo, porque eran conscientes de que en cualquier momento Göth podría dispararles solo «por diversión».

Plaszów era un sitio aterrador, en el cual se encontraba la mayor parte de su familia. Un día llevaron a Sam a una fila que conducía a un vagón de ganado repleto de otros prisioneros judíos. Ninguno de ellos eran sus padres, hermano, tías, tíos o primos. El tren se detuvo en un bosque al noreste de Varsovia, junto a un campamento llamado Pionki. No tenía idea de lo que le esperaba. «Cuando abrieron las regaderas, no sabía si saldría agua o gas».

Más tarde se enteró de que su madre estaba en un subcampo cercano para mujeres, trabajando en la misma fábrica de municiones. Se las había ingeniado para esconder en su zapato una foto de Sam y su hermano pequeño, Yisrael. A pesar de los riesgos que esto implicaba, ella y Sam intercambiaban mensajes en proyectiles de misiles.

Posteriormente, el Ejército Rojo avanzó desde el este, lo que ponía en peligro la fábrica de municiones, de modo que los alemanes optaron por desmantelar la fábrica y trasladarla a Alemania. El propietario persuadió al Reich para que permitiera que los judíos lo acompañaran, y así poder reabrir la fábrica en las afueras de Berlín. Sam se vio atrapado una vez más en un vagón de ganado en otro viaje precario por Polonia, ya que fue elegido como uno de esos preciados trabajadores. Sin embargo, los bombardeos de los aliados detuvieron el tren cerca de Częstochowa. Los oficiales alemanes sacaron a Sam y a otros prisioneros del tren y les entregaron palas. Tuvieron que cavar zanjas antitanques. Los alemanes esperaban frenar el avance de los rusos a través del centro-sur de Polonia.

Sam se sintió aliviado de volver al tren, especialmente cuando Auschwitz quedó atrás. Al final, el viaje terminó en Uraniemburgo, en las afueras de Berlín, en el campo de concentración de Sachsenhausen. No obstante, este campo negó la entrada a los prisioneros judíos.

Durante semanas el grupo de prisioneros judíos de Sam estuvo en confinamiento fuera del campo. Para entonces, Sachsenhausen albergaba principalmente a presos políticos y prisioneros de guerra de toda Europa. Las autoridades del campo supusieron que los judíos padecían tifus. Un reducido sector de prisioneros judíos en Sachsenhausen en ese momento de la guerra estaba trabajando en una operación secreta que producía libras esterlinas falsas para un plan alemán que pretendía desestabilizar el sistema monetario del Reino Unido.[2] La fábrica para la que Sam y sus compañeros estaban destinados nunca fue reensamblada, y Sam estuvo recluido en dos subcampos diferentes hasta la primavera de 1945.

Un día los guardias reunieron a todos los prisioneros, que para entonces sumaban más de 11 000.[3] Ya que temía un mayor peligro en la fila de los judíos, Sam se arrancó la estrella amarilla de su uniforme y se unió a los polacos cristianos. Algunos polacos lo empujaron fuera de la línea, llamándolo judío sucio. Con una pequeña hogaza de pan asignada a cada prisionero, salió de Sachsenhausen en una marcha de la muerte. Durante más de dos semanas no recibieron más comida ni agua. Los guardias disparaban a cualquiera que se pasara de la raya. Por la noche se detenían en campos o bosques. Los prisioneros hambrientos comían cortezas de árboles y bebían de charcos. Sam y un amigo se turnaron para dormir y cuidar así los preciados zapatos del otro. Una mañana se despertaron y los guardias se habían ido.

En caminos repletos de refugiados, Sam conoció a unos soldados estadounidenses que le dieron un sorbo de coñac, «mi primera probada de la libertad». Él y su amigo irrumpieron en una casa cerca de Schwerin, Alemania, y encontraron a una mujer asustada y acurrucada con sus hijos. Sam dijo: «Cuando vi su miedo, cualquier deseo de venganza se evaporó». Se bañaban, pero no lograban limpiarse. Durante algunas semanas ayudaron a los soldados estadounidenses a detectar a los guardias alemanes del campo que pretendían mezclarse con la población civil. Un mes después de la liberación, en junio de 1945, Sam abordó un tren gratuito para regresar a Polonia en busca de familiares sobrevivientes.

Sam le contó su historia a un primo mucho más joven que él, de modo que su juventud estaba dedicada a las competencias de natación y las porristas. Engullí cada detalle que compartió. Pasaba de sus experiencias durante la guerra a lo maravillosa que había sido su vida en su niñez y juventud. Pero yo seguía interesada específicamente en la parte que comenzó en septiembre de 1939, cuando vio por la ventana del sótano de un vecino los tanques Panzer que entraban a toda velocidad en la ciudad.

¿Por qué, le pregunté a Sam, no había hablado en detalle de esto antes? Su respuesta fue sorprendente: «No pensé que a alguien le importaría».

Su supervivencia fue tan milagrosa como fascinante. Mi pregunta fundamental era cómo. ¿Cómo podía mantener el ánimo y la determinación en medio del miedo constante y de tanto sufrimiento?

Al principio su respuesta a mi pregunta de cómo sobrevivió al Holocausto fue: «Soy un Rakowski. Somos fuertes».

Inhalé esa respuesta como un niño que adora a un superhéroe. Me quedé con ella y me convencí de que yo también podría haber sobrevivido inviernos helados con ropa de papel. Me las habría arreglado con una sopa aguada y una papa de vez en cuando. Podría haber soportado que los nazis me obligaran a punta de pistola a subir a hacinados vagones de ganado para realizar interminables viajes en la miseria, sin saber el destino. Hubiera conservado la cordura al llegar, y también luego de ser obligada a desnudarme y rasurarme. Podría haber soportado los zapatos que no fueran de mi talla y dormir con muchas personas en una litera. Lo hubiera hecho, me dije, aferrándome a nuestro ADN en común. Por alguna fórmula transitiva, esperaba que la extraordinaria capacidad de recuperación de Sam también estuviera entretejida en mis genes.

De tal forma, me preguntaba cómo se mantuvo cuerdo durante tanto tiempo. Dijo que lo logró al evitar que los infaustos difundieran chismes sombríos de que, al día siguiente, todos serían asesinados. Se alejó de ellos. «Si voy a morir mañana», razonó Sam, «¿por qué empezar desde hoy?».

Insistí para que hablara de su filosofía o me dijera alguna oración, algún mantra que tuviera en mente en esos momentos.

—¿Me preguntas en qué estaba pensando, jovencita? —dijo finalmente, perdiendo la paciencia—. Estaba pensando en un trozo de pan. Tal vez una papa.

Compartió extraordinarias historias de intuición y suerte. Como la vez que pasó meses cavando un túnel de escape en un campo de concentración, solo para decidir en el último minuto no usarlo. Los que corrieron el riesgo lograron salir del campo, pero en el vasto bosque exterior la mayoría pereció de hambre y frío. Tal decisión reforzó la creencia de Sam de confiar en su instinto. Al final de la guerra siguió otro impulso; se escondió en los barracones en lugar de unirse al equipo de trabajo que salía de Pionki. Esa simulación selectiva le salvó la vida. Aquel día el resto de su cuadrilla fue obligado a subir a los trenes con destino a Auschwitz.

Estas historias me dejaron asombrada. No había pedestal lo suficientemente alto para este hombre, mi primo.

Sin embargo, no me conformaba con esta idea de que la suerte o la astucia eran suficientes para sobrevivir al Holocausto. Así que una noche, después de otra sesión de entrevistas maratónica en su mesa, volví a lanzarle mi eterna pregunta. ¿Cómo sobrevivió? De forma simple debido al cansancio, respondí a mi propia pregunta:

—Es porque eres un Rakowski, ¿verdad?

Pero esta vez se quitó los lentes. Sus ojos marrón oscuro se clavaron en mí, congelando mi sonrisa de gato de Cheshire.

—¿Sabes? —me dijo—, muchos Rakowski fueron quemados en Treblinka.

Eso me regresó a mi realidad. También llegué a verlo como un punto de inflexión para él: pasó de simplemente darle gusto a un miembro más joven de la familia a interactuar conmigo como colaboradora. Aprendí que, por lo general, Sam no respondía enseguida o directamente a una pregunta, sino que lo hacía en el momento de su elección. Un día, durante una conversación telefónica, actuó como si nunca hubiéramos abordado el tema.

—Cuando estábamos de pie en los campamentos y nos contaban de forma interminable como si fuéramos un bien preciado, ¿sabes lo que nos decíamos unos a otros?

—¡Sam! —exclamé—. Cuéntame, por favor.

—Nos decíamos *durkh leben*. ¿Sabes lo que significa? —preguntó, con su acento tan marcado como siempre—. En yiddish, quiere decir «sobrevive».

Repetí las palabras para mí misma, tropezando con los grupos de consonantes que hacen que el yiddish y el polaco sean tan desafiantes. La expresión se me quedó grabada. La escribí en un pedazo de papel y lo pegué cerca de mi computadora. En momentos de frustración y agotamiento, repetía la frase que lo había ayudado a él a soportar pruebas inhumanas.

La personalidad de Sam surgió como una escultura en relieve durante el tiempo en que trabajamos juntos en armar su historia. Recuperar y reconectar sus recuerdos, por oscuros que fueran, parecía despertar la satisfacción por exteriorizarlos. Aprender de él, un sobreviviente vivo, fue emocionante. Despertó mi imaginación y curiosidad mucho más allá de las experiencias dramáticas de cualquier otra persona sobre la que haya escrito. Me involucré de forma notable en el proceso de contar la experiencia de Sam como la historia del origen de mi familia y la tragedia de un pueblo. Él era un sobreviviente milagroso y un testigo confiable con un sentido del humor inexpresivo que me hizo acercarme a mis antepasados, revelando rasgos que resonaban en mi árbol familiar. Sam tenía el optimismo incansable de Poppy, así como la terquedad y el ego de mi padre; sin embargo, ellos nunca tuvieron que superar pruebas como las de él. Me sorprendió el hecho de que, a pesar de todo lo que había soportado, estar con Sam resultara motivador. Puede que sea un sobreviviente, pero no una víctima.

En la primavera de 1987 el semanario *Providence Journal* publicó mi historia con fotografías viejas y actuales de Sam y su familia. La portada mostraba una pintura estilizada de mí con una estrella judía que contenía el rostro de Sam cuando era adolescente a través de un alambre de púas. El encabezado, que comenzaba con la palabra «Sobrevivientes» y que me representaba a mí también como una sobreviviente, se sumó a mi timidez. La verdad es que en lo mínimo me consideraba como tal, pero el titular capturó la experiencia tan trascendente de conocer a Sam y la historia familiar. Tras la publicación del texto tuve que lidiar con mi inusual inversión emocional en este y mi clara pérdida de distanciamiento periodístico. En cambio Sam no tenía ningún problema en este sentido, de modo que se sentía cómodo con la atención que recibió su historia por parte del público.

El día que apareció la publicación me encontré con Sam en Nueva York, que visitaba a su tío Isaac Levenstein, un sobreviviente de Cracovia. Sam me llevó a un restaurante elegante para almorzar, el cual tenía una gran vista de Manhattan. Le pregunté acerca de sus planes a futuro. ¿Sería este el final o el comienzo de más conversaciones sobre sus experiencias? Me informó con notable felicidad sobre lo que denominó sus «asuntos del Holocausto»: testimonios con organizaciones y museos que narraban el destino de las víctimas y los sobrevivientes del genocidio. También se estaba involucrando más en compartir sus experiencias con los estudiantes.

Mientras tanto, la historia de cómo un industrial alemán llamado Oskar Schindler rescató a más de mil judíos, incluidos Isaac y Sally, los tíos de Sam, había sido publicada en un libro de no ficción ganador de un premio. Y Steven Spielberg lo había elegido para realizar la adaptación al cine, de modo que se convertiría en la primera película sobre el Holocausto calificada como un éxito de taquilla, *La lista de Schindler*.[4] Por alguna razón, el Holocausto era un tema sobre el que la gente quería escuchar.

Le pregunté a Sam si toda esta atención le había despertado la necesidad de volver a Polonia. Solo había regresado una vez, hacía siete años, con su hijo David.

—Te dije que le prometí a mi madre que no volvería —afirmó. Por supuesto que tenía que hacerlo. Eso fue después de que su madre y su hermana Minna sobrevivieran a una marcha de la muerte desde el campo de concentración de Gross-Rosen en 1945 y regresaran a Kazimierza Wielka después de la liberación. Mientras visitaban a un hombre judío que había sobrevivido escondido, los aldeanos irrumpieron y atacaron. Huyeron; Minna saltó por una ventana del segundo piso y se rompió la pierna. Sam se reunió con su madre en Cracovia mientras Minna estaba en un hospital—. Ella me dijo: «Sam, nunca más podrás volver a casa».

—Entiendo —respondí—. Pero ya lo hiciste una vez y te fue bien.

De hecho, la sensación de alivio de esa recepción lo había afectado profundamente, y había desatado una avalancha de recuerdos anteriores a la guerra, cuando era un buen estudiante y alguien popular que se sentía integrado en la dinámica de su comunidad.

—¿Y qué sigue? —pregunté—. ¿Volverás a Polonia?

—No lo sé. Tal vez —dijo—. Me gustaría buscar a ciertas personas en cuanto mejore la situación política.

—Si llegas a necesitar un colega —le propuse—, me encantaría acompañarte y contribuir a la causa con mis habilidades.

Él se rio e hizo su característico doble guiño.

—Te avisaré.

En el primer viaje a Polonia juntos en 1991, Sam y Judy encuentran profanado un monumento a los judíos asesinados de Kazimierza Wielka, y Sam raya su nombre en la parte posterior con una piedra a manera de resistencia.

2

EL VIEJO PAÍS

Varsovia, Polonia, 1991

Mi vuelo de conexión a Varsovia se retrasó. Examiné a las personas que esperaban junto conmigo: filas de hombres que parecían asesinos a sueldo en una película de James Bond. Con sus rostros tan anchos como calabazas y pantalones subidos hasta las axilas, parecían fotografías antiguas de mi abuelo. Pero él nunca se habría puesto trajes tan espantosos: cuadros escoceses estridentes con forma de costal de yute. En lugar de equipaje, estaban apoyados en bolsas de plástico sujetas por cuerdas elásticas. Hasta ahí llegó el encanto romántico del viejo país.

El primo Sam y yo viajábamos por separado, lo que me dio tiempo para cambiar de tema acerca de la intensa historia que había estado cubriendo sobre un abogado de Rhode Island, su esposa y su hija, quienes fueron asesinados con una ballesta por su asesor financiero.

Los demás viajeros, que vestían trajes elegantes y relojes caros, eran claramente hombres de negocios occidentales que llegaban a Varsovia para ayudar a reactivar el capitalismo después de cinco décadas de régimen comunista. De un momento a otro, Polonia se había convertido en una estrella de rock mundial a raíz de que el sindicato Solidaridad y sus aliados derrocaran al Gobierno comunista, provocando un efecto dominó que llegó hasta el Muro de Berlín y extendiendo la democracia por toda Europa del Este.

Durante el vuelo pasamos de Alemania a Polonia, y casi esperaba que desde mi ventanilla se viera una sombra en el suelo,

como los mapas de los periódicos que representaban el bloque soviético como una sombra amenazadora.

Estaba ansiosa por ver a Sam en acción en su propio terreno.
Había estado leyendo sobre Varsovia, la ciudad donde se conocieron mis abuelos en la época del último zar. Era difícil hacerme
a la idea de que mi familia había vivido ahí durante siglos. Seguí
con la historia de este lugar donde reyes dieron la bienvenida a
los judíos y en el año 1200; uno de ellos les había otorgado derechos civiles, algo sin precedentes en ningún otro lugar. Otro rey,
Kazimierz, el homónimo de nuestra ciudad natal ancestral, co-
dificó esos derechos, lo que dio pie a un mayor crecimiento de la
población judía, que la Corte vio como un medio para aumentar
la alfabetización y el espíritu empresarial. Para la Segunda Guerra
Mundial, los judíos constituían la minoría más grande de Polonia
y vivían en concentraciones más altas que en cualquier parte del
mundo,[1] a pesar de la orgullosa reputación de Polonia como el país
más católico de Europa.

Los polacos históricamente se llamaron a sí mismos el «pueblo elegido» y su país el «Cristo de las naciones», designado para
sufrir por los pecados de Europa. La narrativa histórica de victimización de Polonia es una de esas generalizaciones que va más
allá de los estereotipos, como que los franceses son románticos y
los italianos volátiles.

La identidad de mártir va en paralelo con la historia de Polonia de dominación extendida por parte de ocupantes extranjeros
y bravucones locales. Su historia militar también está imbuida de
una narrativa mesiánica. Por ejemplo, la victoria decisiva en 1683
del rey polaco y líder militar Jan Sobieski y las fuerzas del Sacro
Imperio Romano Germánico sobre el ejército otomano no solo
salvó a Viena, sino que consagró a Sobieski como el «Salvador de
la cristiandad» de Europa.[2]

En la era romántica, durante el siglo XIX, la noción de los polacos
como «pueblo elegido» cobró fuerza. Y en 1920, con el apoyo de
la Iglesia católica, el general y primer ministro polaco Józef Piłsudski

comenzó una guerra contra la Unión Soviética para salvar a todos los eslavos. Es lo que los polacos conocieron como el Milagro del Vístula en la Batalla de Varsovia, las fuerzas de Piłsudski entregaron una humillante y costosa derrota a los invasores bolcheviques. La victoria preservó la república recién independizada y Polonia salvó a Europa de la amenaza comunista.

Sobieski y Piłsudski perduran como grandes héroes militares por esos triunfos épicos, en parte porque la lista de las principales victorias polacas en el campo de batalla es relativamente corta.

Los imperios adyacentes, Austria (más tarde el Imperio austro-húngaro), Prusia (a la postre Alemania) y Rusia, despojaron a Polonia de su existencia durante dos siglos hasta 1918, infundiendo inseguridades profundas y duraderas en la psique polaca. Ese sentido de resignación a la conquista se ve reflejado en la letra de su himno de independencia, escrito después del desmembramiento de Polonia en el siglo XVIII: «Polonia aún no está perdida, mientras vivamos».

Algunos han relacionado las deficiencias militares de Polonia con su topografía. Su amplia franja de tierra cultivable es un inmenso granero, pero los conquistadores la han usado como un tapete de bienvenida. Sin montañas escarpadas que obstaculizaran a los tanques o las tropas, los conquistadores, desde Napoleón y Hitler desde el sur y el oeste, hasta los zares y Stalin desde el este, han aplastado las defensas de Polonia y repartido sus tierras.

Alemania y Rusia han atacado Polonia en repetidas ocasiones a lo largo del tiempo, lo que ha producido en la nación una profunda huella de victimismo y agravio. Largos periodos sin autonomía han socavado la experiencia de Polonia con la independencia y con hacerse responsable de su propio proceder. Después de todo, culpar a un vecino abusivo es más fácil que asumir la responsabilidad de las propias acciones de un país.

Sin embargo, ¿qué nación podría haber soportado una invasión como la guerra relámpago de Hitler de 1.5 millones de soldados, dos mil tanques y más de mil bombarderos y aviones de combate?

Y más aún, dos semanas después de que el Führer desatara la Segunda Guerra Mundial, el 1.° de septiembre de 1939, desde el oeste, la Unión Soviética invadió desde el este. Alemania reclamó rápidamente la victoria y ocupó el país. Enseguida convirtió a Polonia en su principal teatro para el exterminio de humanos más sistemático de la historia, que los alemanes justificaron al designar a los judíos en particular como subhumanos. El Reich construyó seis campos de exterminio: Chełmno, Bełżec, Sobibor, Treblinka, Auschwitz-Birkenau y Majdanek, en territorio polaco ocupado. En total, los alemanes establecieron 44 000 campos de concentración a lo largo de la huella ocupada, pero limitaron las fábricas de exterminio al territorio polaco.[3]

¿Por qué Polonia? Hitler encontró a la población judía más grande del mundo justo al lado. A mediados de la década de 1930, en Polonia, el antisemitismo ya ocasionaba múltiples problemas en la vida de los judíos, una minoría que representaba menos del 10% de la población. Luego de la muerte de Piłsudski en 1935, el Gobierno polaco se tornó conservador, y el antisemitismo aumentó como lo había hecho en otros países europeos con grandes poblaciones judías. La legislatura de Polonia levantó un cerco sobre los judíos, e implementó leyes y regulaciones que los excluyeron de empleos, puestos en universidades y profesiones médicas y legales, además de negarles crédito.[4] Los nacionalistas polacos, como el Partido Nacional Democrático, pidieron que los judíos fueran expulsados del país, insistiendo en que la nación polaca era tradicionalmente católica, de modo que organizaron boicots generalizados en contra de los negocios judíos, como Alemania había hecho tres años antes.[5] Los boicots a menudo escalaron hasta la violencia.

Ninguno de estos hechos aminora las pérdidas y el sufrimiento atroces de Polonia, que soportó la ocupación alemana más larga de todas las naciones y, aun así, su gobierno nunca se volvió colaborador. A lo largo de la guerra los polacos sufrieron una destrucción y privaciones incomparables, y el país perdió a seis millones de ciudadanos, la mitad de ellos polacos judíos.

Las décadas de Gobierno comunista posteriores al conflicto no dieron respiro a los polacos ya de por sí oprimidos. Además de anular la expresión personal, los soviéticos suprimieron la religión, con el objetivo de evitar la influencia de la Iglesia católica y conducir a la sociedad hacia el ateísmo. El Gobierno comunista también borró a los judíos de la narrativa bélica. Ningún monumento o libro de texto polaco mencionaba lo que más tarde se conocería como el Holocausto. Las víctimas que produjo el fascismo de Hitler fueron consideradas todas iguales, lo que resultó en generaciones que crecieron sin conciencia del exterminio sistemático de los judíos, eliminando de tal forma el Holocausto de la conciencia histórica.[6]

En esa apertura después del comunismo, Polonia elevó el perfil de las víctimas católicas de Auschwitz-Birkenau a los principales mártires, a pesar de que aproximadamente el 90% de los 1.3 millones de asesinados allí eran judíos. Desde la década de 1950 la gestión de Auschwitz se enfoca en el aspecto «que está relacionado con el martirio católico o el nacionalismo polaco, pero no con el martirio judío», en palabras de una autoridad destacada, el doctor Robert Jan van Pelt.[7]

La Polonia que Sam y yo visitamos en 1991 irradiaba confianza y orgullo. Fue un momento fascinante. La nación aún estaba absorbiendo el asombroso triunfo del sindicato Solidaridad y su aliada la Iglesia católica. Liberada por fin de los agresores, Polonia tenía motivos para hacer una reverencia. Como un novato de ojos grandes alardeando en el escenario económico mundial, estaba atrayendo una gran admiración por superar a sus hermanos del Pacto de Varsovia en la transformación del comunismo a una economía de mercado. Los medios de comunicación globales habían descendido, convirtiendo a Varsovia en la plataforma de lanzamiento regional para cubrir el desmoronamiento del Telón de Acero.

Yo estaba enfocada en un pasado remoto en esta ciudad donde mis abuelos se habían casado. No estaba segura de si encontraría rastro de ellos o de sus nupcias con solo una sinagoga en pie, pero fue emocionante ver a la ciudad sacudirse ese pasado sombrío de filas de pan y anonimato. En mi viaje en taxi desde el aeropuerto vi calles llenas de autos del tamaño de una caja de cerillos, con conductores dando vueltas a toda velocidad en las esquinas y apresurándose para ganarles el paso a los tranvías como adolescentes que acaban de obtener su licencia. La libertad de expresión estaba presente en múltiples formas: calcomanías de solidaridad que aún se observaban en los postes de luz, junto con anuncios de *peep shows* que brotaban en las esquinas de las calles del centro y generaban largas filas de hombres. Las esvásticas pintadas con aerosol trepaban por las paredes y marcaban los letreros de las calles.

Caminaba de un lado a otro en mi habitación del Grand Hotel de Varsovia. Mis maletas se habían extraviado en algún punto del trayecto, por lo que no pude ponerme cómoda como hubiera querido. Aunque debido al cambio de horario no pude recordar las tres palabras de polaco que conozco cuando hice el *check-in*, me enteré de que Sam ya había llegado, pero no estaba en su habitación. Me dispuse a esperar y descorrí las pesadas y viejas cortinas rojas que apestaban a cigarrillos rancios. Mi habitación parecía una cápsula del tiempo de cuando el Ejército Rojo expulsó a los líderes nazis.

Abrí una ventana para contemplar el cielo color agua sucia y noté por casualidad a un tipo de cabello gris con una chamarra de cuero negro del otro lado de la calle. Aparté la mirada de ese hombre de negocios occidental y contemplé el horizonte. Pero luego volví a mirarlo. El tipo de la chamarra de cuero era el primo Sam.

Mi padre había muerto tres años antes, y ahora, cada vez que veía a Sam, me sobresaltaba. Con sus cejas pobladas y su mirada profunda, creía estar viendo a un fantasma. El parecido era tan notable que cuando Sam se presentó en el funeral de mi papá, mi mamá casi se desmaya. Así pues, estaba viajando con este hombre que era a la vez familiar y extraño.

Lo saludé con la mano y grité su nombre. No hubo respuesta. Tal vez no estaba usando su aparato auditivo.

Sam tenía problemas mecánicos con un coche rentado. Salió y se acercó de forma sigilosa a un taxista de mirada desdeñosa que estaba apoyado contra un Mercedes. Los taxistas de Varsovia tenían fama de estafadores, pero vi a Sam persuadir al tipo para que le echara una mano. El taxista se subió al auto de Sam, ajustó algunas cosas y, aparentemente, lo reparó. Sam sonreía y asentía, y el conductor se alejó sin recibir propina. A eso le llamo tener encanto.

Sam desapareció. Enseguida escuché un fuerte golpe. Abrí la puerta y Sam casi se cae sin aliento dentro de mi habitación.

Antes de que pudiera hablar, empezó a abrumarme con preguntas:

—¿Qué aerolínea tomaste? ¿Ya cambiaste dinero? ¿Cómo llegaste del aeropuerto? ¿Cuánto te cobró el taxi?

—Te grité desde aquí. —Lo abracé.

—Oh, ¿me viste salir con el auto? —Miró por la ventana como si no me creyera—. No lograba poner el auto en reversa.

Este no era el viejo Sam dócil. Estaba tan hiperactivo como un adolescente en la noche del baile de graduación.

Sam había volado directamente de un bar mitzvá familiar en Jerusalén. No le gustaba mucho hablar por teléfono, así que solo acordamos los detalles de vuelos y reservaciones de hotel, pero no elaboramos un itinerario. Supuse que tenía un plan trazado en su mente. Los recorridos formales se harían presentes sobre sus pasos a través del gueto y los campos, pero yo estaba interesada en las visitas improvisadas a su ciudad natal, donde los familiares habían muerto lejos de los alambrados y las cámaras de gas.

Le pregunté sobre Israel y el bar mitzvá.

—Muy bonito. Muy elegante y significativo. —Asintió. Luego metió las manos en los bolsillos de su pantalón y apartó la mirada—. Pero todos quieren saber por qué vine aquí.

—¿Ah sí? —Me reí con nerviosismo como si conociera la respuesta.

—Les dije que eran unas vacaciones polacas —contestó—. Y uno tiene que ser polaco para tomar unas vacaciones polacas. —Su risa se hizo más profunda, hasta convertirse en una carcajada.

—Bueno —dije sonriendo—, es un gran lugar para una reportera del crimen. Es una gran escena del crimen.

A la mañana siguiente, Sam condujo el auto rentado a través de Varsovia, que fue reconstruida después de sufrir más daños que cualquier otra ciudad europea importante en la Segunda Guerra Mundial. Lo peor se produjo cuando los nazis estaban en retirada, ya que seguían tomando represalias por el Levantamiento de Varsovia de 63 días. El Ejército Nacional Polaco (Armia Krajowa) intentó valientemente liberar el país; sin embargo, esto no sucedió antes de que el 85% de Varsovia fuera arrasado. El bombardeo de alfombra de Hitler se llevó a cabo mientras el Ejército Rojo observaba desde el otro lado del río Vístula.

El auge de la construcción de la posguerra reemplazó las estructuras neoclásicas con Legos gigantes de concreto. El polvo de carbón dejó las interminables filas de departamentos de gran altura que parecían bloques de prisión con ventanas del tamaño de mirillas cubiertos de hollín. El efecto combinado le daba a la ciudad todo el encanto estético de una mazmorra.

Avanzamos entre frenazos y baches a través del tráfico matutino en hora pico, mientras Sam volvía a aprender la delicadeza de conducir un auto manual. Yo tenía un automóvil de cinco velocidades en Estados Unidos, pero ni loca pensaba conducir en este lugar. Era el país de Sam. Tan solo las señales de tránsito, con sus impronunciables combinaciones de consonantes, bastaban para congelarme el cerebro.

Al cabo de unas horas conduciendo, nos acercamos a Kazimierza Wielka. Sam silbaba cuando no estaba recordando. Entrecerró los ojos ante una señal de tránsito y dijo:

—Conducir por aquí me produce descargas eléctricas. Veo los graneros y los edificios en los que entró nuestra madera. Y recuerdo cuando venía aquí a entregar árboles de Navidad como regalos a nuestros mejores clientes.

Le encantaba ver el paisaje ondulado de las granjas donde se cosechaban betabel y col con métodos antiguos.

—¿Ves esa tierra rica? —preguntó Sam, señalando la ventana—. La gente vivía mejor aquí que en otros lugares de Polonia durante la guerra, incluso bajo el régimen del comunismo, porque podía sembrar cultivos comerciales, tabaco y betabel azucarera.

La agricultura era obsoleta; los caballos de fuerza que tenían a su disposición eran literalmente animales de cuatro patas. Aquellas escenas campestres despertaban algo atemporal y hermoso. Tal vez estaba tan cautivada por lo que él veía en este momento que tenía una vista en 3D de lo que el inesperado presentador mostraba en la serie de diapositivas en la sala de estar.

¿Por qué le emocionaba tanto volver a un lugar donde había sufrido así?

Cambié el tema por algo que Sam acababa de compartir la noche anterior. Reveló que tenía una pista sobre un familiar sobreviviente del que le habían hablado en su último viaje a la ciudad hacía dos años.

—Sam, cuéntame más sobre la pista que obtuviste sobre esa prima de la que nunca habías oído hablar. ¿Cuáles son las posibilidades de que esté viva?

—Es interesante —dijo él. Ella era de la familia Rożeńek—. Nunca supimos dónde se escondieron los Rożeńek, pero pensamos que sí se ocultaron.

La hermana de su madre, Ita, y su familia nunca habían aparecido en ninguno de los meticulosos registros que los alemanes guardaban de los campos de concentración y campos de exterminio, por lo que no había pruebas de lo que le sucedió a dicha familia.

En el viaje anterior de Sam, Stefan, el esposo de una excompañera de escuela, reveló que la familia había sido asesinada mientras se ocultaba, pero un miembro, una de las hijas, sobrevivió. Sam preguntó adónde se había dirigido esta hija. Stefan respondió: «Al oeste».

En Polonia, decir «al oeste» se refería al lado occidental del país que anteriormente había sido parte de Alemania. Al término de la Segunda Guerra Mundial, Stalin castigó a Breslau, el último bastión del Tercer Reich contra el Ejército Rojo, arrebatándosela a

Alemania,[8] de modo que esta se convirtió en la ciudad polaca de Breslavia.[9]

En aquellos primeros días, Breslavia era un caos, entre el desplazamiento de alemanes y la llegada de polacos desde las tierras del este entregadas a Ucrania y Lituania. Eso dejó a Breslavia sin una población arraigada; se convirtió en un puerto más seguro para los judíos que habían intentado regresar a los hogares y negocios que tenían antes de la guerra, solo para ser rechazados, a menudo violentamente, por los ocupantes actuales.

La pista llegó durante la visita de Sam en 1989, una caminata por el cuadragésimo aniversario con Bilha, que incluyó una parada en la casa de Wojciech Guca, el cuñado del socio comercial del padre de Sam. Guca era el polaco cristiano a quien el padre de Sam confió el aserradero familiar cuando los alemanes prohibieron a los judíos tener negocios o ganar dinero. Cuando Stefan anunció la noticia sobre la prima sobreviviente, le dijo a Sam: «Pregúntale a Guca». Este vivía a escasos metros de donde mataron a la familia durante la guerra, así que podría tener información sobre la sobreviviente.

La posibilidad de que una prima hubiera sobrevivido todos estos años y nadie en la familia lo hubiera sabido hasta este momento era fascinante. Si bien me gustaba la idea de visitar monumentos y campos con Sam, rastrear a alguien que todavía estaba vivo, como reportera, sí que era una gran experiencia. Aunque honestamente no estaba segura de si tal búsqueda era viable. Nunca había hecho un reportaje en un país extranjero y no sabía cómo se elaboraban los registros, sin mencionar que no hablaba el idioma. Ah, y había otra dificultad: el rastro estaba frío, como si llevara medio siglo congelado.

De cualquier forma, la posibilidad de localizar a la última de los 28 primos-hermanos con los que Sam había crecido en un pueblo de 3000 habitantes resultaba muy atractiva. Muy pocos miembros de la familia consanguínea habían llegado a ver el final de la guerra. Al igual que muchos sobrevivientes, en las décadas posteriores, Sam mantuvo un perfil bajo y se enfocó en reconstruir su vida.

Sus padres rastrearon a personas que conocían en Israel, América del Sur, Canadá, Europa y Estados Unidos mientras Sam estaba al cuidado de su familia y se movía entre Ohio e Israel. Él y Bilha se enfrentaron a las exigencias de sus respectivos padres, pero al final aterrizaron de forma permanente en Ohio, donde Sam trabajó en el próspero negocio de construcción de viviendas de su padre. Además, todos los servicios ahí eran óptimos para su hija menor, Daphne, que nació con parálisis cerebral.

Una carreta llena de betabeles color beige bloqueaba la vista de nuestro parabrisas. El caballo que tiraba de esta parecía un Clydesdale recién salido de un comercial de cerveza estadounidense, pisando alto con esos mechones blancos cerca de sus cascos. Sam se esforzó por avanzar al ritmo del caballo, mientras la carreta se balanceaba entre ambos carriles.

—Vamos, señor, decídase.

El encorvado conductor giró su rostro curtido y se encogió de hombros. ¿Por qué debería arriesgar su cosecha deteniéndose?

Sam miró al granjero con ojos entrecerrados.

—Observo cada rostro, como si tal vez lo reconociera de antes y esa persona supiera algo sobre mi gente.

Se metió al carril de los autos que venían en sentido contrario, zigzagueando en torno a la carreta y gritando algo en polaco. El conductor no se inmutó. Aumentamos la velocidad. Entonces, Sam se dio una palmada en la frente.

—Sam, polaco tonto —dijo, mientras daba vuelta en U.

—¿Adónde vamos? —pregunté.

—Ya verás.

El pequeño auto blanco se internó por una calle lateral que Sam no había visto debido al sobresalto del paso del caballo, quien galopaba por las vías del tren y levantaba polvo bajo la luz del sol. Entramos a un camino de terracería. La hierba crecida formaba un túnel por delante. El matorral arañó el chasis, lo que hacía lento nuestro avance. Sam se inclinó hacia adelante y observó la bifurcación del camino con ojos entrecerrados. Eligió la vía correcta. Un paraje de espigas se balanceaba con vaguedad. Sam asintió, confirmando su elección.

El aroma del ocaso otoñal me transportó al pino de mi infancia, que ofrecía una vista panorámica de las tierras de cultivo planas en Ohio donde mi abuelo había elegido establecerse. Es probable que esta hermosa tierra le recordara a mi Poppy.

No sabía cuál era nuestro destino, pero Sam conocía este lugar. Había cruzado continentes y escalado muros de dolor. Algo lo llamaba hasta aquí, algún tipo de «cierre» o «asunto pendiente», algo que lo atraía y se negaba a soltarlo.

Las extensas copas de los árboles crujieron. Sam miró fijamente los árboles que empezaban a perder sus hojas.

—Solíamos jugar en este bosque.

En un claro, se detuvo y saltó del auto. Para cuando di la vuelta con la intención de alcanzarlo, él ya estaba saliendo del asiento trasero; sujetaba una videocámara nueva y estaba abriendo el paquete de pilas. Sus lentes descansaban sobre su corona de pelo blanco y ralo. Miró por el visor.

—¿Sabes cómo funciona ese aparato? —bromeé.

Él me entregó la cámara.

—Dejaré que tú lo descifres.

—¿Por qué supones que yo sé usar esa cosa? —Me escuchaba quejumbrosa, como una adolescente huraña reclamándole a mi padre—. ¿Está encendida? ¿Dónde está el micrófono?

—Solo mira a través, y si aparece la palabra R-E-C en pantalla, quiere decir que está grabando —dijo como si hiciera caso omiso a mi queja. Luego miró a su alrededor—. Este solía ser un buen lugar para las parejas. —Bajó sus lentes y su mirada se desvió hacia algo que lo hizo sonreír.

—¿Solías traer a muchas chicas aquí?

Él sonrió. En ese momento escuchamos una risita ahogada cerca. Nos congelamos. Aparentemente aún era un destino de citas.

La cabeza de Sam se inclinó hacia los árboles, buscando. Yo moví la cámara a través de una línea de árboles delgados que enmarcaban un campo arado.

—Estamos en estos bosques, estos bosques hermosos —narró a la cámara—. Huele a vida. Y estamos tratando de averiguar dónde enterraron a doscientas o trescientas personas. —Sam se paró muy cerca de la lente, ignorando mi nerviosismo. Mirando a la cámara, dijo—: En este lugar, un grupo de exploradores cavó un gran hoyo antes de tiempo.

—Ustedes estaban escondidos, ¿verdad?

—Llegaremos a eso más tarde, jovencita —indicó—. Estamos cerca del lugar donde mi amigo Ari Mellor, que se estableció en Winnipeg, Canadá, colocó algo para recordarle a la gente lo que les sucedió aquí a los judíos de Kazimierza Wielka. —Sam giró sobre sus talones—. Estamos caminando hacia ese monumento.

Traté de mantener a Sam en la toma. Tropecé y la lente apuntó hacia las copas de los árboles. Él siguió hablando y caminando.

—Después de la redada nazi en octubre de 1942, los alemanes estaban un tanto decepcionados. No habían conseguido liquidar a todos los judíos de Kazimierza Wielka.

—¿Cuántos había? —Traté de no sonar desalentadora.

—Bueno, había más de lo habitual porque algunos judíos se habían escapado de otros pueblos —narró Sam—. Mucha gente pensó que los nazis se olvidarían de las aldeas y pueblos pequeños, así que vinieron aquí pensando que estarían a salvo. Conoces a tu tía abuela Frymet; es su caso. Se escapó de Varsovia y dejó a su esposo allí.

La población de 350 judíos antes de la guerra había aumentado a 550. Los trenes a Bełżec transportaban menos de la mitad de esa cifra.[10] Una semana después de la redada los judíos con escondites menos seguros regresaron a la ciudad. La propaganda nazi atrajo a muchos con la promesa de que solo serían enviados a trabajos forzados. Pero los alemanes los encerraron en la escuela. Posteriormente, un lunes de noviembre por la mañana, innumerables habitantes recordaron haber visto a soldados alemanes apuntando con sus armas a una fila de judíos que salían de la ciudad. Los testigos advirtieron el pánico cuando los alemanes giraron la fila a la izquierda, se alejaron de la estación del tren, y en su lugar tomaron el

mismo camino que nosotros elegimos. Vinieron aquí, a Słonowice. A estos bosques.

La videocámara siguió a Sam acercándose al claro del monumento.

—Los trajeron aquí, tipos robustos, dobladores de hojalata y
artesanos, madres y niños pequeños. —Su voz se entrecortó.

Obligaron a las mujeres a desnudarse frente a hombres que eran
sus vecinos, encargados de las tiendas en donde solían comprar,
padres de compañeros de escuela, dijo. Las madres cargaban a sus
bebés, de pie junto a la fosa, esperando el estallido de las balas des-
tinadas a cada uno, leí en los relatos de la matanza en el Instituto
Histórico Judío de Varsovia.

—¿En qué condiciones encontraremos el monumento? —preguntó en voz alta.

—Contacté al administrador de la ciudad. Le pregunté si podía
pedirle a alguien que le echara un vistazo a este lugar. Es probable
que envíen personal para que lo arreglen.

El viento sopló. Sam jadeó.

Giré la cámara hacia una piedra vertical. Varias esvásticas ne-
gras cubrían lo que había sido un monumento. Había agujeros
donde las letras alguna vez contaron la historia en inglés y hebreo;
habían sido arrancadas y dejadas en un montón de metal retorcido
en el suelo. Enfoqué la forma encorvada de Sam.

—¿Por qué tienen que destruir lo único que nos queda aquí?
—preguntó con voz entrecortada. Ambos nos dirigimos al bosque. Los estrechos árboles blancos permanecían impasibles. Una
brisa rozaba las ramas altas, agitando las hojas secas como címbalos.
El cálido aire otoñal soplaba, arrastrando el perfume terroso del
ocaso.

Sam recogió una piedra afilada del suelo y caminó hasta la parte
posterior del monumento. Seguí la visión de túnel de la cámara.
Una sonrisa traviesa arrugó sus mejillas. Ignorando el frente destruido, encontró un lienzo en blanco en el reverso. Como un grafi-
tero astuto, empezó a raspar con el implemento prehistórico.

Esperaba una frase hebrea como *am yisrael chai* (el pueblo de Israel vive), recordando sus días de recién casado en Israel, cuando dejó atrás su apellido y se sacudió el pasado.

RAK Garabateó lentamente en letras gigantes que aparecían blancas sobre la roca oscura. *OW.*

—¿No es Ron? —pregunté. No hubo respuesta.

SKI.

Sonrió a la cámara.

—He regresado —se rio secamente—. Les faltó uno.

Caminando de regreso al auto miraba los campos y los árboles, buscando reflexivamente un escondite, sintiendo el pánico de los judíos condenados, que durante tanto tiempo formaron parte de la ciudad, y que marcharon aquí a punta de pistola. Me estremecí. Todas esas vidas tomadas y olvidadas.

Sam conocía a estas personas. Durante la ocupación estuvo a cargo de realizar un seguimiento de todos los miembros de la comunidad judía. Su padre decidió que era una buena contribución en los años de secundaria de Sam, lo que lo convirtió en uno de los más destacados de la ciudad. Su trabajo consistía en asegurarse de que pudieran equilibrar la carga de las onerosas demandas de trabajo físico de los alemanes sobre las familias judías. Sam llevaba registros de todos los judíos sanos de la ciudad, los que estaban enfermos, los que habían enviudado y los que ya habían quitado la nieve o barrido las calles. Lo cual significaba que conocía a todos los judíos de la ciudad por su nombre, edad y dirección.

Por lo anterior estaba seguro de que ninguno de sus parientes había oído hablar de una hija sobreviviente de esa familia. Otros Rożeńek relacionados habían aparecido en campos de desplazados después de la guerra, pero ninguno era la hermana de la madre de Sam, Ita, ni su esposo, ni sus tres hijos. No figuraba en los registros detallados de los alemanes de los campos de concentración o de la muerte, y ningún sobreviviente de la familia Rożeńek se había acercado a algún pariente de su ciudad natal después de la guerra.

Mientras nos alejábamos del monumento, Sam se encogió de hombros para hacer a un lado su decepción por el vandalismo. Ver las calles que le resultaban familiares pareció levantarle el ánimo.

No fue sino hasta después de que comenzó a asistir a los eventos de sobrevivientes a principios de la década de 1980 que Sam se permitió pensar en su territorio, motivado por ver rostros conocidos y jugar a la rayuela con nombres y lugares. Sus engranes comenzaron a girar, y muy pronto había llenado varios sobres con páginas de nombres y números de teléfono. En cada ciudad que visitó en Estados Unidos, Europa o Israel, llamó, visitó e interrogó a cualquiera que pudiera llenar los espacios en blanco. El generador de listas siguió actualizando las que estaban en papel y en su cabeza, lo cual lo guio de vuelta a casa.

—Siempre he sido un extraño en otros lugares donde he vivido —dijo—. Al venir aquí y caminar por las calles de mi ciudad me siento como en casa, aunque ya no haya judíos —se rio, fue una risa proveniente de algún lugar profundo—. Es una locura.

Sam asumió de nuevo el rol de guía turístico, y dio vuelta en el auto en una pequeña rotonda. La isla tenía un cartel con un recorte de metal enorme de una gran verdura beige: una betabel azucarera.

—¿Ves eso? Es la fábrica de azúcar —indicó Sam—. Era una de las más grandes del país. Cuando generó electricidad en la década de 1930 tuvimos luces en nuestras casas.

Condujo a lo largo de la vía principal, la calle Sienkiewicz, donde la gente se refería a su ubicación dependiendo de si estaban más cerca de la iglesia o del cementerio.

—Esta era una calle judía —dijo—. Había una panadería cruzando la calle, que hacía pan fresco todos los días.

A ambos lados había tiendas de dos familias donde la esposa era hermana de la madre de Sam, los Dula y los Rożeńek.

—Allá se encontraba un *shochet*. ¿Sabes lo que es un *shochet*? Es un carnicero *kosher*. Él estaba justo allí. Al final de la calle estaba la ferretería, la cual pertenecía a los Rożeńek.

Intenté ver a través de sus ojos el animado paisaje urbano de su infancia en un tramo de edificios desolados con fachadas desmoronadas y pintura descascarada. ¿Quién podría decir a partir de esta escena que era una calle de tiendas judías que atraía a clientes de varios pueblos los lunes, día de mercado?

Este era el territorio de Sam. Solía entrar a la ferretería de los Rożeńek incluso cuando no necesitaba nada. Siempre estaban allí: Frania, que era unos años mayor que él, atendiendo el local, y su hermana pequeña, Hena, jugando o simplemente pasando el rato.

Sam había caminado por esta calle a diario desde sus primeros días de escuela hasta su adolescencia, cuando pasaba facturas del aserradero a la fábrica de azúcar. Era un entorno tan familiar que le hacían señas para que cruzara la puerta desde arriba. Luego, durante la ocupación, tuvo un trabajo como peón en los terrenos de la fábrica de azúcar, en el garaje, dando servicio a los vehículos que transportaban a los oficiales nazis.

Sam dio vuelta a una calle y se detuvo frente a una casa de estuco color mostaza con un pequeño balcón en una ventana del segundo piso. De niño la conocía como la casa del alcalde, y también la casa de su compañera de clase Sofia Prokop. Sam y Sofía eran rivales en la escuela, y competían por ser el mejor estudiante. Ella siempre ganaba, lo que él atribuía a que la chica era la hija del alcalde y él era el único niño judío de su clase. Sofía se había casado con un empleado de la fábrica de azúcar, Stefan Pierchała. Ella todavía vivía en la casa donde nació y pudo criar a su familia allí. Fue el esposo de Sofía quien reveló en la última visita de Sam que la familia Rożeńek había muerto durante la guerra, pero que una hija escapó y sobrevivió.

Desde esa visita, Sam dio seguimiento al asunto por teléfono y cartas durante dos años, tratando de conseguir detalles o que Stefan pudiera darle más información. Pero no obtuvo más datos. Ni respuesta a sus cartas, ni llamadas. De modo que Sam pensó que, si se presentaba en persona, sería más difícil ignorar su consulta, lo cual coincidía con mi libro de reglas periodísticas. Era más difícil rechazar a alguien en tu puerta que ignorar llamadas y notas.

Sam dio vuelta en el auto hacia el camino de entrada y me dijo:

—Vamos a entrar a la boca del caballo. A ver si nos cuenta más sobre esta prima.

Justo después de que Sam apagara el motor y saliera del coche, Stefan, un hombre con aspecto de oso con un casco de pelo gris, salió disparado por el camino de entrada, agitando los brazos y con las fosas nasales dilatadas. Este hombre del doble del tamaño de Sam empezó a gritar en un polaco muy acelerado que avanzara por el camino de entrada y se estacionara en el patio.

Sam volvió a subirse y obedeció; movió el auto fuera de la vista.

Stefan salió corriendo a la calle, revisando por todos lados como si estuviera ocultando a un ladrón de bancos.

¿Acaso éramos bienvenidos aquí?

Una vez que estuvimos fuera del área principal, Stefan tomó la mano de Sam cálidamente. Se volteó hacia mí, dio un golpe con el talón y se llevó mi mano a sus labios, como todo un caballero polaco.

Sofía salió de la casa. Tenía aspecto de abuela, con una dentadura postiza blanca brillante y rizos castaños teñidos. Abrazó a Sam como a un viejo amigo perdido. Nos condujo a través de unas gallinas que deambulaban por ahí y malvarrosas moradas altas hasta la casa, mientras miraba de reojo la gran maleta que Sam llevaba, con la emoción de un niño en Navidad. Sam colocó la maleta sobre una mesa y la abrió con elegancia. Vieron los regalos: trajes de falda para Sofía, junto con medias de nailon, lápices labiales, barras de chocolate y juguetes para los nietos. El comunismo había caído, pero esos bienes seguían siendo escasos y caros en Polonia.

Sam encendió su cámara de video y, haciendo un relato optimista en inglés, enfocó a Sofía y luego a Stefan.

—Estos son mis amigos, los mejores por ayudarme a encontrar a mi gente aquí —me dijo.

Stefan y Sofía hablaban poco o nada de inglés, pero sin duda sabían, por la correspondencia de Sam, que estaba en una misión para encontrar a la prima que Stefan había referido, y que luego confirmaríamos se trataba de Hena Rożeńka, el caso femenino de Rożeńek.

Lo que dijo Sam frente a la cámara de video fue lo último en inglés que escuché durante bastante tiempo. Nos sentamos en la mesa del comedor y empezaron a hablar. Sam había prometido traducir, pero en ese momento era lo último que tenía en mente. Noté que Sam no perdió tiempo en temas triviales. Mencionó a los Rożeńek de inmediato.

Stefan apartó la mirada.

No era un indicio prometedor. Tampoco una buena técnica de entrevista. Nada de preámbulo, directo al grano. No obstante, este era el momento de Sam. Necesitaba saber por qué Stefan no le había respondido en los últimos dos años.

Sofía salió radiante del dormitorio y modeló su nuevo saco y falda de *tweed* de América.

Aislada detrás de la barrera del idioma, presté atención a los muebles y noté imágenes de Jesús y el papa Juan Pablo II observándonos desde cada pared del comedor y la sala. Me preguntaba si el Gobierno comunista había permitido tales demostraciones religiosas desde el principio en Polonia o solo después de que el Vaticano nombró a un papa polaco en 1978. ¿O eran estas las expresiones de libertad que surgieron después de la caída del comunismo? No tuve oportunidad de preguntar. Sofía no estuvo en la reunión, sino que se puso un delantal y desapareció en la cocina. ¿Estaba evitando la conversación sobre la prima Rożeńek?

Stefan se puso sus gruesos lentes, miró a Sam y luego se los volvió a quitar. Se veía agitado. Habló durante mucho tiempo, repasando experiencias vividas durante la guerra. Me animó que Stefan se prolongara en sus discursos, pensando que podría significar que estaba revelando algo nuevo, pero de vez en cuando, Sam me volteaba a ver con los ojos en blanco y decía en inglés: «He escuchado todo esto antes».

Sam intentó que Stefan regresara al tema: ¿qué pasó con la hija de los Rożeńek? ¿Qué sucedió con su familia?

Los ojos oscuros y juntos de Stefan repasaron la habitación. Yo estaba escribiendo todo lo que escuchaba en un bloc de notas. Stefan arrojó sus lentes sobre la mesa y me miró de forma acusadora. ¿Qué estaba escribiendo?, le preguntó a Sam. Este le dijo que no se preocupara por eso.

—Es mi secretaria —le dijo en polaco, y luego a mí en inglés. Volteé a ver a Stefan a los ojos y él apartó la mirada.

Stefan esquivó la pregunta de Sam. Se enfocó en el día en que los alemanes reunieron a todos los judíos de la ciudad, en el otoño de 1942, semanas antes de los asesinatos junto al monumento. Stefan ofreció su testimonio y Sam me compartió algunos fragmentos en inglés. Aquel se animó cuando le dijo a Sam que vio a la hija adulta del carnicero *kosher* corriendo de un lado a otro en la calle. Hizo ademanes exagerados para mostrar que ella tenía el pecho grande. Sus ojos brillaban con la imagen de la figura femenina, recordando a una mujer de busto prominente que fue asesinada a tiros por alemanes ante su presencia. Por la naturalidad con la que relataba el suceso, tuve la sensación de que lo había repetido hasta el cansancio en los cafés de la ciudad.

Sam volteó a verme, sin sonreír, y se encogió de hombros. Luego volvió a preguntarle a Stefan sobre Hena.

Sofía estaba sirviendo la comida y gritando algo desde la cocina. ¿Acaso había advertido a Stefan antes de nuestra llegada que se abstuviera de contar más sobre la prima Rożeńek mientras mantenía la apariencia de una amistad desinteresada?

Sam volvió a presionar a Stefan. No necesité un traductor para la frase que este pronunció y repitió: «*Nie wiem*». Significa: «No sé».

Los ojos de Stefan se movieron de un lado a otro, y luego desvió la mirada. Si tuviera que adivinar, parecía que se estaba arrepintiendo de haberle dicho a Sam sobre Hena. No agregó el más mínimo detalle a su primera declaración en relación con ella. Por su actitud, parecía que sabía más sobre el asunto, pero que tenía sus razones para guardar silencio.

Stefan retrocedió. Y como Sam me refirió en otro momento, le dijo:

—Pregúntale a Guca.

—Lo haré —confirmó Sam—. Pero tú fuiste el que me contó sobre ella.

¿Por qué no quería decir más?

Sofía apareció con unos tazones de sopa de pollo repletos de fideos frescos. Me levanté para ayudar a servir, entré en su cocina impregnada de olores de lejía y pollo hervido y noté su estufa de carbón del tamaño de un sofá. Las fragancias me recordaron a la cocina de mi abuela. Sam me había dicho que, cuando eran chicos, los judíos y los polacos nunca habrían comido en la casa del otro debido a las restricciones *kosher*. Él no siempre había cumplido con tales limitantes y, a veces, acompañaba a su padre cuando compartía el pan con los no judíos para cerrar tratos comerciales. Ahora, los cuatro mirábamos fijamente nuestros tazones de sopa. Luego sorbimos en silencio. La mandíbula de Sam estaba tensa. Esperó a que Stefan dijera algo más, pero eso no sucedió.

Una vez que recogieron los platos de la mesa les compartimos unas sonrisas cansadas a nuestros anfitriones.

Sam se puso de pie.

—Vamos, jovencita, no estamos llegando a nada.

De camino de regreso a nuestro hotel en Cracovia, Sam estaba furioso por sus supuestos amigos. ¿Por qué lo obstaculizaban? ¿Por qué no querían ayudar con la búsqueda de Hena? ¿Qué pensaban que iba a hacer? ¿Perseguirla? De ninguna manera. Esa no era su intención; solo quería verla. Solo quería agradecer a quien la había escondido.

Durante toda la cena en el hotel, Sam estuvo dándole vueltas a la situación. A última hora de la noche llamó a Stefan y Sofía.

—¿Por qué me reciben con besos y pasteles, pero no me dicen la verdad? Si mi prima está viva, ¿por qué no me dicen cómo encontrarla? —dijo con una voz alzada, que se entrecortó con decepción.

No pude escuchar su respuesta, pero del lado de Sam, no sonaba prometedor. Les dijo que no pensaba visitarlos al día siguiente.

—Ya terminé con ustedes —declaró en polaco.

Encontré a Sam de mejor humor durante el desayuno. Dijo que Stefan llamó, rogándole que volviera, que le tenía una sorpresa. Me preguntaba por qué Sam aceptó tan fácilmente la invitación, dado lo molesto que estaba la noche anterior. Pero Sam quería creerle. Nos subimos al auto y regresamos a Kazimierza Wielka.

—Tal vez no fue mala idea que me enojara —sugirió Sam.

Cuanto más nos acercábamos a la casa de los Pierchała, más crecían las esperanzas de Sam.

—Este puede ser el día —dijo.

Tal vez Stefan la había encontrado y Sam finalmente podría tener una reunión con la prima Rożeńka.

Las olas de centeno azul verdoso brillaban bajo el sol de octubre. El coche rentado rodaba por el campo. Yo estaba sentada en la parte trasera junto a Sofía, que portaba su nuevo traje de *tweed* americano, con los labios apretados en una sonrisa tensa. Stefan iba adelante, con Sam conduciendo.

Pasamos una señal con el nombre de la aldea de Chruszczyna Wielka. Desde el asiento delantero, Sam me dijo en inglés:

—Estamos muy cerca de Zagórzyce.

Me señalaba que estábamos próximos al escondite de guerra de los Rożeńek.

La vibra con Stefan y Sofia era confusa. La revelación que Sam esperaba cuando llegamos a su casa esa mañana había dado paso a divagaciones por parte de Stefan, con café y *strudel* de manzana casero. Sam volvió a impacientarse y le preguntó a Stefan por qué nos había citado de nuevo. Este levantó las manos y dijo:

—Espera, tengo algo para ti. Sabemos quién tiene tu mesa del comedor. ¿Quieres verla?

Me preguntaba qué tenía que ver la mesa en la búsqueda de la prima.

Nos detuvimos a un costado del camino, frente a una propiedad grande con una granja de ladrillos rodeada de campo. La casa estaba apartada de la carretera.

A un lado había un edificio gris sin ventanas.

—Ese es un molino de harina —me dijo Sam en inglés—. Solíamos caminar por aquí los sábados para visitar a nuestros parientes. La familia de mi mamá era propietaria de muchas tierras en esta zona.

Un hombre de complexión gruesa con un overol polvoriento salió del edificio gris y miró nuestro coche a través de unos gruesos lentes. Stefan saltó del auto y avanzó pesadamente por el camino. Colocó su brazo alrededor del tipo y lo llevó aparte, en lo que parecía un esfuerzo disimulado para evitar que los escucháramos o advirtiéramos las expresiones del sujeto. Hablaron discretamente durante varios minutos. Al final, Sofía salió y se acercó vacilante a ellos, gritando con voz amistosa. La asamblea continuó. Sofía se dio vuelta para mirarnos con recelo, como si representáramos una amenaza. El hombre del overol no dejaba de ver el coche con los ojos entrecerrados.

—¿Qué está pasando, Sam? —pregunté.

—No lo sé, cielo. Aparentemente alguna negociación importante —dijo Sam—. Tenemos que ser muy prudentes al respecto.

Sofía caminó hacia el auto que para entonces ya estaba caliente; sus ojos azul pálido brillaban con aire triunfante. Por su parte, Stefan estaba agitando un brazo para indicarnos que nos uniéramos a ellos.

Sam se giró hacia mí desde el asiento delantero.

—Muy bien, jovencita. Vamos a entrar.

Caminamos cautelosamente por el largo camino. Sam se presentó a sí mismo y a mí en polaco al hombre de la propiedad, Maxwell Majdecki. Él asintió y sonrió con formalidad, como si nos estuviera haciendo un gran favor.

Sofía y Stefan lo miraron con reserva, como si esperaran un cambio de opinión de último momento, pero Majdecki nos hizo un gesto para que entráramos a la casa. Un pequeño cachorro café gemía y ladraba, correteando bajo sus pies. Subimos los escalones de cemento. Sofía nos condujo por un pasillo oscuro que se abría a una gran sala con ventanas y cinco televisores viejos en gabinetes de chapa oscura. Desde las ventanas se apreciaba una vasta extensión de bosques y campos de cultivo.

Como si de pronto se sintiera en casa, Sofía comenzó a retirar los platos de una mesa grande, así como cubiertas de plástico.

Anunció algo que sonó a advertencia. Volteé con curiosidad hacia Sam.

—Ella dice: «Mirar, no tomar» —tradujo.

—¿Por qué habríamos de...? —pregunté en voz alta en inglés, sin esperar una respuesta.

Una vez que hubo retirado la última cubierta de encaje de poliéster, sonrió grandiosamente y dijo: *«Proszę bardzo»* (Por favor y bienvenidos).

Sam estaba de pie con el ceño fruncido ante la reliquia. Grabó la escena y nuestros anfitriones nos mostraron la mesa de roble que pudo haber sido elaborada en la década de 1920, el periodo de entreguerras, y una época de gran optimismo en Polonia. El rectángulo de madera tenía más detalles que una mesa de granjero básica, pero poca decoración o estilo. Había sido teñida de nogal y lucía desgastada y acanalada. Sam conocía esos rasguños y muescas.

Stefan, Sofía y Majdecki se le quedaron viendo. ¿Acaso pensaban que de pronto se iba a echar la mesa en la espalda y saldría corriendo por la puerta?

Eso era lo último que haría Sam incluso si quisiera. Tenía la costumbre al mudarse de dejar las casas llenas de muebles desde que salió de Polonia. Se había mudado una y otra vez en Israel y Estados Unidos, 12 veces en total, sin volver la vista atrás. Dejó o regaló casas llenas de muebles sin darle a su esposa la oportunidad de elegir un plato o una pintura que quisiera conservar.

Pero esta vez no se apresuró. Posó las manos en la madera erosionada, tocando la superficie como si estuviera leyendo braille. Para el hijo de un leñador, cada detalle en la mesa de madera contaba una historia de un tiempo pasado.

Su otra vida.

Esta mesa había sido el centro de gran parte de esa vida, de las grandes comidas familiares y de las cenas pequeñas entre semana únicamente con su madre, su hermano y su abuela mientras su padre estaba de viaje de negocios, explorando los bosques en busca de madera o visitando el aserradero que arrendaban en otro pueblo. La mesa estaba en el centro de las cenas de *sabbat* los viernes por la noche, con pollo asado y séders de primavera que duraban hasta muy tarde.

En su mente, veía rostros alrededor de la mesa. Su hermano, Yisrael, que siempre picoteaba su comida, y su padre, que moderaba las discusiones de los líderes judíos locales después del toque de queda durante los tres años de ocupación alemana. Los nazis nunca encerraron a los judíos locales en un gueto; sin embargo, emitieron edictos y demandas. En esta mesa, los líderes habían decidido juntar dinero para alimentos con la intención de apoyar a familias hambrientas en su comunidad y efectivo para sobornar a los alemanes, con la esperanza de ganar tiempo y, tal vez, vidas.

Majdecki se acercó a la mesa con los gestos exagerados de un presentador de un programa de juegos. Le ofreció a Sam un asiento. Este vaciló y luego se sentó.

Majdecki ocupó un lugar frente a él vistiendo una camisa amarillo pajizo bien abotonada hasta el cuello. Comenzó a contar historias con estilo; se escuchaba como si hubiera deleitado a otras audiencias con estos relatos en diferentes oportunidades. Sam dejó la cámara encendida y grabó la conversación.

—Después de que los judíos se retiraron, los nazis pusieron todos sus muebles en el aserradero Rakowski —dijo Majdecki. (Sus palabras exactas fueron extraídas más tarde de la transcripción del video de Sam)—. Yo estaba recién casado y necesitaba una mesa. Obtuve esta por un buen precio —alardeó. Sus ojos azul claro se iluminaron con el recuerdo.

Sofía vio a Sam con una sonrisa.

—Muy buen precio —dijo Majdecki—. Solo doscientos eslotis (menos de cincuenta dólares hoy en día).

Sam estaba sentado sin expresión alguna. Volteó hacia mí.

—Está hablando de su buen trato —dijo, y me dirigió una mirada con una ceja arqueada.

Observé a Majdecki cruzar los brazos sobre el pecho con aire de satisfacción y me pregunté si se le habría ocurrido que mientras él estaba haciendo su trato, el hombre sentado frente a él se encontraba varado en el campo, luchando por mantenerse con vida y escondido después de la redada.

Majdecki parecía no darse cuenta. Continuó contándonos la historia de cómo obtuvo esta propiedad en expansión, que abarcaba una casa señorial y un molino harinero. El judío que solía ser el dueño sobrevivió, pero no pudo regresar en medio del peligroso ambiente de la posguerra. Majdecki dijo que encontró al dueño, un hombre llamado Brenner, acurrucado con otros sobrevivientes en un sótano en una ciudad cercana. Los ataques a los judíos eran incesantes, de modo que ellos permanecían ocultos. Majdecki contó que persuadió a Brenner para que le cediera la propiedad antes de que abandonara el país.

Luego pasó a otro tema, y se inclinó hacia adelante en su silla para compartir el drama de lo vivido en aquella redada, recordando el interés de Stefan por ofrecer su relato de lo sucedido.

Majdecki estaba de paso por la ciudad ese día y recordó haber visto a alemanes conduciendo judíos en carretas y camiones. Reconoció un caballo y una carreta pertenecientes a un judío, un cliente llamado Spokojny. Tan solo unos momentos antes había aceptado venderle algo de grano a Spokojny, que aún no había pagado el pedido.

No sabía lo que decía Majdecki, pero su voz se elevó para simular cómo llamó a Spokojny. Nos contó que le dijo que no se preocupara por pagar el grano que faltaba por entregar. Él sonrió y asintió, como si esto fuera algo generoso.

Sentado en la carreta, Spokojny le había dado las gracias. Fue entonces cuando Majdecki notó las manos ensangrentadas de aquel.

Los hombres que iban sentados con él, con los mismos uniformes, también estaban manchados de sangre. Los nazis habían hecho que la policía judía recogiera los cuerpos de los judíos asesinados durante las redadas y las deportaciones forzadas.

Spokojny le suplicó a Majdecki:

—Por favor, ve con mi esposa. Ella está en Glogów, y por favor dile que fui a Miechów.

En Miechów los alemanes obligaron a los judíos a subir a trenes que se dirigían al campo de exterminio de Bełżec. Cuando llegó el vagón de Spokojny, aquellos ya estaban repletos de judíos condenados.

—Los trenes estaban bloqueados allí —dijo Majdecki—. Así que les dispararon a todos.

Sam le preguntó si había cumplido su promesa.

—¿Fuiste a avisarle a la esposa de Spokojny?

Majdecki negó con la cabeza.

—No —respondió encogiéndose de hombros.

Empezó a tararear una canción klezmer que recordaba que los músicos judíos tocaban en las bodas cristianas. Se volteó, como si me notara por primera vez. Me preguntó si conocía la melodía.

Negué con la cabeza. Parecía sorprendido.

—Extraño a los judíos —dijo Majdecki. Me miró esperando una reacción. Forcé una sonrisa cortés. Vaya mensajes combinados.

Sam le preguntó sobre los Rożeńek, los primos que el padre de Sam suponía que habían encontrado un escondite en Zagórzyce. ¿Escuchó que una hija escapó de la masacre? Majdecki negó con la cabeza.

Entonces miró deliberadamente a Sofía y luego a Stefan. Ambos apartaron la mirada. Así que en realidad solo estábamos visitando muebles.

Luego le preguntó a Majdecki sobre otros primos, la familia Dula.

—Abraham Dula era mi tío —explicó Sam—. Él y su esposa, Esther, tenían una tienda de telas en la ciudad. Mi padre creía que los Dula habían encontrado un escondite cerca, en algún lugar de este mismo pueblo.

—Oh, sí —dijo Majdecki, asintiendo—. Al lado —apuntó con total naturalidad—. Están enterrados en el sótano.

Una cortina de hojas secas de tabaco acordona las fosas comunes de la familia Dula. Descubrimos esto luego de que el hombre que tenía la mesa del comedor de Sam nos dijera que los Dula estaban enterrados al lado.

CORRALES

Chruszczyna Wielka, Polonia, 1991

Caminábamos con dificultad a través de la hierba alta que separaba los corrales y las casas que estaban próximas unas de otras. Alcancé a Sam y le pregunté quiénes eran los Dula. Me dijo que tenía tías en ambas familias. Una de las hermanas de su madre se casó con un Dula y otra con un Rożeńek, y ambas familias tenían tiendas casi juntas, solo separadas por la panadería en la calle principal de la ciudad.

El canto de los gallos y el ladrido de los perros anunciaron nuestra llegada a la propiedad vecina. Apareció un sujeto y Majdecki, el hombre de la mesa, le hizo un gesto familiar, indicándole que iba acompañado.

El viejo granjero con overol sucio respondió a Majdecki con otro movimiento de la cabeza y nos observó. No lucía sorprendido de ver a cinco personas entrando en el corral. Extrañamente, parecía como si nos hubiera estado esperando.

Sam se acercó y extendió la mano con formalidad.

—Soy Szmul Rakowski de Kazimierza Wielka —anunció lentamente en polaco.

El granjero inclinó su rostro en forma de luna con perplejidad, pero no dijo nada.

Todos parecían estar conteniendo la respiración, preguntándose cómo tomaría este tipo nuestra intromisión, así como la pregunta sobre los restos de nuestros familiares en la propiedad. ¿Qué les había sucedido aquí y qué papel podrían haber jugado este granjero o su familia en los hechos?

—Tengo entendido que mi tío y la familia Dula se escondieron aquí durante la guerra —dijo Sam—. En realidad, vine a agradecerle por esconderlos. —Sam se acercó mucho, mirando al granjero directamente a los ojos—. Gracias por tu generosidad —agregó en polaco.

El hombre asintió. Sostuvo el apretón de manos de Sam durante un buen rato. Sus ojos tristes se dirigieron hacia el suelo.

—Sam —dijo—, es una tragedia para tu familia y para la mía.

El granjero, que se identificó como Władysław Sodo, negó con la cabeza. Con un gran suspiro empezó a contar la historia. En una noche de mayo de 1944, unos hombres armados rodearon la casa y golpearon a la puerta. Irrumpieron en la propiedad, gritando a su padre y exigiendo que entregara a los judíos que estaba escondiendo. Sodo refirió que aquel, Kazimierz Sodo, había insistido: «No hay judíos aquí».

Los hombres armados maltrataron a su padre y saquearon la casa, pero este siguió negando que estuviera escondiendo a alguien. Los atacantes se fueron. Unas horas más tarde regresaron y se dirigieron directamente al granero. Después de muchos gritos y encontronazos alguien gritó que habían encontrado a los judíos.

Cinco adultos salieron del escondite, empujados por hombres armados que les apuntaban a la espalda. Eran los padres Dula y tres hijos adultos. Los asaltantes los obligaron a caminar en fila hasta la cima de la colina que daba al corral. Casi de inmediato se escucharon los disparos.

Los agresores golpearon brutalmente al padre de Sodo, a manera de castigo por poner en peligro a todo el vecindario; si los alemanes descubrían a los judíos ocultos, le dijeron, todo el pueblo pagaría con su vida. Los hombres obligaron a su padre a retirar todos los objetos personales de los cuerpos de las personas a las que había estado alimentando y protegiendo durante 18 meses. Luego los asesinos exigieron al padre que cavara una fosa común alrededor del sótano de la granja. Después de arrojar los cuerpos allí, lo hicieron bajar a la fosa y lo amenazaron con dispararle también.

Sam sacudía la cabeza lentamente, absorbiendo lo que Sodo estaba revelando. Las personas asesinadas eran primos que veía casi todos los días cuando eran chicos. Se volteó hacia Sodo, que tenía más información para compartir. Durante semanas, un asesino regresaba para amenazar al padre de Sodo, acusándolo de quedarse con el oro y las joyas que los hombres armados suponían que los judíos habían dejado. Sodo comentó que por más veces que su padre protestó que no había botín, nada extra de lo que ya se habían llevado los asesinos, no lograba convencerlos. De hecho, las sospechas de que la familia Sodo de alguna manera se benefició de albergar judíos persistirían en la zona durante las próximas décadas.

Luego de que Sam me contó más detalles de lo que dijo Sodo nos quedamos en silencio. Este inclinó la cabeza y suspiró. Dio media vuelta y nos condujo más allá de un nido de gallinas por una pendiente hasta un área donde una cortina de hojas de tabaco secas oscurecía lo que había en el fondo. Vi un montículo de tierra elevado detrás de la cortina de tabaco.

Tragué saliva e imaginé esa noche. Hombres armados arrastrándose por toda la propiedad en busca de los Dula. El terror del descubrimiento inminente. Saber que estaban a punto de ser ejecutados.

Sam preguntó:

—¿Cómo has podido vivir con esto durante cincuenta años? ¿Nunca quisiste mover estos cuerpos de allí?

Sodo agachó la mirada. La redada asesina fue traumática para su padre. La familia atribuyó su temprana muerte a la experiencia del acoso local y al horror de las ejecuciones.

—Esto es una tragedia para mi familia —dijo.

Ambos hombres apartaron la mirada.

—¿Tal vez haya quedado algo aquí, una imagen, un objeto judío dejado para la memoria? —preguntó Sam.

El granjero sacudió la cabeza y dijo:

—No queda nada aquí. Se llevaron todo.

—¿Estos eran alemanes, cazando judíos en el último tramo de la guerra cuando el Ejército Rojo estaba tan cerca? —cuestionó Sam.

—No —respondió Sodo—. Los atacantes eran polacos.

—¡Ladrones! ¡Bandidos! —intervino Sofía.

Sodo asintió. Pero alguien les había avisado de la presencia de judíos. Él se refirió a los hombres armados como *partyzanci* en dos ocasiones, o partisanos polacos, y noté que Sofía se estremecía al escuchar la palabra.

Ya bastante impactante fue encontrar a una familia de cinco personas enterrada en un corral en funciones, sin mencionar el descubrimiento de que eran la tía y el tío de Sam y tres primos adultos. Y aquí estábamos ahora, hablando con un polaco gentil cuyo padre había rescatado a esta familia, albergándolos durante 18 meses, solo para que sus compatriotas los aniquilaran en un ataque brutal. ¿Quiénes eran estos partisanos y por qué era parte de su misión matar judíos?

Resultó que acabábamos de entrar en uno de los temas más controvertidos de las relaciones polaco-judías en tiempos de guerra, que solo se ha vuelto más polémico con el tiempo. Más adelante supe que en Polonia casi todo el mundo decía haber sido partisano durante la guerra. Desde 1942, la organización clandestina más grande que operaba en todo el país se conocía como Armia Krajowa (AK), o Ejército Nacional.[1] Era el brazo militar del Estado clandestino polaco y un paraguas de los grupos de resistencia.[2] Formado a raíz de las invasiones alemana y rusa, fue el grupo de resistencia más grande y dominante, con filas que aumentaron a 400 000 en 1944. La organización estaba conformada por tres tipos de miembros: agentes de tiempo completo, muchos de los cuales habían sido integrantes del ejército polaco y tenían entrenamiento formal; combatientes uniformados en los bosques luchando abiertamente contra los alemanes; y un tercer contingente a tiempo parcial que no recibía paga y que era requerido con menos frecuencia para las operaciones.[3] Los líderes del AK en las fuerzas armadas polacas en Londres enviaron apoyo financiero, y los aliados proporcionaron armas de manera clandestina para ayudar en el sabotaje y otros esfuerzos para socavar a los alemanes.[4] El AK fue mejor conocido por su papel en el heroico Levantamiento de Varsovia de 63 días en 1944, y facilitó inteligencia significativa a los Aliados durante la guerra. No obstante, a pesar del apoyo y los contactos con el Gobierno en el exilio, se sabía que operaba de forma independiente y sin pedir permiso o compartir detalles sobre sus actividades.[5]

La etiqueta de partisanos también se aplicó a una red de grupos, algunos con rangos considerables cuyas unidades no siempre se sometieron a las órdenes del Gobierno polaco en el exilio y, de hecho, en ciertas ocasiones se enfrentaron con otras unidades clandestinas. Uno de los más grandes, el Narodowe Siły Zbrojne (NSZ, Fuerzas Armadas Nacionales), formado en 1942, apoyó abiertamente la campaña alemana de genocidio contra los judíos.[6] «La liquidación de los judíos en los territorios polacos es de gran importancia para el futuro desarrollo porque nos libera de un parásito multimillonario», decía el periódico NSZ en marzo de 1943.[7]

Más tarde me enteraría de que el otro grupo guerrillero de resistencia importante que operaba alrededor de Kazimierza Wielka era el Bataliony Chłopskie (BCh, Batallones de Campesinos Polacos). Se originó como una organización de defensa para granjeros explotados por los alemanes y creció hasta alcanzar 160 000 miembros en su apogeo en el verano de 1944. Sus unidades tácticas se unieron al AK al final de la guerra. Si bien los partisanos judíos operaban en unidades de comando que tenían alguna afiliación con AK, incluido el apoyo financiero del Gobierno polaco en el exilio, no estaban activos en las áreas rurales alrededor de Kazimierza.[8] Sin embargo, las operaciones de AK y algunos otros grupos de resistencia, lo sabría después, no siempre fueron tan diferentes de la actitud, las políticas y las prácticas de los nazis genocidas.[9]

De pie en el corral de Sodo ese día, no tenía conocimiento de las actividades guerrilleras en el área. En cierto momento noté que el granjero pareció reaccionar cuando Sofía cambió su referencia a bandidos. Luego de que nos amontonamos en el auto y regresamos a la ciudad, Sofía volvió a lamentar las acciones de los «bandidos», como si la repetición pudiera borrar la referencia de Sodo a los partisanos. Sam no la contradijo.

Bandidos o partisanos. Sin duda Sofía, la mejor estudiante de la clase de Sam, era lo suficientemente inteligente como para esperar que tuviéramos una reacción fuerte al encontrar a toda una familia de primos de Sam asesinados por polacos. Pero si lo hizo, estaba en negación. Al alejarse de la granja de Sodo le preguntó a Sam si le había gustado ver su mesa. Claro, le dijo, como la esposa de Abraham Lincoln elogiando la obra. Puse los ojos en blanco mentalmente. ¿Cómo quería que estuviera pensando en muebles en ese momento? Sin embargo, cuando los dejamos, Sam se estacionó esta vez en un lugar aparte y dijo que los veríamos al día siguiente. El día había comenzado con la gran tarea de avanzar en la búsqueda de Hena. Aunque nada de eso sucedió, Sam actuó como si Stefan se hubiera redimido.

Mientras conducíamos desde el interior en la oscuridad hacia las luces de Cracovia no pude evitar comparar el descubrimiento de las tumbas de los Dula con la escena del crimen a la que había dedicado mis días y noches antes de este viaje. Los asesinatos de un abogado y su esposa bibliotecaria y su hija pequeña por parte de su asesor financiero en Rhode Island habían ocupado los titulares nacionales. El verano anterior pasé meses cubriendo un juicio importante de la mafia en Connecticut, que involucraba una serie de golpes mafiosos destinados a derrocar el liderazgo de la familia criminal que controlaba las mafias en Nueva Inglaterra.

Esos crímenes requirieron grandes esfuerzos por parte de las autoridades para su investigación y enjuiciamiento. En cualquier caso, el público no esperaba que los asesinos se salieran con la suya, pero ahí estaba yo, en Polonia, dejando una fosa común de cincuenta años que parecía ser solo una parte aburrida del paisaje. Pensé en historias que había cubierto en Estados Unidos sobre restos hallados por paseadores de perros o trabajadores en un proyecto de construcción. No era lo mismo aquí. ¿Habían sido investigados estos asesinatos alguna vez?

Le comenté a Sam que Sodo me pareció convincente, un buen tipo.

Sam también quedó impresionado.

—Conocimos a un buen hombre hoy, jovencita. No dejo de pensar en cómo cuidaron bien a cinco personas, adultos, durante 18 meses. ¡Qué sacrificio! Qué gente tan buena.

Pero no fue suficiente para salvar a los Dula.

Alguien los había traicionado. Las casas aledañas a la finca Sodo estaban muy cerca entre sí, y algunos vecinos tenían una vista franca del patio y de la casa. Sodo dijo que la gente siempre los observaba, que estaban al pendiente de las compras de su padre o de movimientos inusuales.

La seguridad de los hombres armados en su búsqueda y el camino que siguieron hacia al escondite cuando regresaron implicaba una pista de alguien cercano. Después de todo, los atacantes no habían ido de casa en casa. Fueron directamente a la granja de Sodo, en un momento en donde la mayoría de la gente esperaba que la guerra terminara pronto.

No dejaba de pensar en la revelación de Sodo de que los asesinos eran polacos.

—¿Puedes creer que los polacos los mataron? —pregunté.

—¿Quién más estaba aquí en la primavera de 1944? —comentó Sam—. Los alemanes estaban siendo ahuyentados por el Ejército Rojo.

—Sam, ¿crees que los asesinos de los Rożeńek también eran polacos? —pregunté.

—Tal vez —dijo—. Todos en el campo estaban con los partisanos o los ayudaban, pero no pueden soportar que se empañe ese legado de clandestinidad. Muchos de ellos luchaban contra los nazis y también mataban judíos.

Se detuvo en el hotel. El peso de las revelaciones del día lo golpeó.

Qué día.

—Fuimos a buscar a una prima perdida y, en cambio, terminamos con cinco muertos —dijo Sam.

Cuando llegamos a la mañana siguiente, Stefan estaba esperando. Sam había señalado que ni la mesa ni las tumbas de los Dula nos acercaron más a encontrar a la prima Hena. Stefan dijo que tenía otra idea. Se subió al auto y llevó a Sam a una granja en Zagórzyce, la aldea donde los Rożeńek se habían escondido. Añadió que la gente a la que íbamos a visitar debería saber algo sobre lo que le pasó a Hena.

Sam se estacionó en la carretera junto a la entrada de la granja. Era un día bochornoso de octubre. Avanzamos por el camino, levantando polvo y temores. En la cima de la colina encontramos una escena que activó la banda sonora de *Deliverance* en mi cabeza. Los edificios deteriorados rodeaban un corral lleno de botellas de vodka vacías de diferentes tamaños. El granero estaba inclinado, como si también se hubiera ido de juerga. Incluso la casa del pozo de madera en medio del corral estaba chueca.

—No hay nadie en casa —advirtió Sam.

Stefan inspeccionó el corral como si buscara una ruta de escape.

—Es probable que vuelvan pronto de los campos para almorzar —dijo Sam.

Tenía un mal presentimiento sobre esto.

—Tal vez deberíamos esperarlos fuera de la propiedad —sugerí, pensando en múltiples visitas que había hecho como reportera que no habían salido bien. Prácticamente esperaba ver escopetas de repente.

Mientras miraba la casa del pozo, me pregunté si la joven Hena había buscado refugio aquí. Tal vez después del impacto de lo que había presenciado se escondió debajo del granero o incluso en la casa del pozo. Ello podría haberse convertido fácilmente en una trampa. Tal vez los granjeros fueron amables con ella y se apiadaron de su situación. Quizá ella se enamoró de uno de sus hijos. O es probable que la gente de esta casa haya avisado sobre quién había matado a su familia.

Los gallos empezaron a armar alboroto, lo que nos alertó de la carreta tirada por caballos que acababa de llegar a la cima de la colina. El tipo que sostenía las riendas tenía los ojos inyectados de sangre bajo una gorra que usaba de lado. Lo clasifiqué como un bebedor diurno. Había otro sujeto sentado en la carreta, acompañado de una mujer diminuta con una *babushka*. Sam gritó un saludo en polaco, disculpándose por la visita no anunciada y solicitando un momento de su tiempo. Dijo que venía de Kazimierza Wielka y estaba buscando pistas sobre un asunto. No esperó respuestas y se apresuró a tranquilizarlos, especialmente al conductor, que nos miraba con ojos furiosos.

Ya que no escuchaba ni una palabra en inglés, analicé su lenguaje corporal. No había señal alguna de un recibimiento amistoso.

Sam se dirigió cortésmente a la anciana que lo miraba con el ceño fruncido bajo su babushka blanqueada por el sol. Ella desmontó, mostrando sus medias blancas desgarradas debajo de una falda cubierta de barro. El hombre que estaba en la carreta saltó sin decir una palabra, obedeciendo a la mujer.

Sam se acercó y les preguntó acerca de los Rożeńek; les dijo que al parecer se habían escondido en una casa cercana y que tenían una hija sobreviviente.

Antes de que Sam terminara la pregunta, la anciana respondió con ese mantra reflexivo, «*Nie wiem*» (No lo sé). Nos hizo señas para que nos alejáramos, como si estuviera espantando moscas.

Así que, aquí estábamos, cerca de donde se habían escondido los Rożeńek; sin embargo, abundaba la amnesia. Vi a la mujer fruncir el ceño y alejarse. Ella seguía repitiendo «*Nie wiem, nie*». No se veía que hubiera posibilidades para que de pronto se volviera accesible y cooperativa.

Era tan frustrante. En este lugar donde los gallos superaban en número a las personas, seguramente abundaban los comentarios a discreción. Tanto Majdecki como Stefan nos habían contado lo mucho que la gente comentaba viejos chismes e historias de guerra.

Sin embargo, el movimiento de cabeza de la anciana puso fin a nuestras expectativas. Nos topamos con otra pared de ladrillos.

Saqué mi cámara y comencé a tomar fotos. Valía la pena recordar esta escena, particularmente a la anciana con el aspecto de Baba Yaga. Mi pequeña Instamatic me parecía discreta, en particular mientras Sam hablaba con los granjeros. Estaba encuadrando tomas de las botellas de vodka, la casa del pozo, los gallos y la anciana apoyada pesadamente en el carro jalado por caballos.

Entonces el conductor de la carreta apareció en la imagen. Su rostro se oscureció como una tormenta. Sus mejillas se hincharon y su boca se frunció. Se puso rojo. Se abalanzó sobre mí con una horca. Guardé la cámara en mi bolsillo y retrocedí. Todos reaccionaron. Los tres hombres y la anciana alzaron los brazos para tratar de sujetar al tipo. Él despotricó y se acercó a mí. La mujer, que le llegaba hasta la cintura, se tambaleaba, gritaba y lo picaba, pero ni siquiera podía alcanzar sus brazos oscilantes. Él se retorció y lanzó manotazos al aire, sin dejar de gritarme.

Sam me dirigió una mirada.

—Quiere tu cámara. Quiere que borres la foto que le tomaste —exclamó Sam.

—Lo sé, pero no pienso dársela —contesté.

—Está molesto por la foto —comentó Sam.

—Eh, sí, me queda muy claro —contesté—. Pero ¿averiguaste lo que ocurrió? ¿Hena estuvo aquí?

—No saben nada. Como los demás.

Entre los ojos encendidos del conductor de la carreta y la horca, decidí darme por vencida.

Di media vuelta con mis Nike y corrí por el camino de entrada. La cámara estaría más segura en el coche. Y yo también.

Cerré la puerta del auto, pero no le puse seguro. Lo cual fue buena idea, porque unos minutos más tarde Sam venía trotando por el camino. Entró al auto y encendió el motor. De alguna manera Stefan, que se movía increíblemente rápido para un hombre tan voluminoso, logró llegar al coche, y se dejó caer en el asiento trasero. Salimos a toda velocidad, levantando una nube de polvo.

Ahora estaba dudando. ¿Había arruinado nuestras posibilidades de obtener información? Hasta el momento había sido un apoyo en este viaje. Sin embargo, podría estar haciendo más lento el objetivo de Sam al pedirle siempre que tradujera. Tal vez lo vieron como un polaco, y podría haber encantado a esa gente. Quizá los incomodé: una joven estadounidense portando una chamarra Gore-Tex colorida, mirando todo con sospecha.

Seguimos en silencio.

—Lo siento, Sam. No podía darle mi cámara a ese tipo. Espero no haberlo arruinado todo.

Sam no mencionó nada hasta que dejamos a Stefan.

Cuando llegamos al hotel me dispuse a bajar del auto.

—Bueno, jovencita... —dijo.

Me quedé helada.

—Hoy me ha quedado algo muy claro —continuó.

—¿Qué cosa? —pregunté.

—Noté la mirada decidida en tu rostro cuando te pedí la cámara. De ninguna manera ibas a dársela. Y pensé: «Ahora sé que eres una Rakowski».

Sam conversa con una mujer que vive en un departamento en el antiguo gueto de Cracovia. Está recordando el lugar donde vivía.

ORÍGENES

CRACOVIA, POLONIA, 1991

Sam ya estaba desayunando al día siguiente cuando lo encontré en el comedor del hotel. Ni siquiera levantó la vista. Estaba demasiado concentrado en sacar la yema de un huevo cocido colocado en una taza de cerámica.

—¿Sabes?, esta era mi comida favorita cuando era niño —exclamó con una sonrisa.

—No llamaste a mi puerta esta mañana —dije, sofocando un bostezo.

—No quería despertarte, cariño. Quise dejarte dormir hasta tarde.

Me dirigí al bufet, con el ceño fruncido ante los platos de huevos y las porciones de carne sudada. Los recuerdos de los últimos días resonaban en mi mente: la cortina de hojas de tabaco que custodiaba las tumbas de los Dula y las risas en el bosque en el lugar de encuentro junto al monumento en Słonowice. Hasta ahora, nada de lo que había visto cambiaba la idea judía generalizada de que Polonia era un cementerio gigante. Además, nada me había preparado para el gran encogimiento de hombros ni para la indiferencia que toda una generación de abuelos mostró a estas víctimas que no eran extraños, sino viejos vecinos y compañeros de escuela. Eran las personas que hacían sus zapatos o les vendían la tela para su vestido favorito. Una cosa era ser testigo de cómo los alemanes deportaban a las personas para que las gasearan y las quemaran o las mataran de hambre y las hicieran trabajar hasta el cansancio en otro lugar, y otra muy diferente era conocer a la familia que estaba enterrada en el patio de tu vecino.

Quizá aquellos que siguieron viviendo aquí después de presenciar tantos hechos horribles durante la guerra se habían vuelto insensibles. Pero si realmente no les importaba que 500 personas de un pueblo de 3 000 fueran eliminadas del planeta, ¿cómo explicar la cálida bienvenida que le dieron a Sam? Tal vez el tabú que impuso el comunismo en tantos temas, particularmente en relación con los judíos, inculcó hábitos de negación. Para ser justos, Stefan parecía emocionado al recordar al niño de 5 años con el que se cruzaba de camino al trabajo y que fue asesinado en Słonowice, donde visitamos el monumento junto a la fosa común. Tal vez sea muy imprudente de mi parte, pero me preguntaba si eligió ese recuerdo en particular para compartirlo en nuestro beneficio. Creo que prefería hablar de la voluptuosa hija del carnicero judío.

Durante los últimos días la barrera del idioma había agudizado mi estudio del lenguaje corporal y las expresiones faciales. Tenía algo de experiencia evaluando la credibilidad, ya que había presenciado cientos de horas de testimonio en la Corte y entrevistado a muchos sospechosos y testigos para historias de investigación. Aun así, Stefan era un rompecabezas. Mantenía los brazos cruzados con fuerza sobre el pecho cuando hablaba con Sam, y miraba a su alrededor con desconfianza sin hacer contacto visual. ¿Qué estaba evitando? ¿Por qué nos presentó a la gente del campo, pero nos hizo esconder el coche junto a su casa para que nadie viera que lo visitábamos?

En cambio, Sodo era tan abierto como el paisaje polaco, su ceño fruncido y sus ojos tristes eran un bálsamo para el alma. Me hubiera gustado hacerle algunas preguntas en el lugar, donde Sam tradujo muy poco. Él procuraba estar atento a todo, usando el polaco de su infancia y absorbiendo las impactantes revelaciones de Sodo. Traducir era lo último que tenía en mente. Sin embargo, cuando me dio los detalles, ya era demasiado tarde para mis preguntas de seguimiento. Hasta el momento no sabía si alguien había investigado esos cinco asesinatos en la granja de Sodo. ¿Alguna vez se presentó a algún responsable?

Majdecki y los Pierchała no tuvieron ninguna reacción ante lo que Sodo nos reveló sobre la masacre de la familia Dula. ¿Sabían acerca del destino de los Dula? Majdecki se expresó en un tono rutinario, casi mecánico, sobre su vecino y cliente, cubierto de sangre, siendo llevado a la muerte. Si Majdecki había sentido algo acerca de esa experiencia, ¿cómo podía escuchar las súplicas del hombre rogándole que le avisara a su esposa adónde lo trasladaban y que no era culpable de nada? De hecho, Majdecki parecía no pensar en ello. Sin embargo, su tono cambió, y sus lentes de montura metálica se empañaron de emoción cuando presumió sobre el buen precio que obtuvo por la mesa de Sam en la subasta nazi. Y se refirió con efusividad a su destreza para lograr que el sobreviviente que huía con la intención de salvar su vida después de la guerra le cediera su majestuosa casa y su extensa propiedad. Lo que es no tener tacto. ¿Esperaba que Sam y yo lo felicitáramos? No obstante, Majdecki era la única persona conocida en comentar voluntariamente que «extrañaba a los judíos», refiriéndose a los músicos klezmer que solían tocar en las bodas.

Todo hacía indicar que Majdecki pensaba de manera similar a Stefan y Sofía: una despreocupada aceptación del exterminio de la población judía. Sin duda, había muchos como Majdecki, que no estaban implicados en el genocidio, pero se beneficiaron en lo material y obtuvieron tanto bienes muebles como inmuebles. De alguna manera racionalizaron la destrucción de los judíos. Sofía, cuyo padre se arriesgó sobremanera cuando era alcalde al esconder judíos durante breves periodos en su casa, compartió conmigo una reflexión impactante que culpaba a las víctimas: «Habrían sobrevivido muchos más judíos si no se vieran tan judíos».

De hecho, los alemanes utilizaron a la policía polaca para identificar a los judíos porque muchos se parecían a los polacos «arios» y no a las caricaturas antisemitas. Razón de más para obligar a los judíos a portar estrellas amarillas en la ropa y encerrarlos en guetos.

Tal vez Sofía hizo el comentario para tranquilizarme, pero «pasar» siempre fue confuso.

Yo crecí queriendo formar parte de algo, anhelando parecerme a las rubias versátiles que aparecían en la revista *Seventeen*. Con los ojos azul cielo de Poppy, algunas de las facciones de mi madre y un apellido ambiguo, podía pasar desapercibida.

Durante mi primer año de universidad asistí a Tulane en Nueva Orleans y decidí probar la fiebre de la hermandad lo que me dio un golpe de realidad. En todas las hermandades de mujeres WASP conocidas, las damas me recibían en la puerta y me decían que me veía como la «clásica niña estadounidense». Recuerdo que sus palabras hicieron que la sonrisa se congelara en mi rostro, y grabaron el síndrome del impostor en mi cabeza. Las anfitrionas de las hermandades de mujeres judías se daban cuenta, y me hacían recordar la frase que había escuchado de señoras judías mayores que me miraban con escepticismo y resoplaban: «No parece judía». No sabía cómo sentirme acerca de esta cualidad camaleónica que me permitía cambiar el aspecto de mi identidad judía.

Me beneficié de los tiempos de cambio. Por el contrario, mi abuelo en el sur de Estados Unidos en las décadas de 1930 y 1940 luchó por encontrar alojamiento que aceptara a un hombre de negocios judío. Mi padre no enfrentó esos obstáculos. En su caso, soñaba con ser parte del club que tenía el mejor campo de golf en mi ciudad natal, que, hasta mediados de la década de 1970, prohibía la entrada a judíos y a negros. Tenía 14 años cuando invitaron a mi familia a conversar con ellos. Sentí los ojos como rayos X de todos los comensales cuando entramos y nos sentamos en sus mesas.

En Polonia, con Sam no había margen de maniobra. No pude evitar darme cuenta de que, si hubiera vivido aquí en la década de 1940, mis posibilidades de supervivencia habrían sido prácticamente nulas.

Le conté a Sam lo que dijo Sofía acerca de que más judíos habrían sobrevivido de no haberse visto tan judíos. Él respondió que eso no importaba.

Sam tampoco se permitió reaccionar al ver su vieja mesa de comedor o ante el hecho de que le advirtieran que no se la llevara. Me llamó la atención la observación de Sofía de «mirar, no tomar». Sam era netamente pragmático.

—No hay problema con Majdecki —dijo—. Si no fuera por él, no habríamos encontrado a los Dula.

Una parte de mí quería aislar la emoción y la reacción sobre la situación en Polonia, como hacía habitualmente siendo reportera, pero la indiferencia de los nativos por lo que sucedió a nuestros familiares no era fácil de aceptar.

Estaba sorprendida de cómo Sam sobrellevaba la situación. Manejó con discreción sus propias experiencias traumáticas para volver a conectarse con sus antiguos vecinos.

Es posible que Sam se haya mantenido ecuánime en su ciudad, pero durante el desayuno sus recuerdos de los Dula se hicieron presentes. Las reacciones comenzaron la noche anterior durante la cena. Los detalles habían emergido de a poco, como el agua saliendo de una manguera sin doblar. Había referido que aquellos familiares eran altos y delgados, y siempre ruidosos en la tienda de telas, justo al final de la cuadra donde estaba la casa de Sam y el aserradero familiar. Su tía Ester era hermana de su madre; se daba una vuelta por la tienda para pasar el rato con su primo Kalman, unos años mayor que Sam, y su hermano mayor Wulf, que estaba en el ejército polaco y que murió en 1939 durante la invasión alemana. Kalman y Sam habían asistido a una escuela secundaria privada judía enfocada en los negocios en Cracovia. Kalman se graduó de la escuela en Cracovia a la que asistió Sam durante un año. Eso los hizo más educados que cualquier otra persona en la ciudad. En ese entonces, en Polonia, la educación únicamente era obligatoria hasta el séptimo grado. Sam y Kalman no solo recordaban a las chicas de su escuela mixta, sino también a las que les hubiera gustado conocer en la escuela secundaria judía vecina.

Sam recordó que la hija mayor de Abraham y Esther Dula se había mudado a otra ciudad polaca después de casarse, de modo que no supo más de ella. Abraham era más cercano a la religión que la familia de Sam y otros parientes. Cuando Sam entraba en la tienda de los Dula tenía que estar preparado para que el Dula mayor lo abrumara con preguntas sobre la porción semanal de la Torá. Aunque Abraham estaba empapado de textos judíos, él y su familia usaban ropa casual y no mostraban signos externos de que fueran judíos, hasta que los ocupantes nazis los obligaron a usar la estrella amarilla de David en su ropa.

—La forma en que los Dula llegaron a esa granja se debió a que Sodo era un cliente en la tienda de telas, y probablemente Kalman le pidió que escondiera a la familia —sugirió Sam—. La familia Dula era reservada. Creímos que se habían ido a esconder a algún lado, pero no le dijeron a nadie adónde iban.

De hecho, compartir esos planes, incluso con parientes cercanos, era demasiado peligroso.

Casi podía ver los engranes girando en la cabeza de Sam, consultando su mapa mental de la ciudad en la época anterior a la guerra, mismo que dibujaría físicamente para mí más tarde. Era capaz de identificar todas las tiendas de la calle principal y los familiares que las atendían.

Caminó sobre esa calle por última vez en septiembre de 1942. Su propio supervisor en el parque automovilístico alemán, donde Sam trabajaba como esclavo, le había advertido de la inminente redada de judíos. Su jefe polaco incluso le propuso esconderlo, pero él objetó con cautela. Creía que su padre tenía un plan para su familia y sus primos, los Banach, que tenían dos hijos y eran hermanos de los padres de Sam.

A la medianoche siguiente tomaron lo que pudieron llevar y caminaron desde su cómoda casa hasta la granja donde se esconderían. Józef Rakowski había hecho todos los arreglos por medio de un amigo que era funcionario municipal. Este no podía esconderlos en su propiedad, ya que tenía una celda en la cárcel, la cual era visitada regularmente por policías polacos y oficiales alemanes. Sin embargo, tenía parientes que vivían en un lugar remoto para evitar lo obvio. Las dos familias, menos la joven prima de Sam, Masha Dina, a quien colocaron con una familia diferente, llegaron a esa granja escondida antes del amanecer. Una vez seguros en ese granero apartado, Sam tomó conciencia de su situación. Habían dejado de ser personas libres para convertirse en presos.

En la mesa del desayuno comí un poco de pan crujiente con queso; toda esa maraña de recuerdos sombríos me resultaba difícil de digerir. Sabía que viajar aquí sería angustioso. Me quedé mirando mi café, que aquí lo servían sin filtrar, se requería paciencia para que los granos molidos se asentaran en la taza. Me preguntaba si habría cantidad de café que fuera suficiente para ayudarme a entender todo esto.

—Sam, ¿cómo podría alguien vivir en esa casa durante tanto tiempo sabiendo que había personas enterradas en el patio?

Él sacudió la cabeza.

—Solo Dios sabe.

—¿Y quiénes eran esos polacos que mataban judíos casi al final de la guerra? —pregunté.

—Algunos los llaman bandidos, y otros dicen que eran partisanos, pero comentarlo en este lugar puede resultar delicado. —Defendió la clandestinidad de Polonia como la más importante bajo ocupación, a pesar de que la resistencia francesa recibió mucha más atención y crédito—.1 Y es sabido que los polacos salvaron a más judíos que cualquier otro país de Europa. En Polonia los partisanos son los héroes. ¿Viste esos monumentos de águilas relucientes a lo largo de los caminos? Esos son para el AK.

—Y mientras tanto, nuestra gente yace a orillas de los campos y en los sótanos —refunfuñé.

—Como fuera, nunca te prometí un jardín de rosas, cariño.

—No, los jardines de aquí parecen tener judíos plantados en ellos —dije de forma sombría, sintiendo el peso de la historia que había vivido.

La confianza de Sam en sus viejos contactos había hecho que realizáramos viajes incidentales que resultaron reveladores, pero que

al final no aportaron más información en la búsqueda de Hena.
¿Con cuántas tumbas más sin marcar nos encontraríamos y cuántos
muebles visitaríamos? Parecían una distracción en la búsqueda de
un pariente vivo, pero ¿por qué tantos amagos y rodeos por parte
de sus viejos amigos? Debía haber alguien en el lugar donde vivían
los Rożeńek que no nos recibiera con horcas. Alguien que estuviera
dispuesto a compartirnos lo que sabía.

Asumí que no había considerado el hecho de cómo sería encontrarla. Tenía la intención de ayudar a Sam a dar con el paradero
de esta misteriosa prima. Supuse, por supuesto, que ella estaría encantada de verlo.

Giré mi tenedor en el queso suave y eché un vistazo alrededor
en busca de una mesera con café. ¿Los antiguos compatriotas de
Sam no querían que encontráramos a Hena por alguna razón en
particular, o simplemente no les importaba si la hallábamos? De
acuerdo con lo revelado hasta el momento, era casi imposible saberlo. Y yo no había consumido suficiente cafeína aún.

Sam apartó su plato y dijo:

—No más Holocausto por hoy, cariño.

Sentí mi rostro iluminarse.

—Por hoy seremos turistas de vacaciones en Polonia. —Dejó
escapar una sonora carcajada que asustó a los comensales en las
mesas cercanas—. ¿Estás lista para irnos?

—Casi.

Me detuve por un momento. ¿Acaso era posible escapar del
Holocausto en este lugar? En mi cabeza, repasaba mi desayuno
en cementerios improvisados, rebobinando escenas recientes. Mis
expectativas para un domingo libre eran bajas. Me conformaría
con no ser vista como un animal de zoológico. En Polonia, nadie du-
daba de que yo era judía, a diferencia de en Estados Unidos, donde
a menudo escuchaba: «Pero no pareces judía». La definición de un
judío de acuerdo con Hitler era bastante inclusiva: cualquier persona
con un abuelo judío calificaba para el exterminio. Me preguntaba si

esa noción había perdurado en la Polonia de la posguerra cuando los judíos sobrevivientes se casaban entre sí.

Tal vez en la Polonia de la posguerra, Hena había encontrado alguna manera de «pasar» también.

Sam parecía tener la piel dura, pero los hilos antisemitas que atravesaban tantas conversaciones me dejaron boquiabierta. Él tenía un contexto para lo extremo: el trabajo esclavo, el gueto de Cracovia, los vagones de ganado y la brutalidad de los campos. Actuaba como si pudiera ver más allá. Desde su regreso a Polonia, sacó fuerzas al reconectarse con las experiencias de sus primeros años de vida. Estaba sorprendentemente optimista. Hacía años me había dicho: «La gente era antisemita, pero aquí no eran "antiyo"».

De camino a Varsovia, Sam pensaba en voz alta sobre las fuentes históricas del antisemitismo. Los granjeros creían que los comerciantes judíos lo tenían más fácil porque no estaban en los campos, a pesar de que a los judíos se les había prohibido legalmente el acceso a las zonas agrícolas y tenían que encontrar otros medios para obtener ingresos. A lo largo de la historia los nobles encargaron que los judíos cobraran la renta de los arrendatarios, lo que generó resentimiento contra ellos. Los judíos sabían leer y escribir porque estaban obligados a leer la Torá, lo que requería que los padres educaran a sus hijos para cumplir con esta obligación. Esa preparación calificó a la población judía para ocupaciones mejor pagadas en el comercio y la banca. Si bien los judíos estaban involucrados en el funcionamiento de tabernas y cervecerías, socialmente mantenían vidas separadas de sus vecinos cristianos, con leyes que limitaban las comidas compartidas.

Antes de la guerra de 1939, los judíos representaban una minoría considerable: el 10% en una nación de 35 millones. Varsovia era 30% judía, con 375 000 judíos.[2] Pero después de que la población fue aniquilada, el antisemitismo en Polonia persistió. En 1968, el Gobierno comunista culpó a la población judía restante a causa de un levantamiento estudiantil generalizado y una lucha por el poder interno del Gobierno. Las purgas provocaron la huida de los judíos, dejando alrededor de 8000 en 1972. Al momento de nuestra visita en 1991, 3700 judíos autoidentificados vivían en Polonia, lo que representaba el 0.01% de la población.[3]

Sin embargo, ese número parecía más grande en la percepción que en la realidad. Sam estaba cruzando una calle en Varsovia al comienzo de nuestro viaje y vio grafitis en alemán que hacían eco de carteles de la época nazi. Decían: «Fuera judíos». Sam volteó a ver al chico que estaba a su lado leyendo el mismo eslogan y le preguntó en polaco: «¿Qué judíos?». El joven respondió: «Oh, hay muchos judíos. Yo conozco uno».

Estas anécdotas fueron sorprendentes. En una parada cerca de una casa donde Stefan nos llevó en busca de reliquias judías, Sam se enfrentó a una dura negociadora, una anciana cuyo departamento estaba repleto de muebles dejados en el pasado por los judíos. Él le compró una pequeña pintura de un rabino jasídico; le ofreció menos del precio que ella pedía, que correspondía con el costo de mis boletos de avión de ida y vuelta. Al salir, una mujer joven que se encontraba en la puerta de su departamento se burló de nosotros. Hizo un comentario cruel, con la cara contorsionada mientras escupía las palabras, que Sam no tradujo sino hasta que estuvimos en la calle: «No sé por qué se quejan los judíos. Muchos de ustedes sobrevivieron». Me dejó sin aliento. Aparentemente, para ella, que 250000 de 3.3 millones de judíos sobrevivieran era demasiado.

¿Cómo podría Hena haber permanecido aquí con actitudes como esta?

Dejé mi taza de café y corrí detrás de Sam, que se estaba mezclando con la multitud de turistas, tipos de cabello blanco con jeans y tenis, en el vestíbulo del hotel. Cuando lo alcancé, él estaba charlando en polaco con el conserje, quien quizá nunca hubiera adivinado que Sam había estado fuera del país durante cinco décadas. Sam recibió instrucciones para moverse por Cracovia, una antigua ciudad ribereña llena de magníficas iglesias, monasterios y conventos, y anclada por el castillo de Wawel del siglo XIV. Los reyes lo habían construido, pero la elección de Wawel por parte de los nazis para su cuartel general de ocupación nacional lo salvó de un ataque durante la guerra relámpago de 1939.

Nos estacionamos cerca de la orilla del antiguo barrio judío y paseamos a lo largo de bloques de edificios ahuecados que rezumaban desesperación. Debajo de tejados combados y fachadas manchadas de carbón, los pobladores habían convertido un lote lleno de maleza en un mercado improvisado. Varios vendedores que parecían zombis vendían sus tristes mercancías. No habían visto la promesa del poscomunismo. Un tipo sin rasurar que parecía un yonqui de Bedford-Stuyvesant de la década de 1980 estaba parado con unas botas gastadas. Cerca de allí, una *babushka* desdentada pregonaba verduras cubiertas de tierra y manzanas cafés.

El sol quemaba a través de las nubes cubiertas de carbón. A lo largo de nuestro paseo, la mercancía fue mejorando. Vimos cajas ordenadas de pepinos frescos y coles flanqueadas por percheros de chamarras de lana ligeramente gastadas.

Sam aceleró el paso en busca de más sitios conocidos en su recorrido. Traté de imaginarlo llegando a esta ciudad a los 14 años para estudiar la secundaria. Tras dejar su pequeño pueblo, tuvo que aprender las rutas de los tranvías y trenes. Recordaba con cariño ese año y tomaba el tren a casa los fines de semana con su elegante uniforme escolar azul, llamando la atención de las chicas.

La siguiente vez que vio Cracovia fue cuando su familia se coló en el gueto en noviembre de 1942. A pesar de que más de una docena de parientes estaba hacinada en un solo departamento, recordaba esos tiempos con nostalgia porque estaban juntos.

—No pasábamos hambre en ese entonces, porque podíamos comprar comida extra en el mercado negro ubicado en el exterior cuando íbamos a trabajar —recordó.

Yo echaba un vistazo alrededor y me preguntaba si estaríamos cerca de la fábrica donde solía trabajar. Me di cuenta de que Sam se había quitado la chamarra. Más adelante noté a un joven que levantaba mercancías sobre su cabeza con un palo largo. Traía una parka que parecía nueva, con forro naranja y cuello peludo, algo digno de una segunda mirada, incluso aquí.

Mis ojos siguieron el abrigo hasta su vendedor, un chico guapo de mi edad, con cabello castaño rizado y ojos verdes luminosos. Al seguir el rastro del abrigo o del tipo, no estaba segura de cuál, me abrí paso entre los peatones que llenaban las calles de un domingo por la mañana. Lo perdí, pero seguí la figura del abrigo. La multitud se dispersó y pude ver al vendedor. Estaba de espaldas charlando con alguien. Me abrí paso para ver mejor. Tal vez hablaba inglés. Quizá podría tener una conversación con alguien de mi edad en este extravagante sitio. Se dio vuelta y vi con quién estaba hablando: con Sam.

Me acerqué sonriendo, pero ellos siguieron charlando en polaco. Sam estaba sonriendo con picardía. Le dijo algo al tipo, asintió y soltó una carcajada. Fue una liberación, como si estuviera moviendo una puerta pesada. El hombre de la parka le sonrió a Sam; sus ojos verdes brillaban como si compartieran un secreto. Luego se encogió de hombros y dijo algo más que no pude entender.

—¿De qué están hablando? —finalmente interrumpí.

—Le decía que parece que tiene algo de sangre judía.

Mis ojos se abrieron. Volví a mirar al vendedor de parkas, esperando notar incomodidad o molestia, pero él siguió sonriendo. Tal vez no quería mostrarse ofendido para lograr la venta.

De la nada, sentí la ira hirviendo en mí.

—Sam, ¿cómo pudiste decirle eso? ¡Es terrible decirle algo así a alguien en este lugar!

Casi estaba gritando a mitad del ruidoso mercado, pero Sam siguió sonriendo como si se estuviera poniendo al corriente con un sobrino perdido hacía mucho tiempo.

—Pobre tipo —dije—. ¿Por qué dijiste eso?

Sam me volteó a ver de reojo.

Entonces me sentí mortificada. ¿Quién era yo para decirle a Sam lo que significaba en la Polonia de 1991 decir que alguien parecía judío? En estas mismas calles de la ciudad, cuando estudiaba la secundaria, él tenía que desaparecer cuando se acercaba Pascua.

Empujados por la mentira de que los judíos tomaban sangre de niños cristianos con la intención de hacer matzá para la Pascua, los jóvenes abandonaban la iglesia en busca de judíos a los que golpear.

¿Qué estaba haciendo, defendiendo a un extraño que, como muchos polacos, podría tener algo de ADN judío? Ahora me encontraba realmente confundida. Desde que publiqué el artículo en la revista acerca de Sam, había recibido críticas de judíos religiosos que cuestionaban mi buena fe judía porque mi madre se había convertido al judaísmo. Fue todo lo contrario en Polonia, donde la mera implicación de tener raíces judías había frustrado recientemente las aspiraciones políticas de un candidato a primer ministro. Sam me dirigió esa mirada que decía que no podía entender este país. Y declaró:

—Solía haber más de tres millones de judíos en este país. No todos desaparecieron de golpe.

Seguí caminando.

—¿Qué dijo él?

Sam se encogió de hombros y alzó sus cejas de cepillo.

—Comentó que tal vez es posible, que no sabe mucho sobre sus abuelos.

—Claro —dije—. Tal vez eso fue lo que le pasó a Hena. Pudo haberse integrado con la población y en la actualidad pudiera tener hijos de la edad de ese tipo.

Sam se inquietó ante esta idea.

—No —exclamó—. Eso no tiene sentido. ¿Por qué no se puso en contacto con la familia después de la guerra? —Los padres de Sam se habían mantenido en comunicación con un hombre llamado Singer, el único judío en Kazimierza Wielka que sobrevivió escondido y se quedó allí después de la guerra—. Ella pudo haber contactado con alguien de nuestra familia.

—Quizá ya había sufrido suficiente por ser judía —respondí.

Parecía no estar escuchando. Después de todo lo que había pasado, me dijo que no sabía cómo se sentía con respecto a su fe real:

—Pero tampoco quería ser yo quien rompiera la cadena.

La posibilidad de que Hena se casara con un no judío no parecía ser el punto de conflicto con Sam, pero el hecho de no buscar a la familia, eso era otra cosa. La familia era primordial para él, uno de los casos más raros de los sobrevivientes del Holocausto con ambos padres.

Lo seguí distraídamente. Mi mente estaba fija en Hena. Con la nueva apertura de Polonia, tenía que haber una forma de rastrearla en los registros oficiales. Bajo el régimen del comunismo, todos debían tener un trabajo, incluso los ciudadanos de baja categoría, recogiendo los abrigos de los clientes en los restaurantes o vendiendo hojas de papel higiénico en los baños públicos. El Gobierno mantenía registros de la dirección y el empleo de todos. En algún lugar tenía que encontrarse la documentación de los movimientos de Hena. Mi cerebro de reportera se estaba poniendo en marcha. El desafío, y un poco la emoción de la búsqueda, estaba comenzando.

—He presentado solicitudes ante el Comité Internacional de la Cruz Roja, y estoy trabajando con gente que se dedica a rastrear personas en el Instituto Histórico Judío en Varsovia. Alguien debe tener una dirección o un trabajo registrado que nos ayude a localizarla.

—Buena suerte —dijo Sam, y sacudió la cabeza con rechazo—. Yo cuento con la gente de aquí, mis supuestos amigos, para que nos guíen hacia ella mientras siga con vida.

Lo seguí por una acera y en el tráfico. Sam había apretado el paso y se dirigía al siguiente punto de referencia, un departamento en el gueto de Cracovia donde vivió durante la guerra.

Tal vez los habitantes sí lo ayudarían, aunque de cualquier modo yo estaba contemplando todas las posibilidades.

Campana de cristal que Judy recibe como regalo de la nieta de Guca.

ALGUNOS AMIGOS

Kazimierza Wielka, Polonia, 1991

Al día siguiente Sam estaba de vuelta al volante en su ciudad natal, maniobrando por calles conocidas y bajando la velocidad cuando pasaban niños pálidos jugando en la calle. Los menores nos veían como si fueran guardianes y estuvieran sopesando si debían dejar que los extraños ingresaran en su territorio. De hecho, estaban pisando los viejos terrenos de Sam, donde él había caminado mucho antes de que ellos nacieran. Él entrecerró los ojos al ver las casas antiguas que pasamos. Las recordaba de la época en que no tenían electricidad ni baños interiores.

—Vamos a visitar mi dinero hoy, jovencita —se rio Sam—. Y tal vez obtengamos algunas respuestas.

En cinco días sobre territorio polaco había visto a Sam cautivar a mucha gente, abrazando a viudos con verdadera intimidad, incluso parentesco. Pero ahora nos dirigíamos a ver a un hombre al que Sam no tendría que embaucar ni endulzar el oído, alguien que debería aprovechar la oportunidad de ayudar a un Rakowski, particularmente a Sam.

Sam estaba convencido de que Wojciech Guca conocía el destino de la hija menor de los Rożeńek porque vivía a unas cuantas casas del escondite de esta familia durante la guerra. Y quién mejor para ayudar que el cuñado del socio comercial del padre de Sam en una empresa maderera y sus derivados.

Cuando era adolescente, Sam viajó junto con Guca, un chico del doble de su edad, en viajes de verano para comprobar las operaciones de tala remotas. Por la noche dormían juntos en pequeñas cabañas. Durante el día supervisaban el traslado de troncos recién cortados que los trabajadores amarraban juntos como balsas y enviaban río abajo a los aserraderos, donde los cortaban en tablas para vender. Sam había adquirido cierto aire nostálgico debido a los paseos que tomaba en esas balsas de troncos. Incluso durante la ocupación, cuando los nazis prohibieron a los judíos viajar en tren, Guca caminaba durante horas con Sam, aunque bien podría haber tomado el tren.

En este día soleado de octubre Sam tenía razones para creer que recibiría ayuda de su viejo amigo. Cuando los nazis prohibieron a los judíos tener negocios o ganar dinero, el padre de Sam le entregó el aserradero Rakowski a Guca antes de que los nazis pudieran elegir a otra persona. Los Rakowski nunca recibieron un centavo por el negocio. Guca logró que la maderería fuera la más grande y próspera de la zona. Así que debería ser el mejor candidato para ayudar en la búsqueda de Hena.

Con el paso de los años los aldeanos recordaban a la familia de Sam por el aserradero. Los pobladores sabían quién se hizo cargo. El aserradero unió a los Rakowski y los Guca en la mente de toda la comunidad.

Llegamos a un moderno edificio de ladrillo de dos niveles, que lucía elegante en una fila de inmuebles deslucidos.

Una mujer mayor con cabello rubio platino que se había enfundado en un ajustado vestido rojo esperaba en el cobertizo. Le sonrió a Sam a través de un lápiz labial rojo, y lo saludó como si estuviera haciendo señas a un taxi. Él me había dicho que una de las hijas de Guca se había divorciado. Quizá podría ser ella.

—*Dzien dobry, Pani się.* (Buenos días, señora). —Sam abrazó a su vieja compañera de escuela—. *Jak się masz?* (¿Cómo estás?). —Se dio la vuelta y me guiñó el ojo dos veces—. Verás, tengo muchas novias aquí.

La puerta principal se abrió y dejó ver a una pareja vestida de *tweed* que parecía pertenecer a un catálogo de Pendleton. La otra hija de Guca, enfermera, y su esposo, pediatra, besaron a Sam en ambas mejillas y me ofrecieron un considerado apretón de manos. Nos hicieron pasar, más allá de una habitación llena de vitrinas iluminadas con figuras de cristal tallado en su interior.

En un estudio con paneles de madera, un anciano delgado se levantó de una silla de cuero que hacía juego con sus pantalones de vestir en tonos arena y su playera de cachemira café. Él y Sam se dieron un abrazo sin sonreír y se palmearon en la espalda. Guca se hundió en la silla y miró a Sam, favoreciendo su ojo bueno sobre el segundo párpado caído.

De camino hacia aquí Sam había dicho: «Quiero averiguar sobre mi prima. Voy a comer su *kaczka* (cena) y pasar mucho tiempo aquí, aunque probablemente no llegue a ninguna parte».

Una vez más, a pesar de restar importancia a sus esperanzas frente a mí, Sam se había creado altas expectativas sobre el destino de su prima. Después de que Stefan le había dicho a Sam que Hena había sobrevivido a la guerra, aquel lo instó a «preguntarle a Guca. Él sabe». Así que, aquí estábamos.

Sam elogió la hermosa casa de Guca. Su antiguo compañero de trabajo lo interrumpió a mitad de la frase. Un pariente en Canadá la había pagado, dijo Guca. Sam solo asintió.

Durante el primer viaje de regreso de Sam, este pasó por la estación de tren, y pensó que encontraría a los veteranos por ahí. Sam entró y un jubilado lo saludó como si nunca se hubiera marchado. Luego exclamó: «Guca vive actualmente en la ciudad». Le dio indicaciones para llegar a la casa de Guca, donde toda la familia saludó a Sam como si fuera una celebridad. Claramente, los pobladores creían que Guca se había beneficiado de la desgracia de los Rakowski.

Sin embargo, Guca le restó importancia a todo.

—Sam —refirió—, se lo llevaron todo; primero los alemanes, luego los rusos.

Este asintió. Sentados juntos en la sala, los dos hombres parecían estar comenzando con el pie derecho, por lo que pude ver.

Aunque mi oportunidad de presenciar el encuentro se vio truncada rápidamente. La hija de Guca vino hasta mí con su nieta adolescente, Monika. Nuestros anfitriones decidieron que, aunque ella era mucho más joven que yo, las chicas deberíamos salir juntas a jugar como niñas pequeñas.

—Ustedes dos pueden platicar —dijo Sam—. Ella sabe algo de inglés.

Monika me llevó arriba y me preguntó:

—¿Te gustan los Beatles? Tengo todos sus discos. Todos sus discos compactos.

En su ordenada habitación rosa, abrió un grueso álbum de CD con páginas y páginas de discos. Esto me encantó. Puede que las ventas de CD hubieran opacado a las de casetes en Estados Unidos, pero yo todavía transportaba cajas de cintas en mi auto y solo tenía unos pocos CD. Comenzó a cantar *Penny Lane* junto con John y Paul.

El momento fue encantador, pero mi atención se encontraba en la planta baja. Mi oído estaba fuera del alcance de Sam y Guca, de modo que no pude enterarme del motivo de nuestra visita. Ya de por sí era bastante complicado que Sam fuera irregular en la traducción. Al menos cuando estaba presente, podía deducir algo por observación y preguntar más tarde qué se había dicho.

No obstante, esta alegre adolescente estaba siendo la anfitriona perfecta para su invitada estadounidense. Acto seguido, Monika sacó un álbum de recortes cuidadosamente guardado, estaba lleno de fotos de ella con diferentes grupos de amigos sonriendo tanto en sitios de esquí como en playas. Tal vez todos los chicos en Polonia viajaban así, pero a mí me parecía extraordinario. Mis viajes de placer eran extraños en comparación. Había cambiado las vacaciones de buceo para visitar tumbas anónimas con personas que me doblaban la edad y contar historias de asesinatos en masa.

Era evidente que Monika y yo habíamos llegado a nuestro límite de charla y mímica. Me sentí aliviada cuando Sam me llamó para que bajara. Él y Guca hablaban animadamente en polaco.

—¿Algo? —le pregunté a Sam.

Él se encogió de hombros; se veía decepcionado.

—He escuchado todas estas historias antes —respondió.

Nuestra anfitriona apareció y anunció que la cena estaba lista. Nos condujo a la mesa en una habitación con paneles de roble y copas de cristal que destellaban bajo las luces.

La mesa estaba bellamente adornada con finos manteles, porcelana y cristal. Las hijas y nietas de Guca llevaban bandejas colmadas de carnes, quesos y pan de centeno. Por si fuera poco, había un regalo especial en el centro de la mesa: botellas frías de Pepsi, que seguía siendo un producto codiciado.

El yerno de Guca habló largo y tendido sobre algo que no pude entender, sumergiéndome de nuevo en una película extranjera sin subtítulos.

Sam me puso al corriente. «Están hablando de que los precios son demasiado bajos para los cultivos y que no ha mejorado desde que se fueron los rusos».

Tomé un sorbo de Pepsi y sonreí.

La dama del vestido rojo le sonrió a Sam desde el otro lado de la mesa.

Me serví más comida; ya había devorado algunos Dagwoods. De cualquier modo, no era como si pudiera contribuir mucho a la conversación.

La Pepsi pronto pasó factura, me excusé y fui a uno de los baños bellamente decorados. Me asomé a la cocina en el camino de regreso y admiré los gabinetes de madera, el lavaplatos y la estufa de última generación. Las otras cocinas locales que había visto hasta ahora eran antiguas como la de Sofía, con su estufa de carbón que se usaba de forma manual.

La madre de Monika le estaba pasando varios platos para servir la sopa, que ya estaba sobre la mesa.

Ups. Había confundido los pedazos de carne con la comida. Regresé para encontrar la mesa cubierta por humeantes montones de *rosbif*, *pierogi*, ejotes, papas asadas y recipientes de salsa. La familia Guca había hecho todo lo posible por deleitarnos.

El ambiente era cálido y festivo. Sam se rio y puso su brazo alrededor de Guca, como viejos amigos en una excursión de verano en el bosque.

Entonces, Guca empezó un monólogo.

—¿Qué está diciendo, Sam? —pregunté.

Este hizo un ademán.

—Nada que no haya escuchado antes.

Sam se aclaró la garganta y me di cuenta de que estaba tratando de encontrar el momento oportuno para hablar de Hena. Cuando Guca respiró hondo, Sam intervino. Escuché la palabra Zagórzyce, la aldea donde Guca y su familia habían vivido durante la guerra con su hermana y su cuñado. Sam también mencionó el nombre de Rożeńek en el caso femenino, un dato para hacer referencia al familiar que estábamos tratando de encontrar.

Pero el asunto de Sam recibió poca atención por parte del patriarca. Guca rechazó las preguntas como un mal olor.

—*Nie wiem* —dijo Guca y frunció el ceño.

No necesitaba traducción. Estaba casi convencida de que esto era lo que la gente decía aquí en lugar de «hola».

Sam no se dejó persuadir. Continuó hablando y haciendo preguntas.

Guca repitió su mantra en respuesta una y otra vez.

Monika se volvió hacia mí, sonriente y servicial.

—Dijo que fue hace mucho tiempo.

¿Qué importancia tenía el tiempo que había pasado? Si Hena estuviera viva, ¿cuánto tiempo más pasaría de esta forma? Puede que su familia se haya ido hace mucho, pero Guca al menos podría darnos información antes de que ella también dejara este mundo.

Este muro de resistencia, el reflexivo «*nie wiem*», me recordó a los muchos testigos que sufrían de amnesia selectiva, a los que conocí cuando cubría historias sobre el crimen organizado, asesinatos y la corrupción por motivos raciales. Pero en este caso, ¿qué impedía que Guca, con su afecto familiar por Sam, sin mencionar que se benefició directamente por la partida de los Rakowski, tratara de ayudar a Sam ahora? Si sabía algo, cualquier cosa, sobre el paradero de Hena después de la guerra, ¿por qué no decírselo?

Sam los confrontó y trató de persuadirlos. Tenía la palabra para él solo. Los demás se habían quedado en silencio, ni siquiera hacían contacto visual.

Guca lo miraba fijamente.

Sam se dio vuelta hacia una de las hijas y luego hacia la otra y preguntó en polaco:

—¿Cómo es posible que no sepan nada de esta prima? Vivía justo en Zagórzyce.

La salsa que se cuajaba en sus platos pareció captar la atención de todos nuestros anfitriones.

—¿Cuál es la razón para no dejarme encontrar a mi prima si ella pudiera estar viva?

Sam levantó la voz por un momento, luego se dio vuelta para prácticamente suplicarle a Guca. Tenía que saber mucho más. Con tantas personas conocidas en toda la zona, ¿cómo podría no saber? ¿Por qué se negaba a compartir información que pudiera ayudar a Sam a reunirse con el único pariente vivo que le quedaba en Polonia?

Sam negó con la cabeza. Se volteó hacia mí:

—No vamos a llegar a ningún lado, cariño.

La comida pesada se asentó como una roca en mi estómago. Miré a cada una de las personas en la mesa, pero nadie me regresó la mirada.

Sam se puso de pie, dispuesto a marcharse.

Yo también me levanté.

Entonces todos se incorporaron.

Seguí a Sam por el pasillo hacia la puerta. La nieta me interceptó, con una sonrisa cálida. Debe haber pensado que éramos maleducados. Ella no parecía entender la situación, o tal vez simplemente aceptó las explicaciones de sus familiares al pie de la letra. Metió la mano en una de las vitrinas y sacó una campana de cristal tallado, cuyos bordes grabados brillaban ante la luz.

—Por favor, acepta este pequeño regalo —dijo entrecortadamente en inglés.

—*Dziękuję bardzo* (Muchas gracias) —agradecí, usando mi limitado vocabulario polaco.

Los Guca sonreían cuando nos vieron salir, como si el regalo hubiera arreglado todo.

Abracé la campana con extrañeza, una baratija, mi herencia, de la familia Guca para la nuestra.

Sam negaba con la cabeza.

Durante el viaje de 45 minutos de regreso a Cracovia desahogó su molestia, alternando entre decir: «Al diablo con mis amigos» y preguntar en voz alta: «¿Cómo es posible que no lo sepa?» y «¿Por qué no me lo dice?».

Sam había confiado en sus relaciones con las personas que conocía desde chico para rastrear a nuestra prima misteriosa. Supuso que los lazos de amistad serían suficientes para que le brindaran ayuda. Compartía su frustración, pero no podía entender el aspecto emocional en estos pobladores o su expectativa de que, a la larga, nos ofrecerían lo que necesitábamos para encontrarla. Incluso si Guca no sabía exactamente qué fue de Hena, al menos podría haber mostrado interés, por todo lo sucedido, en tratar de ayudar. Dada la edad de Guca, es posible que Sam nunca lo volviera a ver.

—Bueno —dijo Sam, cambiando de ánimo—. Tendré que ejercer más presión sobre Stefan. ¡Él sabe algo!

Después de que Augustyn comienza a hablar con Sam, Stefan lo aparta para hablar con él en privado, aparentemente intenta persuadirlo de seguir hablando.

UN AVANCE

Gabułtów, Polonia, 1991

Luego de seis días sobre el asunto, Sam había satisfecho su propia curiosidad acerca de cómo había sido la vida de algunos parientes que permanecieron escondidos después de que su familia se colara en el gueto de Cracovia y cómo algunos habían encontrado su destino. Su método de investigación era un tanto particular: hablaba con cualquier persona con patas de gallo que encontrara en la zona; me hacía pensar en un reportero itinerante lanzándose en paracaídas para investigar una historia. A lo largo de la travesía de Sam recopilé impresiones del lugar donde generaciones de mis familiares habían construido vidas y medios de subsistencia. En algún momento pasamos por la antigua finca que una vez dirigió el hermano de mi bisabuelo: Sam encontró a un familiar de un exempleado que describió la gran fiesta de la cosecha que mi tío bisabuelo organizaba cada otoño para todos los trabajadores. En otra ciudad conversó con un tipo que se acordaba del molino de harina que un antiguo pariente dirigía hasta que su linaje también se extinguió.

De cualquier forma, no parecíamos estar más cerca de encontrar a Hena que al principio.

Los veteranos con los que nos encontramos que nos compartieron estos recuerdos eran extraños que no tenían ninguna relación con Sam. La interrogante era la resistencia que recibió de quienes le dieron la más cálida bienvenida. No era como si el destino de varios judíos en la ciudad, sus negocios y posesiones hubieran sido olvidados. Estaba claro que era un tema persistente de discusión entre los pobladores. Stefan se veía impaciente por comentar rumores que había escuchado; sin embargo, nos daba señales opuestas acerca de arrojar más luz sobre su pista original acerca de Hena.

Sofía, siendo la hija del alcalde y quien tenía los contactos para ayudar, desvió las súplicas de Sam para colaborar en la búsqueda de Hena. Luego de una de nuestras visitas a su casa habíamos ido al cementerio local (católico), donde la bisabuela Pearl fue enterrada en una fosa común con una docena de otros judíos que los alemanes asesinaron durante las deportaciones en 1942. Vi a una anciana limpiando una tumba y dejando flores del día. Se dio vuelta y la reconocimos: Sofía. Sorprendida, parecía que la habían descubierto haciendo algo indebido. Le ofreció a Sam la misma sonrisa tensa, apretando los labios como si su fidelidad a Polonia dependiera de ello. ¿Qué secretos ocultaba?

Sam tenía fe, más que yo, en que bastarían sus cálidas relaciones con los contactos locales que lo habían conocido como un estudiante destacado e hijo del propietario del aserradero local más grande. Que estas personas, algunas de las cuales se habían beneficiado directamente del exterminio de los judíos y que protegían la reputación local proporcionarían pistas importantes sobre el paradero de Hena. Esperaba que todavía lo vieran como uno de ellos. Consideraba que estas personas eran clave para obtener las respuestas que necesitábamos.

A pesar de la barrera del idioma, estaba seguro de que sabían mucho más de lo que nos decían.

Mi mente daba vueltas una vez más sobre estos temas ya gastados durante otro de nuestros viajes matutinos desde Cracovia a Kazimierza Wielka, donde recogimos a Stefan y nos dirigimos a una granja en otra aldea en las afueras de la ciudad.

Lo poco que se dijeron Sam y Stefan fue en un monótono polaco, sin ofrecer pistas sobre nuestro destino. Esperaba una mejor recepción que la que habíamos tenido en lo que en privado llamaba la granja de vodka. Stefan estaba recordándole a Sam lo mucho que había hecho por él durante los últimos tres días, echando mano de todo lo que estaba a su alcance para lograr contactos en nombre de Sam. Esperaba cierto crédito por la visita a la mesa y por llevarlo con la dama que le vendió una pequeña pintura de un viejo rabino, aunque por una suma exorbitante.

Asimismo, Stefan parecía notar mi desconfianza, o tal vez simplemente ignoraba a la treintañera estadounidense que lo examinaba. Nunca me miraba a los ojos. No entendía la razón de su renuencia para ayudarnos a encontrar a Hena. Sam dejó en claro una y otra vez que su intención no era recuperar la propiedad o emprender acciones legales contra nadie por alguna situación en particular. Solo pretendía una reunión con esta prima sobreviviente. Stefan podría convertirse en un héroe para Sam, el amigo de la infancia de su esposa, si nos guiaba a Hena o incluso si nos ayudaba a encontrar quién la escondió después de la masacre de su familia, para que pudiéramos agradecerles.

Estas ideas daban vueltas en mi cabeza cuando vi el letrero de Gabułtów, otra aldea cerca de Kazimierza.

Sam se estacionó debajo de un árbol en lo que parecía ser la granja de un caballero. El brillante sol otoñal bañaba el granero cavernoso en un halo de cosecha bajo un cielo cobalto, enmarcando las hojas rojizas que recordaban una postal de Vermont. En medio de la temporada de cosecha, todo estaba tranquilo.

Stefan levantó su amplia corpulencia del asiento trasero; sus piernas de jubilado subían por la colina con una velocidad sorprendente. Moví la cabeza de un lado a otro, preguntándome por qué trataba de llegar más rápido que Sam. Yo ni siquiera me había bajado del coche todavía. Tomando en cuenta nuestra última experiencia, Sam dijo que tal vez debería quedarme ahí como medida de precaución, hasta asegurarnos de que éramos bienvenidos.

Un anciano vestido con una chamarra de lana y una boina apareció en la subida junto al granero. Sus pómulos altos y su aspecto de académico lo distinguían de los granjeros toscos que habíamos visto.

A través de las ventanas abiertas del auto vi a Sam presentarse. Se movía muy cerca, en su intimidad con los paisanos. Su anfitrión, cuyo nombre era Augustyn Wacław, como averigüé más tarde, sonrió y asintió. Charlaron y parecían entenderse cuando Stefan se movió para intervenir. Tomó a Wacław por el codo y lo llevó hasta el garaje abierto en el lado derecho del granero. En las sombras del garaje, el fornido Stefan parecía estar insistiendo en algo con mucha atención al pequeño profesor Wacław, de quien me enteré posteriormente que había dirigido una librería en la ciudad. Aunque estaban demasiado lejos para escucharlos, Stefan alejaba cada vez más al hombre mayor, maniobrándolo como si fuera una pareja de baile renuente, como si pensara que Sam podría leer sus labios.

Esta situación me hizo bajar del coche. Me acerqué para ver mejor y tomé fotos con la intención de capturar la escena, pero a pesar de que Stefan susurraba y movía los dedos, Wacław se deshizo de él como si fuera una toalla mojada.

De tal modo se reunió con Sam en el corral, donde él pudo finalmente exponer su asunto. Entendí que estaba preguntando si el hombre sabía sobre un ataque que había ocurrido en un pueblo cercano, Zagórzyce. Fue allí donde una familia llamada Rożeńek, explicó Sam, se había escondido durante la guerra hasta que fueron asesinados. ¿Sabía algo al respecto o tenía alguna idea acerca de la hija que escapó?

Wacław asintió y, sin dudarlo, contó lo que sabía. Él fue comandante de un batallón de partisanos durante la guerra, Bataliony Chłopskie, el grupo de campesinos. Al final de la guerra, ciertos grupos, en los cuales se encontraban algunos de sus hombres, se dedicaron a asesinar judíos escondidos. Wacław no sabía quién ordenó estos asesinatos, pero algunos de los escuadrones no querían que los judíos sobrevivieran ni recuperaran sus casas y negocios.

Wacław estaba seguro de que miembros de su propio grupo de partisanos habían asesinado a la familia Rożeńek en Zagórzyce.

Mientras observaba a Sam y su elegante anfitrión, noté que Stefan parecía muy nervioso.

Momentos después, los tres se subieron a nuestro auto rentado. Sam se olvidó de quitar el freno de mano. Pisó el acelerador y el pequeño Fiat sonó. Sam se dio vuelta hacia mí y empezó a hablar en polaco, y luego le pidió a Wacław direcciones en inglés. Se golpeó ligeramente la frente. Estaba muy emocionado.

Wacław había confirmado que Hena sobrevivió, dijo Sam. Una vez terminada la guerra se presentó en una especie de proceso judicial en el que se le pidió que identificara a dos hombres, uno de apellido Marzec y otro de apellido Grudzień, sospechosos de los asesinatos. Anoté los nombres, impaciente por seguir pistas concretas. Además, un conocido de Wacław se había sentado con Hena durante el procedimiento. Vivía cerca. Enseguida nos dirigimos a su casa.

Sam estaba casi flotando. Esta era la primera pista sólida que teníamos desde que comenzó nuestro recorrido, y pude ver que en su mente visualizaba la reunión que podría tener con su prima. Se olvidó de emplear los pedales del *clutch* y el acelerador con prudencia, por lo que avanzamos dando tumbos y sacudidas a lo largo de las vías rurales hacia nuestro próximo destino, el cruce de caminos de Dalechowice, al suroeste de la ciudad.

La euforia de Sam no duraría. Pronto nos detuvimos en el gran pozo de lodo de una granja rodeada de todo tipo de vallas y áreas con alambradas para gallineros. Las dependencias se tambaleaban sobre cimientos de madera podrida. Este lugar hacía que la granja de vodka pareciera el Ritz. En mi mente, la banda sonora de *Deliverance* se convirtió en la de *The Haunted and the Hunted*.

Una anciana a la que le faltaban casi todos los dientes se aproximó a la cerca de metal y agitó los brazos. Incluso con la presencia de pobladores como Wacław y Stefan en el auto trataba de ahuyentarnos. Por encima de los ruidosos ladridos de tres perros flacuchos escuché ese viejo y familiar «*nie*» (no).

Wacław siguió hablando, apelando a la *babushka* para que nos dejara entrar. Finalmente, apareció el granjero que era el dueño de la propiedad, un tipo nervudo con una pata de palo y un rostro de pájaro que era tan acogedor como una escopeta apuntándonos a la cabeza.

Estábamos ante Adolf Poremski, cuyo nombre de pila debe haberle granjeado el cariño de sus compañeros en la *milicja* de la República Popular de Polonia. Este Adolf incluso lucía un pequeño bigote. Sus ojos pequeños y brillantes, curiosamente cercanos en su rostro delgado como un lápiz, se movían salvajemente de un semblante a otro.

Luego de una semana de corrales, tumbas y personas que parecían acostumbradas al cruel destino de sus vecinos judíos, me sentía con mucha fortaleza. Me llenó de admiración ver a Wacław ser tan persistente, y tal vez aprovechar la autoridad de su antigua filiación partidista, para persuadir a los Poremski de que abrieran la puerta. Él era el único que había expresado voluntariamente la verdad sobre lo sucedido a los Rożeńek, a pesar de que implicaba a miembros de su propio grupo.

Entonces vi a Poremski jugar el rol contrario, repitiendo «nie» una y otra vez antes de que pudiéramos preguntar cualquier cosa. A esto le siguió una extraña escena de tres hombres mayores interrogando al tambaleante Poremski mientras le picaban el pecho y le lanzaban preguntas. Sujetaban sus brazos como si estuvieran manipulando una marioneta. Wacław sabía sobre el antiguo trabajo de Poremski en la *milicja*; sin embargo, cuando sugirió que nos contara sobre ello, este siguió echándose para atrás mientras repetía «nie, nie wiem» (no, no sé), una y otra vez. Poremski dijo «nie» tantas veces como si fuera la única palabra que conocía.

Las súplicas y requerimientos continuaron. Wacław le recordó a Poremski que ya había admitido haberse sentado con la Rożeńek sobreviviente el día que le pidieron que identificara a dos sospechosos en los asesinatos de su familia. Ella se había negado a señalar a nadie, argumentando que estaba demasiado oscuro aquella no-

che para estar completamente segura de las identidades de los
asesinos.

Sam intentó una postura más suave, diciendo que solo queríamos saber cómo se veía Hena y dónde se encontraba cuando llegó
a la Corte.

Pero Wacław iba al grano. Se inclinó hacia Poremski, dándo-
nos una muestra de su yo más joven y enérgico como líder de un
partido. Finalmente Poremski, con monosílabos y a regañadientes,
admitió que había estado en la *milicja*. Y después de otro lapso
interminable de turbación, mientras los tres hombres seguían pegados al tambaleante Poremski, aceptó que sí se había sentado con
Hena Rożeńka y que fue testigo del procedimiento cuando se le pidió
que identificara a los asesinos de su familia. Incluso entonces trató
de minimizar su asistencia, diciendo que duró solo unas cuantas
horas.

En ese pozo de lodo miré el rostro de Poremski, que estaba
afectado por el miedo; sus ojos se movían de un lado a otro mientras se apartaba de los otros hombres como si quisiera quitarse la
ropa de un salto. ¿Tenía miedo de que nos enteráramos de algo que
hizo durante la guerra o para el régimen comunista después?
¿O tenía miedo de las mismas personas de las que Hena temía
represalias, sujetos que aún podrían vivir cerca? En ese tramo poscomunista, cuando los archivos se estaban abriendo y la evidencia
de los días oscuros de la guerra estaba saliendo a la superficie, él
podría ser uno de los muchos que no eran partidarios del ajuste de
cuentas con la historia que Polonia estaba comenzando a recorrer.

Poremski, que parecía una versión aterrorizada de Sad Sack,
el soldado tonto e inepto de las caricaturas estadounidenses,
podría haber respondido tantas preguntas básicas sobre *cuándo* se
sentó con Hena. ¿Fue exactamente después de la guerra o años
más tarde? ¿Vino sola? ¿Estuvieron los sospechosos alguna vez
implicados en otros casos? ¿Los asesinatos de los Dula, tal vez?
¿El procedimiento fue parte de una investigación que tuvo seguimiento?

En última instancia, la suma total de las declaraciones a regañadientes de Poremski no cambió mucho lo que sabíamos al llegar. Sin embargo, en mi opinión como reportera, contaban como
confirmación de una segunda fuente de la existencia de un procedimiento judicial y conocimiento oficial de la ejecución de los
Rożeńek por parte de los polacos.

Nos apretujamos en el auto y regresamos a la granja de Wacław.
Había estado leyendo noticias de que Polonia estaba a punto de celebrar unas elecciones monumentales en dos semanas, las primeras
elecciones parlamentarias libres en setenta años. Era un momento
álgido para las relaciones entre judíos y polacos. Apenas unos meses
antes, el presidente polaco Lech Wałęsa, el héroe mundial al que
se atribuye la caída del comunismo soviético, se había convertido en
el primer líder polaco en visitar Israel después de que las dos naciones renovaran sus relaciones diplomáticas. Wałęsa hizo historia al disculparse ante el parlamento israelí en nombre de Polonia
por el comportamiento de los polacos durante la Segunda Guerra
Mundial bajo la ocupación alemana.

—Los ayudamos como pudimos —dijo Wałęsa, saludando a
los muchos polacos que eran gentiles justos. Asimismo, reconoció
que «también había malhechores entre nosotros».[1]

La imagen de Polonia frente a cualquier complicidad en la
aniquilación total de la población judía por parte de los alemanes
tenía pocas posibilidades de escalar una montaña de *«nie wiems»*.

Wacław no dudó en decirnos la verdad a pesar de que implicaba a partisanos polacos. No tuvo problemas para entrar en
contacto con las personas que buscaban a una prima sobreviviente. Sin embargo, el sentido humanitario de nuestra búsqueda no
conmovió a Poremski. Quizá temía la forma en que los vientos
políticos habían cambiado en Varsovia, y ahora podría sufrir por
sus acciones al ayudar al Gobierno comunista como parte de su
milicja, o tal vez él mismo tenía un papel en actividades partisanas
que intentaba ocultar. Sin importar su motivación, este tipo no iba

a decir nada más sobre su contacto con Hena, a pesar de que él era la última persona que la había visto con vida.

Llevamos a Wacław a su casa y luego Sam dejó a Stefan, no sin antes agradecerle por un día productivo en cuanto a hallazgos. Sam no le había preguntado qué le había estado susurrando a Wacław en el garaje. A pesar de su desconcertante comportamiento, Stefan estaba sonriendo y le enfatizaba a Sam el esfuerzo que hacía para la búsqueda de Hena.

Sam insistió, y le preguntó adónde debíamos ir y con quién podíamos hablar al día siguiente, el último en la ciudad. Stefan levantó las manos. Estaba demasiado ocupado, dijo, para hacer más.

Sam se alejó en el auto y me comentó: «Ahora sabemos que hubo un proceso judicial y que ella estaba viva. ¡Este es nuestro mejor día hasta ahora!».

—Eso significa que tiene que haber registros de lo sucedido. ¿Cuáles eran esos nombres sospechosos? ¿Marzec y Grudzień?

—Estaba pensando en las múltiples formas de rastrear los archivos de un proceso judicial, con archivos de investigación e información de expedientes.

—No te hagas ilusiones, jovencita —dijo Sam. Los procedimientos bajo el comunismo no eran públicos ni transparentes. Probablemente tuvo lugar en un tribunal casi militar establecido por los rusos, que mantuvieron todo en secreto. No era como un juzgado estadounidense, donde podías entrar como parte del público y supervisar la justicia penal.

¿Fue en realidad tan malo, o Sam simplemente se sentía incómodo buscando registros, dudando de mis habilidades o, de manera realista, limitando las posibilidades de éxito? Mi optimismo podría haber sido exagerado dada la opacidad del mantenimiento de registros aquí. No obstante, una investigación generaría papeleo, un informe que podría arrojar una dirección anterior de Hena, ofrecer un rastro. Confiaba en la existencia de un tesoro de información, que aguardara ser encontrado. La apertura poscomunista que se respira en los niveles más altos del Gobierno podría allanar el camino. Elaboré una lista de verificación mental sobre formas de rastrear registros y testigos de un procedimiento judicial real. Y tenía los nombres de dos sospechosos.

A su vez, tres tipos habían pasado toda una tarde tratando de que uno solo admitiera la información que había revelado previamente. No obstante, confirmamos, de manera creíble, que Hena no solo había sobrevivido, sino que había sido llamada como testigo de los asesinatos de su familia. Las autoridades la rastrearon, creyendo que podría identificar a los asesinos. Ella estaba por ahí en alguna parte.

SEGUNDA PARTE

Danuta Sodo Ogórek, su hijo, Dominik Ogórek, y su tío, Władysław Sodo. Sodo acaba de ser entrevistado por un equipo de la Fundación Spielberg Shoah, durante la cual describe el episodio de 1944, cuando los partisanos polacos golpearon a su padre y mataron a la familia Dula. Danuta y su hijo, que viven en la propiedad, vieron el lugar y se enteraron de estos eventos por primera vez. Ella dice que le hacían burla en la escuela por los «judíos en el jardín», pero no sabía que era verdad.

7

JUDÍOS EN EL JARDÍN

Chruszczyna Wielka, Polonia, 1997

La vez siguiente que estuvimos en la granja de Sodo donde estaban enterrados los Dula, sabíamos que las dos familias, los Dula y los Rożeńek, que habían vivido y trabajado a escasos metros de distancia, fueron ejecutadas por hombres polacos armados en 1944, después de 18 meses de supervivencia bajo la protección de valientes agricultores polacos.

A diferencia de la anterior, esta visita estuvo bien planeada. Y ofreció un espectáculo que el vecindario recordaría durante décadas.

Una caravana de vehículos rugió por el estrecho camino ese frío día de abril. Incluía un equipo de filmación, un reportero de un periódico estadounidense y «algunos judíos», en palabras de los vecinos (Sam, su hija mayor, Tamar Heller y yo). Sam salió disparado del primer coche como una bola de fuego. Encontró a Władysław Sodo listo para la cámara, con una playera de cuello en V azul claro y pantalones de vestir. Sam le presentó a Sodo a Tamar y asintió hacia mí, como recordándole a Sodo que nos conocíamos. En los siguientes tres autos viajaban profesionales para cubrir el evento: un equipo de filmación con sede en Cracovia, un reportero y un fotógrafo del *Akron Beacon Journal*, y un periódico del noreste de Ohio que cubría el viaje del sobreviviente local a casa con su hija. Las entrevistas que ofreció Sam para la entrega en mi revista, es decir, su debut en los medios, habían sido su preparación para una larga serie de colaboraciones con otros reporteros.

Quizá notando la recepción por parte de los vecinos hacia los visitantes indiscretos, varios perros de la granja denunciaron nuestra llegada. El fotógrafo del periódico tropezó con un canino mientras los corpulentos camarógrafos polacos empuñaban un micrófono *boom* borroso y una cámara del tamaño de una maleta y debatían dónde instalarse y cómo encuadrar sus tomas. Su equipo ya había llamado la atención anteriormente en la ciudad, donde grabaron a Sam y a Tamar frente a la casa familiar de Sam, al lado de su antigua escuela, y en Słonowice, en el monumento junto a la fosa común. Los acompañaba un entrevistador bilingüe de Cracovia.

Como conferencista y participante en eventos conmemorativos del Holocausto, Sam se había convertido en un tipo ocupado. En algunos eventos representaba a los sobrevivientes de la familia que trabajaban en la fábrica de Oskar Schindler y figuraron en esa infame lista. Incluso asistió a la proyección en el Museo Conmemorativo del Holocausto de Estados Unidos de la película *La lista de Schindler* de 1993, a la cual también acudió el presidente Bill Clinton. Allí conoció al famoso director de Hollywood Steven Spielberg, que había pasado meses filmando en Cracovia.

La experiencia fue tan gratificante que más tarde Spielberg formó una fundación para registrar y preservar relatos de primera mano de todos los sobrevivientes del Holocausto en Estados Unidos, que luego se convirtió en la Fundación USC Shoah. Como parte de ese proyecto, Sam ya había grabado varias horas de entrevistas en su casa de Ohio.

Sin embargo, no estaba convencido de que esas grabaciones hubieran captado la historia completa. Así que solicitó de manera muy hábil, y la fundación aceptó, que el resto de su historia sobre la Shoah se filmara en Polonia «en el lugar de los hechos».

Los fotógrafos de imágenes fijas y videos habían seguido a Sam y Tamar durante toda la mañana por la ciudad, para captarlos caminando y hablando, mientras que los otros profesionales grababan lo que decían. Esta incursión en la granja de Sodo, sin embargo, se desvió de los puntos de contacto durante la vida temprana de Sam. Llamaba la atención en cuanto a las revelaciones sobre lo que les había sucedido a los familiares que permanecieron escondidos durante la guerra y no sobrevivieron porque otros polacos los asesinaron cerca del final del conflicto.

Sam sabía que los autos y el alboroto podrían causar preocupación en el vecindario, pero no le prestó demasiada atención a eso, dado que era un vecino, según Sodo, quien les había dicho a los hombres armados dónde se escondían los Dula en la granja. Sodo también especuló que su padre, sin darse cuenta, había llamado la atención al comprar periódicos en la ciudad para que los leyeran sus invitados. Una familia de cinco personas sentada bajo un granero durante 18 meses estaba particularmente ávida de noticias de guerra.

El equipo se instaló. La entrevistadora de Cracovia, una mujer llamativa con una chamarra de terciopelo, un sombrero de hongo a juego y lápiz labial brillante le daba un aire de farándula a la escena. Las cámaras se encendieron y Władysław Sodo, con las manos cruzadas detrás de la espalda y hablando con claridad, comenzó a responder las preguntas sobre cómo su padre terminó escondiendo a la familia Dula en su granja en 1942. Sam estaba de pie junto a él, de buen porte con una chamarra de cuero y pantalones caqui, y manejaba el micrófono como un profesional. Elogió a Sodo y su familia por su valentía y generosidad, y les agradeció todo lo que hicieron para tratar de salvar a los Dula.

Sodo continuó en polaco en el video que más tarde traduje:

—Luego, al final de la guerra, los partisanos polacos vinieron con armas una noche y exigieron que mi padre entregara a los judíos que estaba escondiendo.

Sodo describió animadamente el ataque a su casa por parte de los partisanos polacos: cómo derribaron la puerta y golpearon a su padre, tratando de obligarlo a entregar a los judíos escondidos.

—Cuando encontraron a los Dula en el hoyo debajo del granero —exclamó—, los sacaron de su escondite y les dijeron que, si cooperaban, estarían bien.

Sam intervino en inglés, nombrando a su tía, tío y sus tres hijos adultos.

—La madre, Esther, era hermana de mi mamá —comentó.

—Pero —dijo Sodo— los atacantes nunca tuvieron la intención de perdonarlos. Los hombres armados dispararon y mataron a los cinco judíos. Golpearon a mi padre y amenazaron con matarlo también como castigo por esconderlos.

Sodo caminó hacia la colina en la parte trasera del corral, para ilustrar cómo los Dula fueron llevados colina arriba y ejecutados. Los asesinos obligaron a su padre a desnudar los cuerpos y entregar cada prenda de vestir y cada posesión de los judíos.

—Exigieron el oro que se suponía debían tener los judíos, y acusaron a mi padre de quedárselo.

Observé desde un costado, familiarizada con la cobertura televisiva, y traté de completar los detalles para el joven reportero de Akron que escuchaba la historia por primera vez.

Sodo, Sam y Tamar caminaron desde el centro del corral hasta una pequeña colina que era la tumba de los Dula, donde se dieron vuelta y agacharon la cabeza, mientras las cámaras los seguían y captaban el momento.

Tomé algunas fotos de la escena. Mientras estaban atentos a la entrevista, noté en los alrededores a algunos recién llegados. Una mujer joven de unos 30 años con cabello oscuro y rizado y un niño de unos 8 años se quedaron sorprendidos por lo que estaban viendo y escuchando. Se acercaron discretamente. La mujer escuchaba con atención, y envolvía con sus brazos los hombros del niño de manera más protectora con cada frase que escuchaba. Alternaba su mirada entre otro hombre que estaba siendo entrevistado, Sam y las personas con cámaras y micrófonos.

Sus ojos se abrieron en demasía y el color desapareció de su rostro.

El equipo de filmación se había movido para hacer primeros planos de las tumbas sin marcar. Como no era necesario para la toma, el entrevistador se acercó y habló con la mujer en polaco. Ella respondió y el entrevistador nos tradujo.

Dijo que era la sobrina de Sodo.

—En la escuela me ridiculizaban, se burlaban de mí. Decían que teníamos judíos en el jardín, pero nunca imaginé que fuera verdad —dijo la mujer, y agregó que fue su abuelo quien trató de salvar a los Dula.

Ella y su familia vivían en la propiedad y se sorprendió al ver que entrevistaban a su tío. De hecho, dijo, él nunca había compartido con ella nada sobre los hechos que ahora describía frente a la cámara.

El entrevistador presentó a la mujer, Danuta Sodo Ogórek, que nació mucho después de la guerra. De forma pausada repitió su declaración:

—Ahora entiendo. En la escuela los niños siempre se burlaban de mí. Me llamaban Dula. Dijeron que escondíamos judíos, pero nunca supe que era verdad.

El niño, Dominik, trataba de entender por qué había tanta gente fuera de la casa familiar. El entrevistador se colocó a la altura del infante y le habló con semblante serio en polaco.

—Tu familia hizo algo muy importante, muy bueno. Siempre recuerda eso.

Desde nuestros primeros viajes a Polonia, Sam se había convertido en un conferencista habitual en las escuelas y mesas de discusión sobre sus experiencias de supervivencia. Había surgido como una versión en 3D del hombre que compartió conmigo por primera vez el relato de sus experiencias durante la guerra en un modo ambiguo una década atrás. En las conversaciones telefónicas previas a este viaje parecía más joven y animado; incluso su audición se notaba mejor. Lo había actualizado sobre mis últimos esfuerzos de larga distancia para rastrear los registros de Hena. Dijo que se había puesto en contacto con el administrador de la ciudad de Kazimierza Wielka, quien parecía estar dispuesto a ayudar.

Sam había conocido a este funcionario, Tadeusz Knopek, tres años antes, mientras estaba en la ciudad haciendo un recorrido en solitario que denominó su viaje de «nostalgia y cierre». Knopek se ganó la confianza de Sam ofreciéndole cierta información: Stefan, Sofía y los Guca tenían otra actitud, lo que contrastaba con las amistosas bienvenidas que le ofrecían. Knopek dijo que algunas personas desconfiaban de Sam. Preguntaban cosas como: «¿Qué está haciendo? ¿Qué es lo que quiere?».

A su vez, Sam le dijo a Knopek, como en su momento les había comentado a los demás, que solo estaba buscando información sobre lo que les había sucedido a los miembros de su familia, en específico, la prima Hena Rożeńka, que supuestamente todavía estaba viva. ¿Por qué no podían aceptarlo?

Knopek también se había ganado la confianza de Sam prometiéndole que lo ayudaría a sacar los restos de su abuela Pearl de una fosa común en el cementerio local y contactándolo con los encargados de un cementerio en un pueblo cercano donde el cuerpo de mi tía abuela Frymet Rakowski había sido arrojado a una fosa común luego de que sus restos fueran sacados de una tumba poco profunda en las orillas de un campo agrícola. Había sido engañada para salir de su escondite y asesinada por un policía polaco que fue procesado en la década de 1960.

Knopek estuvo profundamente agradecido con Sam por llevar a cabo la tarea de limpiar y reparar el monumento vandalizado en el lugar de la ejecución masiva de judíos en Słonowice.

Esa mañana tuvimos una sesión de fotos con Knopek en el monumento. Sam posó junto al obelisco recién pintado para cubrir los grafitis donde se colocó una nueva placa que detallaba la ejecución por parte de los alemanes de casi trescientos judíos locales en 1942. Knopek mostraba su orgullo ante el equipo de filmación mientras Sam hablaba con entusiasmo sobre las gestiones del administrador de la ciudad, al tiempo que le agradecía por restaurar el monumento que reconocía la gran pérdida de la comunidad judía que una vez prosperó aquí.

Luego, el equipo de filmación se retiró y todos nos dirigimos a la oficina municipal de Knopek. Sam encabezaba nuestra comitiva, que incluía a la reportera del *Beacon Journal*, a Tamar y a mí.

Entramos al edificio y Sam le anunció a la recepcionista en polaco que el jefe nos estaba esperando.

Knopek nos saludó de nuevo. Besó mi mano como lo había hecho Stefan y repartió calcomanías que mostraban el escudo rojo de un carnero con una espada clavada en diagonal a través de su cráneo, el logo oficial de Kazimierza Wielka.

Knopek no nació en Kazimierza Wielka, así que tenía la perspectiva de un externo. Se las arregló para conseguir el puesto más importante en la ciudad principal de esta zona rural y conservadora, que era el condado más pequeño de Polonia. Fue excepcionalmente amable con Sam, lo que me hizo sospechar un poco de sus intenciones.

Knopek encendió otro cigarrillo y le hizo señas a Sam para que tomara asiento frente a su escritorio. El resto de nosotros nos quedamos pegados a la pared de su oficina, mirando. Knopek nos mostró su plan de trabajo para encontrar a Hena. Su idea era ponerse en contacto con el pretexto de que él era un abogado que quería comunicarle acerca de una herencia que podía reclamar.

Knopek nos explicó que siguió la pista de Stefan en cuanto Hena «se había ido al oeste», y la unió con el relato de Sam sobre la recepción que tuvimos en la granja de vodka, hogar de la familia Luty. También había rastreado a algunos Lutys en Breslavia. Uno de ellos aparentemente provenía del área de Kazimierza Wielka. Knopek supuso que se había mudado a Breslavia con Hena, después de vivir al lado de donde se escondían los Rożeńek. Tal vez su familia en la granja lo estaba encubriendo.

Knopek sugirió que llamara a este tal Luty en Breslavia y le dijera que su esposa tenía derecho a la herencia de un familiar que había fallecido recientemente. Diría que estaba llamando para concertar una reunión entre el heredero y un representante del abogado del difunto.

Sam estaba de acuerdo con el plan. Se volteó hacia mí, con los ojos brillantes y declaró:

—Es probable que funcione. Esto podría ser justo lo que necesitamos para encontrarla.

Knopek encendió otro cigarrillo y marcó el número de teléfono. Le guiñó un ojo a Sam como un negociador experimentado.

Alguien respondió a la llamada y Knopek habló, exponiendo la situación. Describió las riquezas que aguardaban a la familia Luty. Sam no podía contenerse. Caminaba por la oficina, observando a Knopek y devolviéndonos la sonrisa. Era difícil hacer una valoración de lo que realmente estaba sucediendo en esta llamada de diez minutos y si el hombre con el que Knopek estaba hablando tenía una relación de buena fe con Hena. Sam no nos tradujo, pero Knopek actuó triunfante cuando colgó. El hombre del teléfono había accedido a reunirse con nosotros. Sam estaba tan emocionado que casi rebotaba contra las paredes.

Knopek dijo que la reunión se llevaría a cabo en Breslavia. Sam estaba sonriendo y elogiando a Knopek por el plan tan ingenioso. Traté de preguntarle a Sam cómo podíamos estar seguros de que este tipo tenía relación con Hena, pero él no hizo caso a mis comentarios porque asumió que estaba tratando de arruinar el encuentro.

Tal vez, pensé, la idea de hacer preguntas directas no funcionaría aquí; quizá la excusa era necesaria. Luego Knopek anunció con gran alborozo que iría con nosotros a Breslavia, un viaje de tres a cuatro horas. Acordamos recogerlo a primera hora.

A la mañana siguiente todos los demás habían partido. Sam y yo emprendimos el camino para recoger a Knopek, que estaba a 45 minutos en dirección opuesta a la ruta a Breslavia. Llegamos a su domicilio. ¡Vaya ubicación! Su casa había sido construida en un terreno justo enfrente de la antigua residencia Rakowski, en el mismo sitio de la vieja maderería. Knopek le había contado a Sam que tenía planes para ampliar su casa. Apuesto a que no sabía que Sam ya no era dueño de esa propiedad. Me pregunté con cierta extrañeza si creía que Sam podría asesorarlo en sus planes de expansión en cuanto a la ciudad.

Knopek nos saludó, estrechó la mano de Sam y una vez más llevó mi mano a su denso bigote para otro de esos besos anticuados.

Nos condujo a un pequeño salón donde llenó la mesa con chocolates polacos y trajo una bandeja de té en vasos altos. Luego desapareció. Pasó una hora. ¿Estaba en alguna parte de la casa? ¿Se había ido a otro lugar? Intranquilos por comenzar el largo viaje, esperamos con impaciencia. Ni rastro del hombre. Sam salió y caminó hasta la calle principal. Uno de los hermanos Luty de la granja de vodka se cruzó con él en la calle. Una extraña coincidencia.

Finalmente Knopek regresó y se disculpó. No podía acompañarnos. Tenía demasiadas cosas que atender en casa.

Sam le dio las gracias y dijo que lo pondría al tanto sobre la situación.

Mientras salíamos hacia Breslavia, me alegró que Sam se enfocara nuevamente en la búsqueda de Hena, pero algo en todo esto me daba la sensación de que nos estábamos adelantando en el proceso. Sam estaba tan emocionado que apenas disminuía la velocidad en las rotondas. Silbó desafinado durante el camino, y dijo:

—Llegó el momento. Voy a ver a mi prima mañana, tal vez.

No quería ser una aguafiestas, pero no estaba tan segura. Incluso si la encontráramos, ¿estaría dispuesta a reunirse con nosotros? ¿Tenía hijos? ¿Sabían que su madre era judía? ¿Causaría problemas en su vida que nosotros apareciéramos y llamáramos la atención sobre su judaísmo? Durante el largo viaje mis divagaciones fluyeron en otra dirección. Hena era, ahora lo sabíamos, testigo de un asesinato. Presenció cómo mataban a cinco personas. Y aunque se negó a identificar a los atacantes en el procedimiento policial hacía años, podría sentirse más segura si nunca la encontraban. Si la localizábamos, ciertos sujetos podrían hallarla y crear problemas o ponerla en peligro de alguna manera.

Estaba anocheciendo cuando llegamos a Breslavia. Nos registramos en el Hotel Monopol, un edificio que alguna vez fue grandioso y que estuvo bellamente decorado, al costado de la gran plaza del mercado que había servido como cuartel general nazi cuando Breslavia era Breslau. En la actualidad, el hollín y los años habían ennegrecido su fachada *art nouveau* y neobarroco. El interior había sido renovado como un puesto de avanzada del Gobierno de bajo presupuesto, con alfombras baratas y habitaciones oscuras con camas endebles. Me estaba lavando las manos con el jabón cáustico del hotel cuando escuché que tocaban a mi puerta. Encontré a Sam parado afuera de mi habitación, lucía demacrado.

—Te tengo malas noticias, cielo.

Al instalarse llamó de inmediato al hombre que le entregaría la dirección de su prima largamente buscada. Sam había estado tan entusiasmado con la posibilidad de esta reunión que pasó por alto algunos aspectos importantes. Resultó que Knopek no había investigado al tipo con el que nos íbamos a encontrar. Era más joven que Hena, que tendría más de 70 años. De cualquier forma, Sam se las arregló para reunirse con el tipo, aunque sus altas expectativas de ver a Hena se habían venido abajo.

Hasta aquí había llegado el plan de Knopek. Sospeché que Sam tenía dudas desde antes de iniciar el viaje, pero sus esperanzas nublaron su buen juicio.

A la mañana siguiente nos alistamos para reunirnos con el hombre en un lugar cercano para desayunar. Nos sentamos cerca de la puerta y esperamos. Entró un tipo de no más de 40 años que se dirigió directamente a nuestra mesa. Tadeusz Luty, un caballero cortés con un abrigo deportivo de lana, resultó ser el hermano de Luty. Parecía que había recorrido un largo camino desde la granja de vodka. De forma inequívoca, terminó con nuestras esperanzas. No solo no sabía el paradero de Hena, sino que reveló que los Luty, que habían sido tan poco acogedores, ni siquiera vivían en esa granja durante la guerra. Se disculpó. Se ofreció a mostrarnos dónde estaban enterrados los Rożeńek, aunque dijo que la casa donde los mataron había sido destruida. Fue amable y servicial, pero no tenía más que ofrecer. Sam le dio las gracias, no obstante, ya conocíamos el lugar del entierro.

Después de que Luty se marchó, Sam se veía más desalentado que nunca.

—Otro callejón sin salida. No hay luz al final del túnel.

De regreso en el hotel, Sam probó con todos los Luty de la guía telefónica (había muchos) por si de casualidad sabían algo sobre Hena. Naturalmente, preguntó sobre otras variantes del nombre y la describió como proveniente del otro lado del país, pero Breslavia estaba llena de gente que procedía de diferentes partes de la nación. Y me preguntaba por qué estaba relacionando a Hena con el nombre de Luty, dado que en realidad no eran vecinos durante la guerra. No quise buscar los aspectos negativos en la lógica que nos trajo hasta aquí, ya que presentía que Sam no quería escucharlo.

La obstinada búsqueda de Sam de sus contactos en su propio territorio parecía motivada por una mezcla de responsabilidad y redención. Pero su deber de consultar a diferentes personas, así como sus firmes esfuerzos para sacar los restos de la bisabuela Pearl y la tía abuela Frymet de las fosas comunes o al menos colocarles un marcador para identificarlas, se habían topado con un muro de realidad: tenía que confiar en la gente aquí para llevar a cabo sus propósitos. Estos intentos de hacer lo correcto por parte de esos parientes asesinados claramente lo reconectaron con nuestra familia y esta larga historia. Fue un final triste tanto en el aspecto familiar como para un pueblo que prosperó durante cientos de años en el jardín que alguna vez fue Polonia para los judíos. Los judíos en el jardín de los que Danuta Sodo Ogórek escuchó durante su niñez habían sido víctimas de asesinato, solo por ser judíos. Y los asesinos no fueron invasores lejanos, sino gente de la comunidad. Conseguir información por parte de los pobladores quienes nos veían como extraños en estas circunstancias, incluso para un nativo como Sam, resultó ser un desafío enorme.

Sin embargo, él no era consciente de ello. Se aferraba a la idea de que su apellido y su propia historia aquí serían reconocidos, y que encontraría a Hena gracias al arraigo de esos contactos.

Antes de partir a Breslavia Tamar declaró estar muy conmovida por su experiencia con su padre en su ciudad natal, pero al mismo tiempo lo cuestionó sobre por qué seguía regresando.

—No hay nada aquí —dijo sobre Polonia—. Toda nuestra gente se ha ido. —Recordó su juventud en Israel, donde se les decía a los sobrevivientes que olvidaran Polonia y ayudaran a construir un lugar seguro para los judíos. Tamar continuó—: No entiendo, papá. ¿Por qué te sientes tan polaco? ¿Qué tienes en común con Guca y esta gente?

—Tengo un sentido de pertenencia en esta tierra —respondió Sam—. Vengo aquí y veo quién era nuestra familia en la comunidad. A la gente le agradaba, incluso si no estaban locos por los judíos. Yo era guapo y fuerte. Sacaba buenas notas y estábamos bien. Era el único chico judío de mi clase. No quiero que me regresen mi antigua casa; tengo suficientes casas en Estados Unidos. Me gusta volver como una historia de éxito.

—¿Eres tan inseguro que tienes que volver para que estos polacos te admiren? —cuestionó Tamar.

Sam negó con la cabeza.

—¿Soy inseguro? —rio—. Tal vez lo soy.

Habían pasado ocho años desde que Sam obtuvo la primera pista sobre Hena. En ese entonces pensó que simplemente regresaría a Polonia, preguntaría y se apoyaría en el tipo que le dio la pista, así como en el amigo de confianza que vivía cerca de donde mataron a su familia. A pesar de las decepciones, Sam había mantenido sus esperanzas y su confianza en que Stefan o Guca lo apoyarían de cualquier forma. Dejó que las ilusiones crecieran. Cada vez que Stefan lo llevaba a otra granja o le prometía algo nuevo, Sam le creía y pensaba que ese sería el día en que encontraría a Hena.

La búsqueda de Hena ofrecía una distracción oportuna después de tantas fosas comunes, pero resultó que llevarla a cabo sacó a la luz diferentes situaciones ocultas y asuntos que muchos hubieran preferido no mencionar. Eso se tradujo en una serie de decepciones para Sam, cuyo enfoque directo y práctico era cautivador y optimista. La sensación de un entorno familiar y ver gente de su vida anterior a la guerra lo había animado mucho, pero pedirles a esas personas conocidas desde hacía muchos años que fueran partícipes de su causa resultó ser una tarea difícil. La guerra había desgastado esas relaciones de formas que resultaban dolorosas de comprender.

Cuando Augustyn Wacław reveló abiertamente que los miembros de su organización clandestina, el BCh, habían matado a los Rożeńek y que Hena se había presentado más tarde en una audiencia judicial para identificar a dos sospechosos, parecía que solo nos faltaban una o dos visitas a la granja para encontrarla, si seguíamos buscando.

Encontramos las tumbas de los Dula como resultado de buscar a Hena. Daba la sensación de que siempre aparecería una tumba a lo largo de este camino, pero preferiríamos encontrar un sobreviviente. Durante el recorrido hasta aquí, Sam había estado muy emocionado. Pensé que el plan era demasiado simplista para funcionar, pero esperaba estar equivocada. Así que, sin una reunión para ocuparnos durante el día, Sam sugirió que saliéramos a dar un paseo, para olvidar por un momento este asunto del Holocausto.

Exploramos la «ciudad de los cien puentes» en el río Óder, con sus águilas prusianas talladas en cornisas que recuerdan su pasado alemán.

Caminamos durante un buen rato; Sam lucía muy callado. Me di cuenta de que estaba tratando de no sentirse engañado por Knopek después de decirme varias veces: «Tengo una buena relación con él». Sam tampoco estaba dispuesto a enfrentar el hecho de que Knopek podría tener otros motivos y que el propio Sam hizo caso omiso a algunas señales. Sospeché inmediatamente de Knopek cuando vi la ubicación de su casa y la mención de su plan para expandirla. Pero ¿cómo podría Knopek ignorar que la propiedad Rakowski había pertenecido al Gobierno polaco desde la década de 1960?

—No importa —dijo Sam con tono poco convincente—. Es un misterio.

A la mañana siguiente Sam estaba en el restaurante del hotel mucho antes que yo. Se veía triste y demacrado. Apenas había dormido. Su desayuno, el nostálgico favorito de huevos cocidos, permanecía intacto.

—Déjame decirte algo, jovencita —anunció antes de que pudiera tomar un sorbo de café—. Me di un largo baño anoche y traté de dormir. Ella vino a mí —con sombría finalidad, aclaró—: Hena vino a mí en un sueño. —Sacudió la cabeza—. Me dijo que me rindiera, que dejara el asunto por la paz.

El movimiento de su mandíbula y su mirada severa deberían haber sido tajantes, pero su semblante duro me hizo sentir triste por todo lo que había perdido. Un hermano, innumerables compañeros de litera, amigos, sin mencionar abuelas, tías, tíos y primos. Había encontrado una manera de gestionar las expectativas y confiar en sí mismo. No esperar o apegarse demasiado a algo que tal vez no sucediera. No podía disputar su sueño, pero parecía que había encontrado una manera de manejar su desencanto. Había llegado a una conclusión. En una frase que escucharía una y otra vez, y no solo de su parte, dijo:

—Si está viva, no quiere que la encuentren.

La señora Luszczyńska describiendo con detalle los asesinatos de la familia Rożeńek sobre los que su padre le escribió. Este fue después de la guerra a visitar a Hena en Breslavia, dice ella, y Hena le envió un regalo para su bebé al nacer su primer hijo.

8

REGALO DE LA POSGUERRA

Cracovia, Polonia, 2001

En un caluroso día de agosto, cuatro años después de la declaración de Sam en Breslavia, me registré en un pequeño hotel de Cracovia. En viajes anteriores, los hoteles boutique en esta parte de Cracovia habrían sido inimaginables. Sin embargo, el rodaje de *La lista de Schindler* en el antiguo barrio judío y el gueto había provocado cambios importantes, creando un destino turístico. Desde mi ventana reconocí el lugar donde Sam había molestado al guapo vendedor de parkas en nuestro primer viaje juntos.

Desde la profunda decepción de Sam en el último viaje, el camino para llegar a este punto estuvo lleno de complicaciones. Había cambiado por completo, de buscar a una prima perdida que pudiera estar viva, a estar en contacto y guiar a diferentes generaciones de familiares de los sobrevivientes en viajes a Polonia. Y yo no era la única interesada en verlo en acción en su territorio y escuchar historias personales sobre los referentes y miembros clave de la historia familiar en el lugar. Su intercambio de relatos de primera mano no se limitaba a parientes. Como conferencista y testigo, se había convertido en una especie de celebridad. Tuvo un papel destacado en la Marcha Internacional de la Vida, un programa educativo que atrajo a miles de adolescentes judíos de todo el mundo a Polonia para realizar recorridos por los campos y monumentos nazis alemanes, y continuar hasta Israel para celebrar el renacimiento de los restos del genocidio de entre las cenizas de Europa. Sam mezclaba recuerdos conmovedores de sus experiencias con humor inexpresivo, por lo que todos querían sentarse junto a él en el autobús.

Así que dejó en claro que la búsqueda de Hena estaba en segundo plano, o incluso en tercero.

Llegué a mencionarla en llamadas telefónicas. Él descartó el tema: «Eso no está en mi agenda. Ya no está en mi mente».

Apenas podía imaginar lo difícil que era suponer que podía confiar en sus «supuestos amigos», solo para ser decepcionado una y otra vez en viajes a Kazimierza Wielka que ya de por sí estaban cargados de emotividad. Los Stefan y Guca probablemente conocían a las familias de los asesinos de los Rozeńek y querían evitar problemas, sugerí en más de una ocasión, pero Sam no se inmutó. No podía verlo desde la perspectiva de sus amigos, porque su puntó de vista le negaba la lealtad que seguía otorgándoles a ellos y a muchos en su ciudad natal a pesar de todo lo que había sucedido. Lo entendía, pero el hecho de que Sam pusiera fin a nuestra misión compartida fue un duro golpe. Debí haber sido más comprensiva con su cambio de opinión, pero lo sentí como un rechazo.

Reaccioné llevando a cabo la búsqueda por mi cuenta. Esperaba que mis habilidades como reportera pudieran arrojar las pistas que sus amigos en su momento podrían haber compartido y, en última instancia, conducir a respuestas y un reencuentro con Hena.

Confiaba en aprovechar la familiaridad que había adquirido con los depósitos de registros y los expertos en rastreo de viajes anteriores. Simplemente seguiría adelante y haría que esa reunión sucediera, incluso sin su ayuda.

Ya había acudido a los archivos locales con Sam para buscar su certificado de nacimiento, así como los certificados de defunción y entierro de mi bisabuelo. También habíamos visitado los juzgados, donde encontramos registros relacionados con la acusación por el asesinato de la tía abuela Frymet. Por mi cuenta, acudí a la oficina de rastreo genealógico del Instituto Histórico Judío varias veces desde principios de la década de 1990. Hice diversas solicitudes y envié actualizaciones por correo electrónico entre visitas.

Fueron muy útiles, pero el nombre de nacimiento de Hena nunca apareció en las bases de datos de la posguerra, lo cual hizo que me diera cuenta de lo poco rigurosos que eran esos registros. Polonia no realizó un censo hasta 1951. Eso fue seis años después de que terminara la guerra y siete años posteriores a la masacre de su familia. Luego, el Gobierno satelital soviético instaló un sistema de registro Gran Hermano que rastreaba el empleo (todos debían tener uno) y la dirección de cada persona. Legalmente, se suponía que cualquier cambio de nombre debía enviarse a los archivos donde se encontraba catalogado el certificado de nacimiento, pero en la práctica, como más tarde me di cuenta, eso no sucedía, pues era raro encontrar registros actualizados.

Estaba acostumbrada a buscar documentos y contactar a funcionarios gubernamentales. En el auge de nuestra sociedad, Sam tenía poca paciencia con la burocracia, particularmente cuando se trataba de registros de su propia vida. Había visto cómo se trabajaba en un archivo en Polonia luego de que un empleado se negara a darle una copia de su certificado de nacimiento. El tipo fue a contestar el teléfono y Sam, con un destello malicioso, arrancó la página con el registro de su propio nacimiento del libro y se la metió en el bolsillo.

Su reacción no fue extraña dado que lo habían sacado de una vida cómoda y del seno de una familia amorosa. Incluso después de haber sobrevivido a los campos nazis y a una marcha de la muerte, guio a huérfanos judíos sin documentos a través de las fronteras europeas y escoltó a cien de ellos en la bodega de un barco a lo que ahora es Israel en 1946. Pero sin papeles, no podía demostrar su propio nacimiento. Tuvo problemas para solicitar una identificación emitida por el Gobierno. En Tel Aviv, en una oficina gubernamental, tuvo que «salir y agarrar a algunos tipos para que entraran y juraran que estaba vivo».

En Polonia, Sam había demostrado en repetidas ocasiones que era un comodín, canalizando el ingenio y los instintos que lo habían ayudado a sobrevivir. Por eso, cada vez que me enteraba de un próximo viaje, quería acompañarlo, para no correr el riesgo de perderme más aventuras o descubrimientos inesperados. Pero ahora me estaba enfriando. No quería ser egoísta. Después de todo, para ese momento ya había viajado a Polonia con él tres veces, más que sus nietos y muchos otros familiares. Sin embargo, insistí. En respuesta, se volvió cada vez más sincero y luego francamente directo. Cuando le pedí unirme a su viaje en 2001, exclamó: «No quiero que vengas, jovencita. Eres una carga».

Estaba cansado, me dijo, de tener que traducir para mí a mitad de una conversación. Estoy segura de que también era molesto para un familiar más joven, una reportera, dudar de sus acciones, preguntar lo que ya había preguntado y sugerir otras interrogantes una vez retirados del lugar.

Yo simpatizaba con él. En estas visitas él trataba de evaluar, digerir y reaccionar a lo que estaba escuchando, y conmigo también traducía simultáneamente. Muchos traductores independientes no pueden hacerlo. Cuando le ofrecí llevar un intérprete dijo que no era necesario. Para él eso significaba una persona más con quien interactuar, y alguien que no podía advertir lo que pasaba por su mente. Intenté varias veces unirme al viaje de 2001, pero él no cedió. «No hay lugar para ti en el auto», dijo con firmeza. «Y no soy yo quien lo rentó».

Me dolió, pero insistí. Negocié para que se quedara un día más en Cracovia. «¿No puedo unirme a ustedes después de que se vayan? ¿Solo hacer algunas paradas y pasar rápido por la propiedad donde se escondieron los Rożeńek?». Le expliqué que llevaría mi propio intérprete, haría mis propias gestiones y rentaría mi propio automóvil. Me empeñé, como haría una Rakowsky.

Él no estuvo de acuerdo con mis propuestas ni con la renta de autos. ¿Cómo iba a conducir en Polonia? ¿Cómo iba a moverme? ¿Cuánto iba a costar todo eso?

Aunque había hecho a un lado la búsqueda de Hena, él aún quería estar en el asiento del conductor.

Tomé sus preguntas como una posibilidad. Deseché el asunto del auto y encontré una manera de pagar un intérprete con mi salario del periódico. A cambio de un boleto de avión a Polonia, contraté a una joven de Opole, que asistía a la universidad en Estados Unidos y era pariente de un querido amigo.

Así fue como terminé en una habitación de hotel de Cracovia que compartía con Daga, la estudiante universitaria, en agosto de 2001. La dejé para instalarme y fui en busca de Sam. En el hotel contiguo lo encontré en su habitación rodeado de varios familiares. Con él estaba un israelí llamado Avi que resultó ser su primo lejano por parte de su madre. Sam estaba envolviendo un paquete en periódicos y metiéndolo en su maleta. Lo manejaba con cautela, lo que despertó mi curiosidad. Se dio la vuelta y le dirigió a Avi el doble guiño de un cómplice.

Con efusividad, Sam dijo:

—La pasé increíble, disfruté de experiencias e hice descubrimientos importantes. El mejor viaje de mi vida, por mucho.

Esbocé una mueca. Esperaba que mi reacción pasara inadvertida. Lo que había supuesto resultó ser cierto. Me había perdido algunos asuntos relevantes. Me esforcé por mostrarme entusiasta ante sus aciertos.

Lentamente, con un efecto dramático, Sam sacó un documento de una carpeta. Vi que era una fotocopia de un texto escrito a mano en polaco. Llevaba un sello oficial. Era, anunció con una voz teatral, el certificado de nacimiento de Hena Rożeńka, con la firma de su padre, Szmul (Samuel) Rożeńek.

—¡Guau, eso es increíble! —dije—. La gente había calculado diferentes edades para ella, pero ahora lo sabemos con certeza. Así que tenía 16 años cuando mataron a su familia.

Sabía que debería alegrarme por esta revelación, otro triunfo en la búsqueda de Hena, pero quería decirle: «Espera, pensé que habías renunciado a esta idea. ¿De qué se trata todo eso?».

Debería apreciar cualquier avance en la búsqueda. Sam había ido con otros parientes a los archivos y encontró el certificado de nacimiento de Hena. Por supuesto que lo hizo. Esas habilidades que en su momento le habían servido todavía estaban activas. Me sentí como una niña con ganas de hacer un berrinche. ¿Por qué me había rechazado solo para continuar la búsqueda de Hena sin mí? Con entusiasmo le pregunté:

—¿Qué más ha pasado en tu viaje hasta ahora?

—Es una larga historia, pero fue increíble —dijo Sam, con los ojos brillantes mientras se apoyaba en su maleta. Empezó a dar más detalles, pero luego comentó—: Vamos a comprar un *lody* (helado) en la *rynek* (plaza del mercado).

Lo seguí. Me sentía como una niña desconsolada. Nos sentamos en una mesa al aire libre en la plaza llena de turistas, un lugar que recordaba cuando era un terreno desolado. Me deleitaba con la oportunidad de tener toda la atención de Sam. Frente a nuestros tazones de helado repletos de fruta fresca, un postre nostálgico de su infancia, reveló los eventos de los últimos días.

Sam había llevado al grupo grande a la casa de Majdecki, el tipo que tenía su antigua mesa de comedor. Le presentó a Avi a Majdecki, quien reconoció los nombres de sus parientes de la época en que este último vivía al otro lado de la calle de los abuelos de Avi en Kazimierza Wielka. Los abuelos vivían en un departamento en el mismo edificio que la casa y la tienda de los Rożeńek. Sam creía que los abuelos de Avi, los Ptasnik, habían sido asesinados en el campo de exterminio de Bełżec.

—No —dijo Majdecki con seguridad—. Fueron asesinados en Bełżów. Se habían estado escondiendo con un granjero llamado Pabis.

Para Sam, la revelación fue casi tan sorprendente como la de la primera visita a Majdecki, cuando contó que la familia Dula había sido asesinada y enterrada en la granja vecina de Sodo.

Majdecki se refirió a Bełżów: «Mataron a nueve personas allí», y los asesinatos fueron llevados a cabo por partisanos, el AK. «Hubo juicios después de la guerra».

—Guau —exclamé—. Qué gran revelación.

—Entonces subimos al auto —explicó Sam—, y Avi me acompañó.

Condujeron unos kilómetros hasta Bełzów, siguiendo las indicaciones de Majdecki, hasta que llegaron a una zona sin letreros ni señales de tráfico.

—Vi a un grupo de ancianos dando vueltas y conduje hasta ellos —me contó Sam—. Les dije: «Soy un Rakowski y teníamos un depósito de madera en la calle principal de Kazimierza». Contestaron: «Oh, sí, lo recordamos».

Sam comentó que estaba buscando a Pabis. Preguntaron por qué.

—Me informaron que la familia Pabis quiso hacer el bien y escondió a los Ptasnik, pero alguien vino y los mató.

»Una anciana refirió: "Pabis es mi pariente, pero los Pabis están muertos. El hijo está en un hospital psiquiátrico y no se encuentra bien".

Sam recibió indicaciones para llegar a la casa de los Pabis en esa misma calle. Condujo por kilómetro y medio y no vio nada. Observó a un granjero parado junto a un tractor con un hombre más joven.

—Hice lo mío —continuó—. Y el hombre mayor expresó: «Sam, recuerdo a tus padres».

»Después de evocar algunos recuerdos, le comenté: "Estoy buscando la casa de Pabis, donde los Ptasnik fueron escondidos y asesinados".

»El hombre declaró que no sabía, pero que un vecino de Pabis aún vivía. "Debe saber algo. Te acompañaré". Pero luego vio su ropa y dijo: "Estoy muy sucio. No debería entrar en tu coche".

»Le reviré en polaco: "Estás perfectamente bien. Entra".

»Pasamos por más campos y subimos por un camino de entrada a una casa. Encontramos a algunas personas más jóvenes allí que no eran amables. El granjero dijo: "Queremos hablar con los ancianos".

»Se encogieron de hombros y nos informaron que el anciano estaba durmiendo.

»—Despiértenlo —insistió el granjero.

»Luego, un anciano cuya larga barba me recordó al abuelo salió de una habitación del fondo. Después de una presentación rápida, el hombre dijo: "Puedo contarte todo lo sucedido".

»Con una voluntad de compartir que resultaba extraña, el anciano empezó de inmediato. Comentó que la casa de Pabis ya no existía, pero que allí había escondido a nueve personas, judíos de Kazimierza Wielka. Se habían ocultado en un establo detrás del abrevadero. Contó que a veces se veía a los judíos tomando aire fresco después del anochecer.

»Después le mencioné que, en la primavera y el verano de 1944, los alemanes estaban ocupados en otros lugares.

»—Los alemanes no buscaban judíos en esta granja, pero era bien sabido que estaban allí —dijo el anciano. Y por alguna extraña razón, añadió—: Estas personas eran particularmente visibles.

»—Una noche de agosto de 1944, miembros de la clandestinidad polaca, que —enfatizó— pertenecían a un grupo de partisanos de élite, llegaron a la casa. No recuerdo cuántos exactamente, pero eran muchos. Sabían con precisión dónde estaban los judíos.

A diferencia de Sodo, no abusaron de Pabis. Simplemente llevaron a los nueve judíos a la parte trasera del granero y les dispararon. Cavaron una tumba poco profunda en un área baja, les quitaron toda su ropa y pertenencias y los enterraron.

Por lo que declaró el vecino, Sam dedujo que el grupo estaba integrado por cuatro o cinco Ptasnik y varios otros, incluida una tía abuela de Sam por parte de su madre.

—¿Me podrías mostrar el lugar? —preguntó Sam.

»—La casa ya no existe —refirió el vecino—. Pero puedo mostrarte el campo. —Los cuatro caminaron algunos minutos hasta el campo de heno que era el sitio de las tumbas, según el vecino. Solo cuando el granjero señaló el lugar del entierro, Sam y Avi notaron que estaba estremecido—. Por ahí —indicó con voz y manos temblorosas. La intensidad emotiva del granjero tantos años después resultaba muy conmovedora.

»—La verdad es que cuando aran aquí, siempre se encuentran con huesos —añadió el hombre.

Avi lloró al escuchar el relato de la brutal ejecución de sus abuelos. El único recuerdo de la vida de estos en Polonia era una instantánea que tomó ese día del campo de heno de espiga listo para la cosecha, en el que marcó una X en el lugar aproximado de las tumbas.

Sam y yo regresamos al hotel. Esperaba que hubiera reservado algo de tiempo y encanto luego de descubrir otra tragedia. Aún no había terminado de contarme las aventuras del viaje.

De regreso de Bełzów Sam y Avi hicieron una parada en la granja de Sodo. El primero habló con Danuta Sodo Ogórek, la mujer que conocimos en la Fundación Spielberg Shoah. Sam le dijo que las tumbas de los Dula deberían permanecer en su lugar, como testimonio de los sombríos hechos que las produjeron, aunque quería sacar algunos restos y llevárselos a Ohio para enterrarlos junto a las tumbas de sus padres.

Danuta estuvo de acuerdo y su esposo ordenó que algunos ayudantes se alistaran para el día siguiente.

El día antes de llegar a Polonia, Sam y Avi regresaron a la granja de Sodo y encontraron un equipo de excavación de aldeanos listos para ayudar. En una operación que fue a la vez macabra y significativa, excavaron en la fosa común y recuperaron un fémur y algunos huesos más pequeños. Sam se marchó de la granja de Sodo con los restos. Tenía la intención de recordar a los cinco Dula brutalmente asesinados.

De regreso en la habitación de hotel de Sam, su mente parecía estar a kilómetros de distancia. Se sentó en la cama junto a su maleta: un sobreviviente del Holocausto de 77 años empacando huesos para un viaje intercontinental. Sacudió la cabeza y se encogió de hombros.

—Esto es muy bizarro.

Según la ley judía, mover restos humanos es particularmente cuestionable, pero Sam reflexionó que los asesinatos y la profanación de los cuerpos de los Dula justificaban sus acciones. Correría un gran riesgo con la esperanza de regresarle a la familia una pizca de dignidad, simbólica, pero tangible.

—¿Cómo vas a sacar huesos humanos del país sin meterte en problemas con las autoridades polacas? —le pregunté.

—Bueno, jovencita, cambié mis planes. Voy a irme en tren en lugar de ir al aeropuerto. En el tren no revisan tu equipaje.

Podía ver los engranes en su cabeza girando, como si estuviera de vuelta en la *b'richa* después de la guerra, tramando un plan para llevar a otro grupo de huérfanos de guerra judíos sin documentos de identidad a través de la frontera europea. En ese entonces era un vigoroso joven de 21 años que eligió el angustioso desafío de esos cruces fronterizos en lugar del confinamiento detrás del alambre de púas nuevamente. A pesar de que los guardias armados en el campo de personas desplazadas estaban apostados para la seguridad de los judíos, incluidos sus padres y otros familiares sobrevivientes, Sam necesitaba seguir activo.

Ahora estaba planeando transportar un tipo diferente de carga. Era mi turno de negar con la cabeza.

—¿Así que vas a escapar de Polonia con restos humanos a través de Alemania? Eso es demasiado irónico. Y con millones de víctimas de los nazis alemanes en suelo polaco, estás tomando huesos de personas asesinadas por polacos. Si te detienen, tendrás mucho que explicar.

—Espero no tener que hacerlo —dijo Sam. Asintió lentamente, como si todavía estuviera convenciéndose de la lógica y sopesando el riesgo.

El día siguiente era el que Sam me había prometido. Tan pronto como nos encontramos, noté de inmediato que estaba bajo de ánimo. Trajo consigo al hijo de su primo, Daniel Feldman, nieto del tío y la tía de Sam, Isaac y Sally Levenstein, los parientes con los que vivía Sam cuando asistía a la escuela secundaria en Cracovia. Más tarde, en el gueto de Cracovia, los hacinaron en un pequeño departamento. Cuando el gueto fue liquidado, los Levenstein metieron de contrabando a sus dos hijos pequeños en maletas a Plaszów, pero los alemanes descubrieron a los niños y los asesinaron junto con muchos otros menores en el campo. Los Levenstein fueron salvados por Oskar Schindler; sin embargo, Sally aún pasó un tiempo en Auschwitz. Después de la guerra, en un campo de desplazados, a pesar de todo lo que había padecido, Sally pudo quedar embarazada a los 41 años. Rela fue su hija milagrosa. Rela creció en Nueva Jersey con sus cariñosos padres, se casó y se convirtió en la matriarca de una familia con cinco hijos, veinte nietos y 27 bisnietos. Estaba muy unida a Sam y Bilha, quienes eran los más recurrentes a sus celebraciones familiares. Finalmente, en este viaje, Sam tuvo la oportunidad de mostrarle a Rela y su familia la zona, compartiendo recuerdos sobre sus difuntos padres. Su hijo Daniel, un estudiante de la Universidad de Yale que estaba haciendo trabajo de investigación ese verano en el Museo Estatal de Auschwitz-Birkenau, se unió al viaje familiar.

Sam cumplió su promesa de darme ese día, pero parecía distraído. La mayor parte del tiempo hablaba con Daniel y le contaba sobre los antecedentes y los hallazgos de viajes anteriores. Yo tenía muchas ganas de avanzar, y esperaba que Sam me ayudara a encontrar nuevas pistas sobre Hena a pesar de sus dudas.

Nuestra primera parada fue una visita una vez más a la granja de Adolf Poremski, el jefe de policía regional que conocimos diez años atrás. Me sorprendió que nos dejara pasar, dada la fría recepción de nuestra última visita. Si Poremski recordaba aquella vez, no lo dejó entrever. Se sentó en una mesa en un edificio anexo a su granja en ruinas y escupió amargamente «Nie wiem» a cada pregunta que Sam hizo en polaco, que Daga tradujo para mí. Claramente, el hombre no iba a contribuir al hecho de que a regañadientes se había sentado con Hena en la estación de policía después de la guerra, cuando le pidieron que identificara a dos sospechosos en los asesinatos de su familia. No tenía nada que ganar esclareciendo lo que nos importaba. Yo solo podía esperar un milagroso cambio de opinión. No obstante, Sam lo asedió con preguntas sobre cuándo vio a Hena y sobre dónde se alojaba cuando la llamaron para identificar a los sospechosos. Sam se exasperó.

Finalmente, le gritó a Poremski en polaco.

—¿Por qué no quieres ayudar? Tal vez la mataste.

Hasta aquí llegó esta entrevista, pensé después de que Daga tradujera lo que Sam había dicho. Ojalá Sam hubiera probado su deliberación estilo Columbo con varios escenarios posibles que habían tenido buenos resultados en otras circunstancias. Nunca lo había visto tan enojado. Tal vez las revelaciones sobre otros nueve judíos asesinados por partisanos fueron demasiado.

Nos dirigimos a la oficina del fiscal del pueblo donde fueron asesinados los Rożeńek. Sam estaba de pie frente al mostrador, pidiendo a una empleada en polaco los registros con los nombres de los acusados que habíamos obtenido del líder del batallón partisano Augustyn Wacław. La secretaria preguntó por el año del caso. Sam respondió:

—En algún momento después de la guerra.

La mujer dijo que no podía buscar registros de esa manera. Sam dio los únicos detalles que conocía. Ella preguntó nuevamente por el año. Sam se sentía frustrado y su voz se hizo más fuerte cuando repitió que no sabía.

Se abrió una puerta y salió un hombre de baja estatura con bigote. Parecía oficial y, de hecho, resultó ser el fiscal jefe del distrito. Nos hizo pasar a su oficina.

Sam le explicó lo que estaba buscando. El hombre fue cordial, pero dijo que no tenía forma de ayudar. Nos explicó que si hubiera un expediente relativo al hecho ya habría sido enviado a Varsovia, como todos los casos criminales que ocurrieron bajo la ocupación alemana, al igual que los de la época comunista, por órdenes del Instituto de la Memoria Nacional (*Instytut Pamięci Narodowej*, o IPN).

Sam y yo tuvimos esta experiencia antes de la fundación del IPN, cuando visitamos un juzgado de Varsovia en busca de un expediente sobre el asesinato de la tía abuela Frymet a manos de un policía polaco. En esa ocasión fue al revés; el expediente había sido enviado a este juzgado de Pińczów. Fuimos a allá y nos informaron que los registros que nos interesaban estaban en Varsovia. Rastrear archivos judiciales no era nada nuevo para mí, ya que había seguido casos mucho más comunes en Estados Unidos.

Nos sacaron de la oficina del fiscal antes de que pudiera hablar con él. Quizá el funcionario hubiera estado dispuesto a realizar una búsqueda exhaustiva de los nombres de los acusados o revisar todos los casos del pueblo donde fueron asesinados los Rożeńek. O tal vez no.

Luego, Sam condujo hasta Zagórzyce y la granja en la cima de la colina que una vez albergó a los primos conocidos por su ferretería. De la casa no quedaba nada más que un armazón de cimientos sin terminar sobre un lote cubierto de maleza. Daniel, Daga y yo trepamos a través de la espesa hierba hasta la propiedad abandonada en la cima de la colina, con la esperanza de encontrar algún indicio. Sam se quedó en el coche, por el dolor de espalda. Mientras miraba hacia la granja Luty, el escenario de mi encuentro con el granjero que empuñaba una horca, cerré los ojos y me pregunté qué había visto Hena esa noche.

Sam nos apresuró y gritó desde el auto:

—Aquí no hay nada. Vamos.

Su viaje ya había estado lleno de sucesos y probablemente había despertado recuerdos abrumadores. Me sentí relegada, pero superé mi decepción. Ya había hecho planes para varias paradas con Daga al día siguiente. Tenía que satisfacer mi propia curiosidad.

A la mañana siguiente Sam nos dejó a Daga y a mí en la estación de autobuses local de camino a entregar el coche rentado.

—Podrías cambiar de opinión y venir con nosotros a Kazimierza Wielka —le ofrecí.

—Buena suerte, jovencita —dijo sin dudar—. Nos vemos en el tren, tal vez.

Era obvio que su mente estaba enfocada en los huesos en su equipaje y en los peligros de llevarlos de regreso a Ohio. Tomaría un tren nocturno de Cracovia, a Berlín y ahí un vuelo de regreso a

Estados Unidos. Nosotras íbamos a abordar el mismo tren desde Cracovia, pero nos bajaríamos en el oeste de Polonia, donde
nos quedaríamos con los padres de Daga. Desde allí visitaríamos
Breslavia con la intención de seguir el rastro de Hena.

Pero primero tenía una lista de verificación para el lugar de nacimiento de Sam. Daga y yo nos bajamos del autobús en Kazimierza
Wielka, y avanzamos deprisa entre los borrachos diurnos que hacían
comentarios lascivos que no necesitaban traducción. Eso nunca me
había pasado viajando con Sam.

Mientras subía la colina hacia los edificios municipales de baja
altura, pude escuchar la voz de Sam en mi cabeza: «Ya no estoy
interesado en esto. ¿Qué vas a encontrar? ¿Cómo es que nunca se
puso en contacto con nadie de la familia después de la guerra?».

Pero también intuía que algo o alguien aquí podría ayudarnos
a resolver algunas pistas.

Esperaba que Daga pudiera canalizar la energía de Sam. Naturalmente, esto no iba a ser fácil, pero dado que muchos judíos desaparecieron en la población al casarse con gentiles, quería comprobar los
registros de matrimonios eclesiásticos, que los municipios llevaban en
Polonia y que podrían ser un recurso que habíamos pasado por alto.

En la oficina de la ciudad, Daga solicitó registros de matrimonio
posteriores a la guerra. La secretaria, una mujer rubia de aspecto
severo de unos 40 años, preguntó el nombre de la pareja.

—Solo sabemos el nombre de la mujer —refirió Daga.

—Bueno —dijo la secretaria—, debe presentar una solicitud
para consultar cualquier registro.

Con la esperanza de librar algunos trámites burocráticos, insté
a Daga a invocar el nombre de Tadeusz Knopek, el hombre más
importante de la ciudad, que había sido útil en el pasado.

—Ah —respondió la mujer, claramente irritada—. Pan Knopek.
Él no está por encima de mí.

¡Oh, no! Ese no era el resultado que esperaba.

Una solicitud aprobada por adelantado era una barrera que
había encontrado antes. Para obtener cualquier información, nece-

sitaba el permiso previo del sujeto, incluso cuando preguntaba por los muertos.

Daga siguió hablando.

—Venimos desde muy lejos y nos vamos hoy.

De nuevo, la empleada se encogió de hombros, regresó a su escritorio y tomó un sorbo de té.

—Tenemos la fecha exacta de su nacimiento —dijo Daga. Sin reacción.

Saqué la copia del certificado de nacimiento de Hena y la puse sobre el mostrador. La empleada advirtió la escritura polaca estilizada de un documento oficial y se acercó a examinarlo. Vio el sello de los archivos Koszyce y se quedó mirando con atención.

Durante varios minutos contuve la respiración mientras ella estudiaba detenidamente el documento.

Entonces, sus ojos se abrieron.

—Oh, esta persona es de la religión *Moshe*. No tenemos ningún dato de ese tipo. No mantenemos registros del pueblo mosaico.

Daga tradujo lo que dijo. ¿Ahora qué?

Para entonces, Daga ya se refería a la empleada por su nombre, Ana, con la esperanza de lograr algo.

—¿En qué año se casó?

Daga me miró y respondió por su cuenta.

—Justo después de la guerra, en el 45 o 46, tal vez en el 47.

—Pero no llevamos registros del pueblo mosaico —Ana resopló.

Nos quedamos de pie frente al mostrador y le dirigí una mirada suplicante.

Ana sacó un libro grande y comenzó a hojear lentamente las páginas amarillentas. Lo reemplazó con otro libro del mismo tamaño y lo hojeó demasiado rápido para estar leyendo. Entonces, Ana, que parecía respetar el orden y las reglas por encima de todo, suspiró y arrojó el certificado de nacimiento de Hena sobre el mostrador.

—Si se casó —dijo Ana con los dientes apretados—, el certificado de nacimiento debería tener un sello sobre el matrimonio.

Aun así sacó más libros, de 1947 y 1948.

—Nada —dijo.

Daga le preguntó si estaba segura.

La empleada estalló. Era como si Daga la hubiera acusado de mentir.

—Si se casó con un chico católico y cambió de religión, ¡seguro tuvieron que irse de aquí! Estarían aterrorizados. La comunidad se reiría de ella y de sus hijos. La gente sabía quién era quién.

Daga palideció. Su madre era una católica devota y su padre era judío. Se veía como si la hubieran abofeteado.

—Ya les dije —insistió Ana—. No hay nada aquí. —Una y otra vez, despotricó—. Yo sabría algo. He trabajado en esta dependencia durante mucho tiempo. Les diría. Sé historias. La gente habla aquí. Nunca he oído hablar de esto. Si eran judíos y católicos, la gente los conocería. Para poder reírse de ella —espetó—. O de sus hijos, por tener una madre judía. Incluso si adoptó otra religión, tuvo que haber cambiado el lugar donde vivía. La vida no habría sido fácil para ellos aquí.

Daga me transmitió esto rápidamente en un tono rutinario. Sentí el escozor de las palabras.

Una vez más explicó que nuestra única intención era averiguar lo sucedido, y que teníamos poco tiempo.

—No tengo idea de lo que puedan hacer —dijo Ana—. Vayan a preguntarle a la gente, tal vez les cuenten algo. Esa es la única forma de obtener información.

Estábamos en un callejón sin salida. Ya habíamos pasado por el pueblo donde se escondieron los Rożeńek. «Hemos tocado muchas puertas. Este debe ser el final», pensé.

Luego, Ana comenzó a revisar en otros archivos y a platicar con otra mujer en la oficina. Ella comentó que sabía muchas historias; tal vez su orgullo estaba en juego.

Finalmente, le dijo a Daga que podíamos visitar a una mujer llamada Luszczyńska, cuyos parientes ocultaron a la familia de Hena. Todavía vivía en Zagórzyce. Sabía que los Rożeńek se escondieron con un hombre llamado Radziszewski, pero tal vez ese era el apellido de casada de la hija.

—Genial —exclamé—. Tenemos que localizarla.

Ana dijo que el esposo estaba muerto, pero la esposa aún vivía.

—Es bastante mayor —refirió Ana—, pero tal vez les diga algo. El nombre de su esposo era Slanisław Luszczyński.

Ana nos mandó con otra persona para conseguir la dirección. Estaba impresionada. Esta mujer cambió su actitud por completo, de ser displicente a demostrar lo ampliamente conocida que era esta historia en los círculos de los pueblos pequeños.

En otra área encontramos a una mujer corpulenta con un vestido floreado que se movía por su oficina como si tuviera que tomar un tren. Estaba cerrando los cajones de su escritorio y el reloj no había dado ni las 3:00 p. m. No ocultó su molestia por tener que trabajar, pero sacó un libro del censo y lo hojeó. Verificó que una anciana llamada Luszczyńska aún vivía y que nació en 1923, aunque no pudo encontrar una dirección actual. Al final nos dijo que lo más fácil es que fuéramos al pueblo, buscáramos las calles donde viven los ancianos y preguntáramos a alguien.

Nos dirigimos a la parada de taxis. Abordamos uno en el cual el conductor con el rostro sonrojado apestaba a vodka del día anterior. Por cuarenta eslotis accedió a llevarnos al pueblo y traernos de regreso para tomar el último autobús a Cracovia.

Daga y yo nos agarramos la una a la otra mientras el taxi se tambaleaba y frenaba a través de montañosas carreteras poco transitadas. Daga comentó que la empleada le había advertido que la casa no tendría ningún número, por lo que, cuando nos acercamos, el taxista comenzó a preguntarles a los peatones. Además, explicó Daga, el lugar no era exactamente una casa, sino una habitación.

El taxi se detuvo con un rechinido junto a un lote de casas que estaba frente a una estructura diminuta. Una pantalla de dos metros de cosmos pastel y malvarrosas de color vino oscurecía el edificio. Una mujer de mediana edad con un top floreado y pantalones a cuadros sin dientes frontales nos saludó con tal entusiasmo que pensé que nos había confundido con otra persona. Daga y yo nos miramos y dijimos al mismo tiempo: «Es demasiado joven».

Ella preguntó por (la señora) Pani Luszczyńska; la mujer se sacó la pinza de la boca y preguntó:

—¿Por qué?

—Venimos desde Estados Unidos. Estamos buscando a algunos familiares y pensamos que ella podría ser parte de la familia.

—Oh, sí —dijo la mujer, mientras se alejaba del tendedero—. Tenemos familia en Estados Unidos, pero mi madre no se encuentra en este momento.

Daga se dio vuelta e hizo un comentario, pensaba que cualquier mujer nacida en la Polonia rural en 1923 no saldría a caminar.

—Creo que no quiere avisarle. Tal vez si nos quedamos, ella salga.

No teníamos mucho tiempo disponible. Para asegurarme de que el taxista regresara, acordé pagarle solo después de que nos dejara a tiempo para tomar el último autobús.

Entonces, nuestra anfitriona preguntó:

—Van a dormir aquí, ¿verdad?

Daga dijo que veníamos de Cracovia y que no podíamos quedarnos.

La mujer nos llevó a su vivienda de una habitación, en la que apenas cabía una cama y un sillón. Un antiguo aparato con tuberías improvisadas proporcionaba agua y calor para una estufa. Kłos nos contó que vivía con su madre en ese lugar desde que su esposo murió en un accidente automovilístico y sus suegros la echaron de su casa, aunque permitieron que sus tres hijos se quedaran con ellos. Atendiendo a mi petición, escribió su nombre, Kłos Erbieta, con una caligrafía hermosa. Elogié su letra y ella se rio avergonzada.

—¡Oh! —exclamó—, es fea. Es como hebreo.

Daga tradujo esto y sentí un nudo en el estómago. Este debe ser un idioma común en polaco con temas antijudíos tan profundamente arraigados. No era una buena señal.

En ese momento, una anciana de mejillas sonrosadas con un pañuelo y un vestido floreado entró en la habitación. Nos saludó alegremente y comentó que, en efecto, había estado fuera, entregando pollitos a los vecinos.

Kłos se entretuvo preparando té y colocando galletas y pasteles en un plato. Daga y yo susurramos entre nosotras que no nos sentíamos bien aceptando comida de gente tan pobre. Mordisqueamos cortésmente las galletas.

El horario del autobús nos dejaba poco tiempo para charlar.

La señora Luszczyńska comenzó describiendo sus experiencias siendo adolescente durante la guerra cuando estuvo en Alemania, en un campo de trabajos forzados. Nuestras preguntas se enfocaron en una mujer joven que habría sido una muchacha al final de la guerra, de unos 16 años en 1944, cuando sus padres y hermanos fueron asesinados cerca de esa zona.

—¿Sus padres escondieron a alguien?

—No.

—¿Escondieron a los judíos?

—Oh, ¿por qué no mencionaste eso desde un principio? —dijo ella—. Por supuesto que escondieron a los judíos.

Daga y yo nos miramos, con los ojos muy abiertos.

—Mis padres me escribieron cartas sobre ellos. Me enorgullece que los hayamos ayudado.

—¿Los alemanes los mataron? —preguntó Daga ante mi indicación.

—No —respondió la señora Luszczyńska—, los polacos los mataron.

—¿Gente polaca? —preguntó Daga, incrédula.

—No me importa decir que el AK los mató.

»En esa noche fría y lluviosa —dijo—, los judíos estaban en la casa grande, lo cual era muy inusual. Entraban solo cuando era demasiado peligroso estar afuera porque había otros alrededor. En la casa, se apiñaban detrás de una gran estufa blanca en la sala principal. Cabían mínimo tres detrás de ella, seis si se apretaban. De lo contrario, se quedaban en el bosque o en el pasto.

»La noche del ataque —continuó—, los hombres armados golpearon la puerta principal. Mi padre salió, porque no quería dejarlos entrar.

»Mi padre llevaba un bebé de un año en brazos. Los asaltantes lo golpearon hasta que perdió el conocimiento, pasaron por encima de él y atravesaron la casa. Los judíos se habían trasladado a un área de almacenamiento en el ático.

»Encontraron a los judíos ahí. Luego, salieron y les dijeron que saltaran por las ventanas del ático, mientras el AK les disparaba.

—Había cinco de ellos, ¿verdad? —preguntó Daga.

—Sí, no me importaba que fueran judíos. Por supuesto que los escondimos. Solo quería ayudarlos.

Su franqueza después de nuestra experiencia en el ayuntamiento fue impresionante. Mis brazos se dispararon como si acabáramos de anotar el *touchdown* de la victoria. Daga y yo nos abrazamos. Esta mujer se había convertido en la segunda persona, además de Augustyn Wacław, dispuesta a decir la verdad en voz alta: que la familia Rożeńek fue asesinada por partisanos polacos.

Y yo la había encontrado por mi cuenta.

Le pedí a Daga que agradeciera a la señora Luszczyńska por la valentía de su familia al esconder a estos parientes.

—*Dobry! Dziekuje ci!* (¡Bien! ¡Gracias!) —exclamé en mi precario polaco.

Abracé a la anciana y también a Klos.

—Son buenas personas —afirmé, juntando sus manos y sosteniendo su mirada mientras Daga traducía.

La señora Luszczyńska abundó que había sobrevivientes judíos que permanecieron en los campos esa noche.

—Sí, los judíos se habían estado escondiendo en un pequeño cobertizo cerca del bosque —dijo.

Comentó que sus padres le habían escrito sobre una hija sobreviviente a la que llamó Helga y un joven llamado David, que podría ser una posible pareja para ella cuando regresara de Alemania.

—¿Qué pasó con Helga y David? —pregunté.

—Fueron a Breslavia —indicó la señora Luszczyńska—. Era más seguro para los judíos allí que en el resto de Polonia. —Sin embargo, comentó que después de regresar del campo de trabajos forzados en Alemania, pronto se casó y tuvo su primer hijo. Su padre fue a Breslavia a visitar a Hena, y ella le envió hermosos regalos para bebé: lindas chamarras y suéteres. Cosas hermosas, contó la señora Luszczyńska.

Le dijimos que había sido difícil obtener información sobre el asesinato de los Rożeńek.

—Oh —dijo—, todos en kilómetros a la redonda sabían sobre los judíos que fueron asesinados en nuestra casa. Los enterraron junto a un gran cerezo. Cada año el árbol daba frutos, pero las cerezas se ennegrecían rápidamente. Todos tenían miedo de comerlas, ya que pensaban que podrían envenenarse o ser maldecidos por los judíos enterrados debajo. Luego, el árbol se secó.

Quería hacer más preguntas sobre el caso, pero se nos había consumido el tiempo. Corrimos hacia el taxi que nos esperaba. El conductor pisó el acelerador y el vehículo salió a toda velocidad sobre las colinas y nos llevó de regreso a la ciudad a tiempo para tomar el último autobús a Cracovia.

Mi corazón se agitó. No podía esperar para contarle a Sam.

La ciudad de Breslavia durante nuestra visita en 2001.

RELLENANDO CASILLAS

Breslavia, Polonia, 2001

Llegamos a la estación de Cracovia a tiempo para abordar nuestro tren. Una vez que el conductor pasó y marcó nuestros boletos, nos dirigimos a los compartimentos en busca de Sam.

Por suerte lo encontramos despierto y de pie junto a la litera, hablando con un hombre en la cama de abajo. Noté que la maleta ocupaba la cama de Sam, y él nunca quitó la mano de su equipaje. ¿Cómo iba a dormir con eso en su cama?

Sam se sorprendió al vernos. Se apartó de su maleta y entramos en el siguiente vagón de tren, que tenía mesas altas. Ahí no había gente. Difícilmente pude contener mi emoción al compartir las revelaciones de la señora Luszczyńska sobre Hena y su familia. Expuse todo lo que dijo, incluida la descripción de cómo fueron asesinados los Rożeńek, detallada en las cartas de sus padres. Lo más significativo fue la nueva información sobre Hena, que enviaba regalos para bebés después de la guerra desde Breslavia. Él asintió, pero no sé si escuchó lo que había dicho por el ruido del tren, y tuve miedo de que se hubiera quitado los audífonos.

Antes de despedirme, le dije:

—Estoy muy contenta de haberte encontrado.

—¿Encontrarme a mí? ¡La encontraste a ella! —respondió Sam.

Después de un abrazo de despedida se encaminó de regreso a su preciado equipaje.

Daga y yo nos bajamos del tren en Opole, la última gran ciudad antes de Breslavia. Su padre nos recogió y luego me alojaron en su casa. A la mañana siguiente tomamos el tren a Breslavia. La ciudad que había visto por última vez con Sam en nuestra búsqueda inútil del plan de Knopek estaba llena de andamios y construcciones. Finalmente, los edificios de la época del Renacimiento devastados por la guerra en la plaza del mercado estaban siendo restaurados a su antiguo esplendor. Ser testigos del resurgimiento de los colores vivos y la arquitectura ornamentada fue como ver una película en blanco y negro coloreada. Un hecho histórico impulsaba el tan esperado cambio de imagen: la visita del papa polaco, Juan Pablo II. La Iglesia, que se había aliado con el sindicato Solidaridad y que ayudó a diseñar la caída del Gobierno comunista en Polonia, disfrutaba de un aumento de influencia con la ayuda del popular papa.

Teníamos una lista de lugares para buscar pistas sobre el rastro de Hena tras la guerra.

Primero, nos detuvimos en el Centro Comunitario Judío al lado de la histórica Sinagoga White Stork, la única en la ciudad que sobrevivió a la Kristallnacht. Después de la guerra, Breslavia se convirtió en un centro de tránsito para los sobrevivientes judíos que regresaban de los campos de concentración y de los antiguos territorios polacos anexados a la Unión Soviética. Judíos que buscan familiares y otros sobrevivientes relacionados al registrarse en la comunidad judía.

En medio de las restauraciones a la sinagoga del siglo XIX, otras partes del complejo comunitario estaban experimentando un resurgimiento en la educación judía y la vida religiosa impulsadas por financiadores en Estados Unidos e Israel. Nos sentamos en sillas diminutas en un salón de jardín de niños mientras el personal buscaba en los archivos referencias a Hena o nombres similares. No había forma de saber cuán extensos eran sus archivos o evaluar la confiabilidad de su mantenimiento de registros, pero después de varios minutos, la servicial mujer regresó. «Lo siento», dijo ella. Nadie con un nombre parecido al de Hena se había registrado.

A continuación, nos dirigimos a la oficina de registro de la ciudad y nos formamos en una larga fila para solicitar información. Tuve una sensación de desánimo. Era como si tratáramos de clavar telarañas. Si Hena vino aquí con un tipo llamado David, como sugirió la señora Luszczyńska, podría haber elegido su apellido, casados o no, pero no teníamos idea de su nombre. Intentamos pedir detalles bajo el registro Hena Rożeńka y muchas variaciones del nombre sin ningún resultado favorable.

Probamos en bibliotecas y con varios otros recursos, incluida una visita a la oficina de un periódico local, donde colocamos un anuncio buscando a cualquiera que conociera a Hena, usando su nombre de nacimiento y detalles. La madre de Daga aceptó ser el punto de contacto para el anuncio. Elaboré mi lista de verificación de acuerdo con lo que pensé que necesitábamos hacer en persona y lo que podría buscar en línea desde Estados Unidos. Sin embargo supuse, de forma incorrecta, que una vez superada la barrera del idioma recibiría más información. Resultó que los registros de personas específicas que no habían dado su consentimiento para ser localizables no eran muy accesibles en Polonia, incluso durante este periodo de apertura y relativa transparencia. No tenían un historial de páginas blancas, ni de páginas amarillas, ni de buscadores digitales de personas. Después de pasar dos largos días de trabajo yendo y viniendo entre oficinas gubernamentales y organizaciones judías no tenía nada que demostrar por lo realizado hasta el momento, excepto la satisfacción de haber visitado esos lugares. Tal vez fui ingenua o quizá debí haber gastado dinero que no tenía en un investigador privado o un abogado en lugar de confiar en mi propio trabajo, pero muchas personas a las que me acerqué en mi país, donde sabía cómo funcionaba el sistema, habían resultado ser esquivas. Necesitaba un golpe de suerte.

Con las manos vacías dejé a Daga con sus padres y tomé un tren a Varsovia. Para mi última noche en el país, un viernes, decidí ir al servicio de *sabbat* en la única casa de oración judía sobreviviente en la capital, la sinagoga Nożyk.

Tenía una idea.

Había leído sobre el escándalo en Polonia generado por un libro publicado en el año 2000, de un profesor de sociología que

trabajaba en la Universidad de Nueva York (y más tarde en Princeton) llamado Jan T. Gross. Motivado por un documental polaco de
1999 con declaraciones de testigos, Gross hizo un relato mordaz
de las ejecuciones masivas de judíos polacos en 1941 en la ciudad de
Jedwabne, en el noreste de Polonia. Reveló que los polacos étnicos
locales, después de conspirar con la Gestapo alemana y la policía
de seguridad, golpearon, apuñalaron y condujeron a 1 600 judíos
locales a un granero, cerraron las puertas y los quemaron vivos. El
fervor antisemita que impulsó el ataque provino del sentimiento
persistente de la invasión soviética del este de Polonia en 1939. Los
aldeanos afirmaron que los judíos dieron la bienvenida a los rusos
al mismo tiempo que Alemania atacaba a Polonia desde el oeste.

Los relatos oficiales y los expedientes siempre habían culpado
a los nazis alemanes por la espeluznante masacre, pero el explosivo
libro de Gross, *Neighbors: The Destruction of the Jewish Community in Jedwabne, Poland* (*Vecinos: El exterminio de la comunidad
judía de Jedwabne, Polonia*), reveló que los cristianos polacos, motivados por un profundo antisemitismo y un deseo de apoderarse
de las propiedades judías, fueron los perpetradores del bárbaro
ataque.[1] El libro sacudió al país y desafió la narrativa nacional del
Holocausto como una de sufrimiento y heroísmo polaco, alimentando un debate épico sobre la cuestión de si los polacos cristianos
eran responsables del destino de los judíos de Polonia.[2]

En mayo de 2001, tres meses antes de mi viaje, cien obispos
católicos de Polonia se disculparon por la masacre y emitieron un
comunicado en el que decían que la Iglesia sentía un profundo dolor
por los asesinatos. Dos meses más tarde, en el sexagésimo aniversario de la matanza, el presidente polaco Aleksander Kwaśniewski
ofreció una disculpa pública en nombre de todo el país. El líder
del partido de izquierda Social Democracia, Kwaśniewski, habló en
una ceremonia en Jedwabne que fue retransmitida en directo por
la televisión polaca. Fue citado en una nota de primera página en
el *New York Times*, el año en que se publicó la versión en inglés del
libro de Gross. «Este fue un crimen particularmente cruel», dijo.

«No tenía justificación alguna. Las víctimas estaban completamente indefensas».[3]

La polémica de Jedwabne ocasionaría una avalancha de investigación periodística y académica. Asimismo, provocaría un debate que duraría décadas y una reacción violenta que influiría fuertemente en la política de la nación.[4] No obstante, la franqueza sin precedentes y el reconocimiento por parte de los líderes civiles y eclesiásticos ese verano habían dado esperanzas de un progreso histórico en las relaciones entre judíos y polacos.

Durante mi viaje en agosto de 2001, la investigación de Jedwabne por parte del IPN, formado en 1998 para investigar y enjuiciar los «crímenes contra la nación polaca» durante la ocupación alemana y la era comunista, aún estaba en curso. El tema atraía diariamente la atención de los medios en Polonia y más allá de las fronteras.

La exhumación de tumbas en el sitio del granero había comenzado en mayo, lo que comprobó el recuento de cadáveres que Gross citó en su libro. La escena fue descrita en una amplia cobertura mediática.[5] Los reporteros describieron a los rabinos supervisando la legalidad del proceso de exhumación mientras los judíos ortodoxos rezaban y recitaban salmos junto a la policía que custodiaba a los trabajadores y los arqueólogos que retiraban la tierra.

Todo esto me llevó a la idea de que mientras estaba en Polonia podría investigar una historia sobre los judíos que habían participado en los ritos en torno a aquellas exhumaciones tan insólitas. Supuse que la mejor opción de localizar a esos judíos sería en los servicios del viernes por la noche. Como solo conocía una sinagoga activa, pensé en probar suerte allí para encontrar testigos oculares de las exhumaciones y conocer sus historias.

También deduje que algunos de los participantes en los procedimientos de exhumación se encontraban entre los judíos recién descubiertos. Las noticias relataron las experiencias de los polacos étnicos que habían vivido toda su vida en la cómoda mayoría solo para enterarse de un padre moribundo o que uno o ambos progenitores habían nacido judíos, dejándolos con esta bomba que se había mantenido en secreto durante mucho tiempo. Tales revelaciones cambiaron la vida en Polonia, donde los judíos sobrevivientes a menudo ocultaban su identidad religiosa con la esperanza de proteger a sus familias del antisemitismo.

Tomé en cuenta todo eso. Lo único en lo que no pensé fue en la logística de una mujer que asiste a los servicios en una sinagoga ortodoxa. Al llegar, me relegaron al balcón, donde me quedé abandonada con algunas otras mujeres y apenas podía ver o escuchar lo que estaba pasando. Los judíos ortodoxos dirigían la comunidad judía de Polonia, de modo que sabía que ninguna mujer podría haber estado involucrada en los ritos funerarios en Jedwabne, y en consecuencia no pude acercarme a nadie que pudiera haber estado en este sitio, al menos durante el servicio.

Después me presenté con el rabino, un estadounidense, y su esposa. Le pregunté sobre su participación en los eventos en Jedwabne y reconoció que estuvo allí, pero dijo que no podía ser citado al respecto. Sin embargo, me dio la bienvenida para que me uniera a otros asistentes al servicio para cenar en su casa.

De tal manera, me encontraba frente a una larga mesa de comedor en la casa del rabino, flanqueada por media docena de polacos con cabello rubio y ojos azules que lo observaban con atención, modelando los rituales de la cena de *sabbat* que claramente no eran familiares. Observaron los movimientos del rabino y trataron de unirse, cuando correspondía, a recitar bendiciones sobre el vino y el pan. Y por conversaciones indirectas me di cuenta de que varios de los comensales se habían enterado recientemente de que eran judíos. Algunos mencionaron haber participado en los ritos de Jedwabne. No podía imaginar lo difícil que fue asimilar estas experiencias. ¿Cómo sería vivir hasta la edad adulta con los privilegios de formar parte de la mayoría en una nación homogénea de 38 millones de habitantes y luego descubrir que perteneces a una pequeña minoría vilipendiada? Esperaba que el rabino les diera algunas herramientas para este ajuste discrepante.

Después del postre el rabino elogió a los jóvenes por ayudar en las sombrías tareas de velar por los muertos. Luego empezó un largo discurso en el que les advertía que estuvieran atentos a las galletas saladas que pudieran contener ingredientes que no fueran *kosher*. De todos los problemas apremiantes en la agenda para discutir, esta preocupación difícilmente merecía la máxima prioridad, en mi opinión. Vaya oportunidad perdida.

No había visto a un líder espiritual tan alejado de las personas desde el funeral católico que había cubierto en Rhode Island de una niña de 13 años que murió en un accidente automovilístico. Sus compañeros de clase que sollozaban recibieron poco consuelo por parte del sacerdote, quien les dijo que se alegraran, porque su amiga estaba con Dios.

En Polonia, la transición a la que se enfrentaban estos judíos recién identificados en 2001 fue abrumadora. El 90% de los judíos había sido asesinado medio siglo antes, y prácticamente los restantes fueron purgados en 1968 bajo el comunismo. Las ONG y las organizaciones religiosas que habían llegado a Polonia desde la caída del comunismo estaban avanzando en la reconstrucción de una comunidad judía, pero la idea de dar la noticia a los cónyuges, amigos y compañeros de clase de alguien que había vivido como católico polaco hasta la edad adulta y de repente se enteró de que era judío significaba arriesgar relaciones románticas y matrimonios, e incluso poner en peligro empleos. Estas personas tenían preocupaciones más importantes por atender que morder las galletas equivocadas.

Agradecí por la comida y salí de la casa del rabino, platicando con algunos de los jóvenes que había conocido. No fue fácil, me expresaron, asimilar sus sombrías experiencias en Jedwabne. Dijeron que apenas estaban comenzando a adaptarse a la idea de que eran judíos. Se sentían ansiosos por aprender, pero todo era muy difícil.

Mi mente daba vueltas mientras la conversación serpenteaba en nuestro camino. En algún momento consideré escribir un pequeño artículo que arrojara luz sobre las interesantes experiencias de algunos polacos en Jedwabne, pero la historia resultó ser enorme y compleja, ya que implicaba muchos retos. El hilo que estaba siguiendo para encontrar a una mujer judía que escapó de la masacre a su familia durante la guerra había revelado lo mucho que luchaba el país con la historia de su pueblo, una separación que algunos compararon con las sensaciones fantasmales de un miembro amputado. Esa noche había presenciado la angustia de los pocos que quedaban.

Les deseé a los jóvenes un buen *sabbat* y me retiré sin recabar la información de contacto que habría necesitado para continuar con la historia, y tampoco les di la mía. Decidí seguir con el rastro de Hena, y todo lo que la búsqueda de ella había revelado, una porción lo suficientemente grande de la historia de Polonia tomando en cuenta su pasado.

Dos semanas después de regresar a casa, mientras me desempeñaba como editora en el *Boston Globe*, los ataques terroristas del 11 de septiembre empujaron la controversia sobre el asesinato en masa de Jedwabne en 1941 en Polonia lejos de la conciencia estadounidense. Sin embargo, en diciembre, el IPN de Polonia concluyó oficialmente que los polacos fueron los perpetradores de los crímenes en Jedwabne.

Tadeusz Mleko con Sam. Los padres de Mleko escondieron a la familia de Sam en 1942 durante varios meses. En esta reunión, Judy le pregunta a Mleko cuál era su sentir acerca de esta historia, que los aldeanos usaron para menospreciar a su familia durante generaciones. Dice que aún está contento de que su familia haya hecho algo bueno.

EMPUÑANDO LA BATUTA

Varsovia, Polonia, 2006

Los huesos de los Dula viajaron sanos y salvos de regreso a Ohio en la maleta de Sam. Él los enterró en una pequeña caja de pino entre las tumbas de sus padres en Canton, Ohio. Su rabino realizó un servicio inusual en honor a la vida de una familia brutalmente asesinada en la clandestinidad.

Sam llamó a ese viaje de 2001 su «canto del cisne», el mejor de todos, porque literalmente había desenterrado mucho. Se mudó de forma permanente a Florida y anunció su retiro no solo de la construcción de viviendas y la administración de propiedades, sino también de actividades relacionadas con el Holocausto. «Ahora estoy en el negocio del mantenimiento», anunció en una llamada telefónica. «Estoy en el negocio de mantener a Sam».

Empezó a jugar tenis activamente: «Solo golpeo la pelota cuando viene directo hacia mí». También a entregar comida *kosher* a los recluidos y a ayudar en asuntos de vigilancia en su comunidad, patrullando como ayudante especial del alguacil.

Tenía todo el derecho a jubilarse. No obstante, de forma inesperada, me torné nostálgica por nuestras hazañas anteriores en Polonia. Habíamos formado una extraña pareja, vagando por granjas y archivos. Él era un dínamo que se desplazaba por el campo, deteniéndose en pueblos donde alguna vez vivieron o se escondieron familiares, y al ver a cualquier anciano, bajaba la ventanilla y preguntaba por direcciones. Luego descartaba los nombres y las ocupaciones de los parientes que habían vivido en la zona y salía con nuevos detalles que llenaban los espacios en blanco de su árbol genealógico mental. Se veía tan cómodo en sus viejos territorios que me contagió. Esa extraña intimidad con la gente del campo y la vida que se había visto obligado a abandonar parecían casi algo terapéutico. Consolaba a las viudas o hacía reír a algún granjero parado en un campo fangoso amarrado a un arado jalado por caballos. Se mudaría cerca, mostrando un gran interés y un verdadero parentesco. Su orgullo de ser parte de este lugar era tan profundo como el dolor de haber sido despojado de esa identidad.

Sam recordaba todas las bondades que los polacos le mostraron durante la guerra, desde el supervisor en el parque automotor alemán que le avisó sobre la inminente redada de judíos en 1942 hasta la capataza en la fábrica de metal donde él era un trabajador esclavo mientras estaba en el gueto de Cracovia, quien apiló productos terminados en su estación de trabajo para aligerar su carga al ayudarlo a cumplir con su cuota. Muchos recuerdos eran sobre la comida, porque era muy escasa. Más de una vez el conductor polaco de un oficial nazi se estacionó en la entrada de un campo de concentración cuando el destacamento de trabajadores esclavos de Sam regresaba después de un largo día, y dejó caer un sándwich al alcance de Sam justo cuando pasaba.

Si bien muchos sobrevivientes no pensarían en regresar a Polonia, él defendía a su país, y señalaba que era el único en toda la Europa ocupada que no colaboró con los nazis. El Gobierno de Polonia se exilió en lugar de cooperar con los ocupantes, a diferencia de otros países europeos. Incluso hablaba en grupos de sobrevivientes que se quejaban de Polonia, y señalaba que habían salvado a la mayoría de los judíos de todas las naciones ocupadas, citando a los más de 7000 polacos llamados «Justos entre las naciones» (la mayoría de cualquier nacionalidad) por Yad Vashem de Israel, un honor para los no judíos que arriesgaron su vida durante el Holocausto para salvar a los judíos del exterminio.

Sin embargo, a pesar de toda la generosidad de espíritu de Sam hacia las acciones de los polacos durante la guerra, habíamos encontrado continuamente ejemplos claros de que muchos habían participado en la destrucción de la población judía. Sam se preguntó en voz alta:

—¿Cómo puede pasar algo así, un día eres una persona normal y vives en la misma calle, y al día siguiente no eres nada? Eres un perro y cualquiera puede hacerte lo que quiera.

Tres años después del viaje del canto del cisne Sam me invitó a Florida para la Pascua. Acepté la invitación y me prometí a mí misma que evitaría el delicado tema de Hena. En el Séder, Bilha me hizo sentir bienvenida al reconocer el papel de mi abuelo después de la guerra en el apoyo a los sobrevivientes para obtener visas estadounidenses. Apreciaban lo que Sam llamó nuestra «familia yanqui». Al día siguiente me entregó una traducción del telegrama original del «sobrino desconocido» que le escribió a Poppy después de la guerra desde Israel, donde se había instalado luego de escoltar un barco lleno de huérfanos de guerra judíos.

Me cuesta trabajo escribirte porque no te conozco ni tengo 22 años. Soy Samuel Rakowski, el hijo de Józef Rakowski. Quiero informarles que tuve el privilegio de emigrar a Eretz Yisrael. Dejé a mis padres en la diáspora en Austria. Mi padre hasta hace poco estaba en un hospital recuperándose. De nuestra familia sobrevivió tu hermana Lily, con su hijo de 19 años, y tu hermano Józef, que es mi padre, así como mi madre.

Esa correspondencia abrió el camino para que los sobrevivientes vinieran a Estados Unidos, y Poppy contrató a muchos de ellos en su fábrica.

Hasta que compartió el telegrama, Sam no me había dicho mucho en esa visita, excepto para contarme que había realizado un servicio para los restos de los Dula, al que había invitado a Daniel, el hijo de Rela. No me invitó a mí, a pesar de que había estado con él en la granja de Sodo cuando descubrimos las tumbas por primera vez.

En su sala de Florida, Sam me pidió que me sentara.

—Quiero decirte algo —dijo—. Quiero disculparme por los errores que cometí allá.

Tragué saliva. Pensé que iba a explicar por qué había decidido poner fin a nuestro trabajo en equipo. Había estado repasando una y otra vez nuestras colaboraciones tratando de averiguar qué había hecho para molestarlo.

Luego apuntó:

—Tuve un impacto allí, claro.

Me habló de una larga lista de información que había recopilado a lo largo de los años, la cual le arrojó respuestas a interrogantes sobre muchos familiares y vecinos. Me di cuenta de que estaba calificando su propia actuación. De Hena dijo:

—Es un misterio —hizo una pausa.

Quería lanzarme a la permanente revisión de lo que sabíamos y lo corroborado por quién y cómo. No obstante, Sam procedió a reprenderse a sí mismo por no presionar más a Stefan y Guca para obtener respuestas, una cantaleta que había escuchado a menudo y que volvería a escuchar muchas veces.

—Sé cuántos errores cometí al lidiar con este problema y buscar a esta prima. Tuve pistas muchas veces, pero estuvimos allí solo unos días en cada ocasión. Y siempre nos dieron verdades e información a medias —continuó—: Y luego uno toma malas decisiones, como en Breslavia cuando me aferré a ese sujeto. Cuanto más me decían que no, más quería ir.

«No debería ser tan duro consigo mismo», pensé. Pero luego me di cuenta de que estaba diciendo algo nuevo.

—Espera un minuto. No me contaste que a alguien le parecía que Luty no era el tipo correcto antes de que atravesáramos el país —dije.

Sam alzó las cejas y se encogió de hombros.

—Eso no importa —exclamó.

Empezaba a notar cierto comportamiento.

Así que tal vez Knopek le había dicho a Sam antes de partir por el país que era una pista incierta. Y yo pensando que Knopek nos había abandonado.

Sam volvió a preocuparse por sus «supuestos amigos».

—Si volviera ahora, entraría a la casa de Stefan y diría: «¡No más! Se acabaron las mentiras. Antes de morir, antes de que mueras, quiero saber la verdad. No es posible que no lo sepas».

No estaba segura de si Stefan todavía estaba vivo, pero nunca dudé en el hecho de que Sam siempre hubiera sido claro con él sobre su deseo de reunirse con Hena.

Luego dijo:

—La mayor sorpresa fue cuando vi en la guía telefónica de Breslavia el nombre de Luty seis veces más. Esa fue la ruina del viaje.

En mi opinión, la debacle de ese viaje fue su inicio, con el pretexto de una herencia ofrecida a un tipo que no tenía nada que ver con Hena, pero me quedé callada.

—Cuando estoy ahí —prosiguió Sam—, actúo de una manera diferente, poco racional.

Sonreí.

Como cuando arrancó su certificado de nacimiento de un libro en los archivos.

—¿Estabas conmigo o era Daniel? —preguntó.

—Fui yo. Dijeron que no podían copiártelo —mencioné—. Entonces, nos vieron como criminales.

Compartimos una risita. Se encogió de hombros y sacudió la cabeza, esbozando una sonrisa a medias, y me di cuenta de que esa era su forma de disculparse. Le di las gracias, aunque no sabía exactamente de qué se arrepentía o qué quería decir.

No compartió la naturaleza de sus sentimientos sobre la búsqueda de Hena. Todavía lo veía enmarcado completamente por sus encuentros con sus contactos locales. No creía lo que me había dicho la hija acerca de la gente que escondió a los Rożeńek. Tenía dudas sobre todo lo que no había presenciado. El «misterio» lo molestaba, a pesar de que había jurado que no era así. Sin embargo, no reconocía que la búsqueda podía continuar sin su participación. Así no era él. Se encogió de hombros y me ofreció un doble guiño.

Sam había tenido bastante éxito recabando información con extraños a los que se acercaba de manera azarosa, pero se frustraba o adoptaba una actitud fatalista con aquellos que limitaban sus esfuerzos. Entonces, era casi imposible avanzar. Lamenté que, entre la barrera del idioma y mi cortesía hacia su persona, no fui de utilidad en esos encuentros. Tenía experiencia entrevistando a sospechosos de asesinato, funcionarios corruptos y protectores de sacerdotes pedófilos. Ningún enfoque garantizaba el éxito, pero las posibilidades aumentaban, como con cualquier investigación, si el entrevistado obtenía algún beneficio. Encontrar una razón para que este hablara, aunque solo fuera para echarle la culpa a alguien más o probar algún punto, era algo sobre lo que mis colegas reporteros y yo deliberábamos antes de una entrevista. De lo contrario, ¿por qué alguien hablaría?

En la búsqueda de Hena, Sam utilizó un enfoque más adecuado para un detective con influencia. A veces sugería una versión acusatoria de los hechos y esperaba que el entrevistado lo corrigiera y dijera lo que en realidad sucedió.

Esto no funcionó para personas como Adolf Poremski, el expolicía que se sentó con Hena cuando la llamaron para identificar a los asesinos de su familia. Poremski miró fijamente a Sam cuando este adoptó una actitud dura, de modo que él simplemente se replegó y mantuvo la boca cerrada.

—Al final, le dije a Poremski, el tipo con la pata de palo: «Creo que la mataste» —se jactó Sam.

—Lo sé —respondí—. Pero eso no hizo que nos dijera nada.

Con respecto a las tácticas de la entrevista Sam comentó:

—Eso no importa. De todos modos me da cierta satisfacción haberlo hecho.

Más allá de la técnica de la entrevista, ¿qué tan probable era que un forastero persuadiera a las personas atadas por una mentalidad rural unida y un muro de secretos para compartir información que implicaba a su propia gente en el asesinato de judíos? ¿Por qué Poremski se sinceraría con nosotros cuando tuvo que vivir su vida en el mismo vecindario que los agresores en el caso Rożeñek y posiblemente otros?

Para Sam había mucho en juego en lo relativo a Hena, entre otras cosas, la confianza en sus relaciones. Había partido el pan una y otra vez con Sofía, Stefan y los Guca, algo que no habría sucedido siendo niño, cuando todos los judíos se mantenían *kosher* y no socializaban con los no judíos. En las visitas de la posguerra, los límites parecían relajados. Le gustaba traer regalos y hablar sobre los recuerdos de la infancia. Funcionó, hasta el momento en que pedía información sobre Hena. Seguir la pista de Stefan acerca de que Hena había sobrevivido tensó su relación. Al pedir ayuda, Sam volvió a ser un extraño.

Knopek le había dicho a Sam que sus amigos le sonreían y luego, a sus espaldas, preguntaban: «¿Para qué viene aquí? ¿Qué es lo que quiere?».

Eso hirió a Sam, el raro sobreviviente cuyo afecto perdurable por su país natal lo impulsó a regresar una y otra vez. ¿Por qué no podían entender eso? Todavía se veía a sí mismo como polaco a pesar de que su nación se había distanciado de los «polacos de nacionalidad judía», el término oficial para los judíos polacos. Trató de ser indulgente con sus amigos, ya que entendía que habían visto judíos humillados, detenidos, fusilados en las calles y deportados a Bełżec, lo cual fue traumático en ese momento, pero después de más de cincuenta años esperaba que lo aceptaran nuevamente como el tipo que conocían antes de la guerra, incluso si se beneficiaron de la ausencia de los judíos.

—Nadie nos dijo ni siquiera una vez que lo sucedido a los judíos fue algo terrible, ya sea que fueran asesinados por nazis o polacos —refirió Sam.

No se lo esperaba, en realidad. Sin embargo, creía que eran sinceros al darle la bienvenida como si nada hubiera cambiado en su relación desde que eran jóvenes, aunque su actitud en torno a la petición de ayuda para encontrar a Hena indicaba lo contrario.

Sam había tomado la palabra de Stefan en 1989, cuando reveló que Hena había sobrevivido. Se basó en esa declaración y Stefan nos llevó con Augustyn Wacław y Adolf Poremski, donde confirmamos que seguía viva varios años después de la guerra. E incluso pudo corroborar ciertos datos en las evasivas de Guca, pero a Sam le costaba creer que Hena había sobrevivido a la guerra y no buscó a su familia. Dijo de memoria una lista de personas a las que ella podría haber contactado e innumerables formas en que podrían haberla puesto en contacto con familiares sobrevivientes.

Le respondí, una y otra vez, que quizá ella consideró demasiado arriesgado revelar su ubicación, incluso después de la guerra. Después de todo, fue testigo de un asesinato y es probable que el hecho de revelar su ubicación hubiera sido demasiado arriesgado. Y transcurrido el tiempo, luego de desaparecer entre la población, es posible que no quisiera que sus hijos se enteraran de sus orígenes judíos.

Sam rechazó mis suposiciones. Era como si no pudiera creer que un judío no buscara a su familia. «Es un misterio», era su muletilla.

Sin duda, Sam juzgó la persistencia de ese misterio como un fracaso personal que opacó éxitos en el alcance de resultados en Polonia. No obstante, a pesar de sus protestas y dudas legítimas de que Hena, de hecho, había sobrevivido como dijo Stefan, claramente no quería aceptar la derrota. Tenía fe en su propia voluntad de hierro, que le había servido bien en infinidad de ocasiones. No lo dijo, pero entendí que no dejaría pasar ese «misterio». Su enfoque de confiar en la buena voluntad de las personas que solía conocer tenía límites. No lo reconoció, pero yo pensé que era una gran oportunidad para seguir adelante como lo haría en una investigación para el *Boston Globe*. No fue sino hasta más tarde cuando reconocería que en esa visita estábamos ante una encrucijada. Sam no había renunciado a esperar respuestas sobre Hena, simplemente se había quedado sin formas de buscarla. Tal vez debido a mi propia terquedad esa conversación me impulsó a retomar la búsqueda. Después de todo, no había aparecido ningún registro de muerte o emigración de Hena. Por lo que sabíamos, ella todavía estaba viva.

Salí de Florida extrañamente entusiasmada por encontrar a Hena. Sam tenía 80 años y naturalmente no tenía tanta energía como en nuestro primer viaje, pero si la localizaba, todavía podrían tener una reunión. Seguí avanzando, yendo tras las pistas en el creciente suministro de información que estaba llegando en línea. Me puse en contacto con expertos académicos desde Polonia hasta Israel y Estados Unidos, y busqué a personas que podrían conducir a respuestas. Mi correspondencia más frecuente fue con los expertos en Polonia en lo que entonces era el Proyecto Genealógico de la Fundación Ronald S. Lauder del Instituto Histórico Judío.

El proyecto de genealogía podía revisar registros y bases de datos a los que no podía acceder ni leer. Había estado trabajando durante años con una experta en la búsqueda de parientes perdidos, Anna Przybyszewska Drozd, que hacía las funciones tanto de psicóloga como de detective, rastreando a los miembros de la familia y, a veces, brindando soluciones a las personas, incluso cuando eso significaba darles malas noticias. El proyecto de genealogía se había financiado y organizado mejor, pero atribuí su éxito a los dones de Anna y su habilidad para resolver asuntos.

Anna había asumido el caso de Hena con entusiasmo, en parte porque rara vez tenía la oportunidad de rastrear a una persona viva. Estuvo encantada de recibir el certificado de nacimiento de Hena, y la experiencia y vivencias de Sam sobre las personas y la historia le había sido útil en otras búsquedas en su territorio.

En 2006, a pesar de sus múltiples afirmaciones de que había terminado con todo ese «asunto polaco», Sam hizo planes para otro viaje, esta vez con otra familia de primos por parte de su madre.

—Voy a ir allí para ayudarlo —dijo—. Solo estoy dando un apoyo. Esta vez no voy a entusiasmarme. Y es la última vez —adujo en una escueta llamada telefónica.

Pensé que habíamos resuelto nuestras diferencias, pero una vez más, declaró que no estaba buscando a Hena.

—Ya no estoy dedicado al asunto de la prima —insistió. Antes de que pudiera preguntar, apuntó—: Y no hay lugar para ti en el auto.

Eso dolió, pero me había vuelto más resistente ante su franqueza. Si no hubiera encontrado el certificado de nacimiento de Hena en mi último viaje a pesar de afirmar que ya no la estaba buscando, podría haber dejado pasar su comentario. Pero creía, basándome en muchas pruebas, que siempre estaría buscando a Hena. A riesgo de ser impertinente, insistí para unirme al viaje.

Acababa de aceptar una adquisición del puesto de editor después de 14 años en el *Boston Globe* y ahora tenía más tiempo para la búsqueda de Hena. Aumenté mis reportajes a larga distancia, pero iba lento. Para avanzar, necesitaba estar en Polonia, y el próximo viaje de Sam me ofrecía una buena oportunidad para ese reportaje. Además, los viajes con él siempre se convertían en una especie de aventura.

Sin embargo, el panorama no pintaba bien. Sam era el intermediario de toda comunicación entre sus parientes y yo. Nunca había sido más desalentador. No sabía si no querían que los acompañara o si les estaba diciendo que no quería que viniera. Las negociaciones se volvieron cada vez más incómodas. Traté de eliminar los obstáculos. Reservé una camioneta lo suficientemente grande para todos, a pesar de que no tenía mucho dinero, luego les escribí para decirles que podía ponerlos en contacto con mis interesantes amigos en Varsovia. Silencio radiofónico. Finalmente, Sam me dijo que podía reunirme con ellos durante unos días en Varsovia y que se dirigirían hacia el sur desde allí por su cuenta. De tal modo, podría verlos en Cracovia y visitar la ciudad natal de Sam. El resto del tiempo no era bienvenida. Era como si te dijeran que podías ir al baile de graduación, pero nadie iba a bailar contigo.

Ignoré la tensión y comencé a hacer citas para reuniones en Polonia. En abril, supe que años después de presentar una solicitud de rastreo de Hena ante la Cruz Roja Internacional acababan de declarar que la búsqueda había resultado infructuosa. Mis esperanzas se enfocaban en Anna de la Fundación Lauder. Estaba ganando terreno con la ayuda de un amigo que pudo buscar en una base de datos especial.

—En caso de que no haya abandonado el país antes de 1951, existe la posibilidad de encontrarla incluso si se casó —escribió Anna—. Espero tener la información, ya sea que hayan encontrado algo o no, después del fin de semana.

Agendamos una reunión que coincidiera con mi visita a Varsovia. Sabía que ella y su colega se burlarían de mí por no hablar casi nada de polaco a pesar de mis repetidos viajes. En realidad, no tenía problema con eso. Su ayuda era invaluable. Anna dejó en claro que debería hacer tiempo y así visitar la Oficina Central de Direcciones para solicitar registros de la dirección de Hena. Me comentó que Sam tendría que acompañarme como un pariente anciano que había conocido a Hena. Su presencia podría persuadir a los funcionarios para flexibilizar sus restricciones sobre la solicitud de dicha información. Sería un reto para mí que accediera, dado su estado de ánimo. Me preocupaba que me ignorara porque había renunciado a la búsqueda.

Todo se aceleró el 26 de mayo de 2006, poco antes de partir hacia el aeropuerto para volar a Varsovia. Anna envió un correo electrónico sorprendente: «Lo creas o no, mis amigos encontraron una dirección y su nuevo nombre: Henryka Łapińska. Acabo de recibir el mensaje, no lo revisé. No sé si todavía está viva. Les conté toda la historia y espero que no se hayan equivocado. Intentaremos comprobarlo cuando estés aquí».

De camino al aeropuerto le respondí: «¡¡Estoy muy contenta!! ¡¡¡¡¡¡¡¡¡¡Esto es muy emocionante!!!!!!!!!!!».

Compartí la información con Sam. Estaba extasiado.

Justo antes de irme confirmé mi próxima cita en Varsovia con el agregado legal del FBI en Polonia, con quien había estado en comunicación a través de una serie de contactos con fuentes policiales. Supuse que, si la pista de Anna no funcionaba, tendría otro camino posible para encontrar a Hena.

Nunca he podido dormir en viajes largos, y esta vez apenas cerré los ojos. Pero de alguna manera, cuando aterricé en Varsovia, no estaba cansada. Decidida a no ser estafada por los taxistas, que siempre se las arreglaban para cambiar el precio, salí de la sala de arribos y negocié un precio con un conductor. ¡Éxito!

Nunca había visto Varsovia en junio. Mientras conducía, disfrutaba de los abundantes árboles en flor y las flores de primavera tardía, y admiraba los resplandecientes rascacielos que compartían el horizonte con el largo y dominante Palacio de la Cultura y la Ciencia, el megaedificio apodado «el pastel de bodas de Stalin».

Cerca del hotel el taxista empezó a subir la tarifa acordada. «*Nie*», dije en polaco, repitiendo el número que había dicho. Se detuvo frente al Hotel Victoria. Le entregué la cantidad exacta en moneda polaca, pero me devolvió el dinero disgustado. No dejaba de gritarme en polaco. Seguí tratando de darle el dinero, pero fue en vano. Finalmente, agarré mis maletas y los billetes que había tirado y me bajé.

Llegué a mi habitación y escuché un golpe inmediato en mi puerta. La abrí y Sam irrumpió, recordándome la primera vez que viajamos juntos. «No es ella», se quejó.

Le pregunté cómo es que ya lo sabía.

—Conseguí el auto rentado y me dirigí a la dirección, pero descubrí que no era ella —explicó que había hablado con Anna en el camino y ella le dijo que finalmente Henryka y Hena no eran la misma persona. La pista era un fiasco.

—Sam, después de toda nuestra búsqueda juntos, ¿te dirigiste allí antes de que aterrizara mi avión?

Se encogió de hombros.

—Eso no importa. No es ella.

Nos reunimos con los otros parientes y recorrimos sitios en Varsovia durante los siguientes dos días. El lunes por la mañana partieron. Yo me quedaría con amigos en Varsovia. Además tenía reuniones programadas.

Mientras subía los escalones del Instituto Histórico Judío para encontrarme con Anna, recordé mi primera visita 16 años antes. Las mesas llenas de archivos que se desbordaban, papeles amarillentos envueltos en nubes de humo de cigarrillo no me habían inspirado mucha confianza en el mantenimiento de registros. Una joven servicial encontró testimonios conmovedores sobre las ejecuciones en masa en Słonowice, donde más tarde vería el monumento profanado que Sam firmó. Después, esa misma mujer me acompañó a una reunión donde se encontraban cientos de personas bajo la lluvia torrencial para la ceremonia conmemorativa anual del Levantamiento del gueto de Varsovia.

Para entonces, el instituto se encontraba en mejores condiciones, gracias al financiamiento de donantes internacionales y al pleno apoyo del Gobierno liberal de Varsovia, que estuvo en el poder desde la caída del comunismo hasta 2005.

En una oficina abarrotada por cajas de registros abracé a Anna.

—Lamento mucho que la información sobre Hena no fuera correcta —dijo.

Revisamos todos los procedimientos y fuentes que había utilizado. Le agradecí todo el tiempo y la atención, especialmente dada la cantidad de personas de todo el mundo que enviaron solicitudes sensibles pidiendo ayuda para encontrar el rastro de familiares perdidos. Revisamos las vías restantes de información y ella volvió a recalcar la importancia de que Sam me acompañara a la Oficina Central de Direcciones. Su mera presencia podría agilizar una respuesta.

—Trataré de convencerlo, pero su estado de ánimo ha decaído —dije. Sus esperanzas habían aumentado con la pista de Henryka, solo para estrellarse nuevamente.

Cerró los ojos y asintió. ¿Quién, aparte de un oncólogo, tenía que dar tantas noticias desalentadoras? Me preguntó dónde podía localizarme durante mi estancia en Cracovia y prometió llamarme si tenía alguna novedad. Cuando nos separamos, Anna se dio vuelta y me ofreció una mirada de empatía tan conmovedora que lloré.

Al día siguiente, después de tres días lluviosos, salió el sol. Fui a ver a John Bienkowski, el agregado legal del FBI en Polonia. Nos reunimos para tomar una cerveza en un café al aire libre cerca de la embajada de Estados Unidos. Le conté algunas historias sobre juicios importantes de la mafia y casos de lavado de dinero a los que di cobertura, y mencioné a varios de sus colegas que eran conocidos en común. La expansión de los agentes del FBI a puestos en la antigua URSS era fascinante, pero me llamó particularmente la atención el desafío de construir nuevas relaciones internacionales y rastrear a los delincuentes que podían viajar con facilidad por toda la Unión Europea. Expuse los detalles sobre la larga búsqueda de Hena, así como todos los obstáculos con los que me había topado, incluido la verificación con la Interpol y algunos otros contactos policiales en el centro-sur de Polonia. Estaba frustrada.

—El Gobierno comunista sabía dónde vivían y trabajaban todos, así que estoy realmente sorprendida de que no sea más fácil encontrar personas —dije.

Bienkowski asintió y se me ocurrió la idea de que yo podría saber más que él sobre cómo se organizaban los registros en Polonia. Sabía que el censo formal no había comenzado hasta 1951, pero la policía secreta podría haber llevado sus propios registros. Me di cuenta de que mi búsqueda de un testigo de algunos asesinatos en 1944 seguramente no era la prioridad del FBI, pero él estaba siendo muy amable, tal vez debido a mi larga permanencia cubriendo al FBI para diferentes periódicos y por nuestros contactos en común. Y estaba en buena compañía, con el mismo interés por descubrir verdades de esa época. El antiguo colega de Bienkowski que me puso en contacto con él me dijo que estaba «investigando una causa noble». Ese agente retirado expresó que sus padres eran *Ostarbeiter*, básicamente mano de obra esclava en Alemania, cuando fueron sacados de Ucrania durante la Segunda Guerra Mundial.

—¡Fue un momento increíble en la historia del mundo, y nunca debe olvidarse!

Bienkowski anunció que estaría feliz de ayudar y se ofreció a reclutar a su socio de habla polaca en el asunto.

—También tengo un pariente lejano que vive en Breslavia, y planeo reunirme con él y su familia en septiembre. Hablaré con él sobre tu historia y veré si tiene alguna idea.

Me fui de ahí con la sensación de que estaba ganando algo de impulso en este caso tan frío. Necesitaba esa energía para el difícil proceso de comprar un boleto de tren a Cracovia, una tarea que temía desde mi primer esfuerzo confuso a principios de la década de 1990. Recordé haber sudado a chorros durante el proceso, mientras que en mi mente se agolpaban imágenes de trenes que deportaban judíos a su muerte.

Esta vez me las arreglé para encontrar la vía, la plataforma y, lo más importante, el vagón correcto con mi asiento. Pronto los bloques de departamentos grises y las chimeneas de Varsovia dieron paso a campos amplios y llanos de plantas de celadón que se abrían paso a través de la tierra. A medida que nos acercábamos a Cracovia, el paisaje se convirtió en campos ondulados con cultivos de coles y de betabel. Traté de capturarlo con mi cámara, pero el reflejo de mi ventana me lo impedía. Las fotos no coincidían con la belleza dolorosa que apreciaba.

Las señales de tránsito que pasaban de forma intermitente fueron piedras de toque en el camino que tomó mi bisabuelo a finales del siglo XIX desde su ciudad natal de Jedrzejów hasta Kazimierza Wielka, el pueblo de su futura esposa. Esos puntos de referencia se adicionaron con un mapa mental de los campos nazis alemanes, en particular el campo de exterminio más eficiente de Hitler, Treblinka, donde perecieron muchos Rakowski. Un familiar fue un raro fugitivo del campamento, solo para ser asesinado en su ciudad natal. Yo estaba a un kilómetro de Treblinka en este viaje en 1990, pero las señales del campo eran escasas. Pedir direcciones resultó infructuoso. De forma inquietante, un aldeano tras otro había respondido encogiéndose de hombros. «*Nie wiem*», decían. No lo conozco.

En cuanto a mi bisabuelo Moshe David Rakowski, Sam y yo habíamos rastreado una vez su lápida, murió en el gélido invierno de 1929, en un cementerio judío descuidado. Caminábamos con esfuerzo por un campo sin podar y me preguntaba cómo sabía Sam que estábamos en el lugar correcto. Apareció una *babushka* y pidió dinero a cambio de ayuda para encontrar las tumbas judías perdidas. Sam se adentró en una espesura de arbustos y encontró una piedra agrietada que tenía letras hebreas con el nombre de Moshe David.

Al recordar esa escena mientras viajaba en el tren un cálido día de junio años después, sentí un escalofrío al escuchar la voz de Sam en mi cabeza: «Nuestra familia era orgullosamente judía, pero ante todo, éramos polacos». No obstante, a pesar de que nuestra gente vivió en Polonia durante cientos de años, nunca fuimos aceptados como polacos. Sin embargo, este lugar se había metido bajo mi piel de forma permanente.

Estaba lloviendo en Cracovia cuando llegó mi tren. Había dejado la mayor parte de mi equipaje con mis amigos en Varsovia, pero aun así tomé un taxi en lugar de usar los tranvías. Me reuní con Sam y su familia en el hotel donde se alojaban, después de su visita a Auschwitz-Birkenau.

En mi primera visita a los notorios campos en 1990 había ido con una joven traductora, una estudiante universitaria que estaba extasiada por la caída del comunismo. En un día nevado de abril, el ambiente era óptimo para el corto viaje en tren desde Cracovia. El conductor del tren con mirada vacía parecía robotizado, y me pregunté cómo los residentes de Oświęcim, la ciudad polaca en la que se encuentran los campos, se las arreglaban para vivir con la historia. Nos habíamos unido a un recorrido por la campiña, deambulando entre barracones de ladrillo sombríos que en realidad parecían prisiones de la misma época en Estados Unidos. Pero luego entramos en un edificio con maletas apiladas hasta el techo, todas con apellidos obviamente judíos. Pensé en la última vez que sus dueños habían sostenido las manijas y me pregunté si eran conscientes de que nunca más las abrirían. A continuación pasamos por contenedores de suelo al techo llenos de lentes viejos. Luego vino lo más escalofriante de todo, montones de cabello humano cortado de las víctimas al llegar.

Caminamos hasta el amplio campamento de mujeres y el crematorio en Birkenau, con vías de tren que conducían directamente a sus fauces. Mi traductora leyó placas que contaban lo que había sucedido en ese lugar. Las víctimas fueron descritas, siguiendo la narrativa de la era comunista, como «ciudadanos polacos».

¿Quién podría imaginar que un millón de judíos murió en este lugar, que los hicieron marchar directamente de los trenes a los aspersores de gas letal, solo para que los visitantes posteriores fueran víctimas psicológicas en el mismo sitio donde ellos perecieron, agrupados junto con todas las «víctimas del fascismo»?

En este viaje de 2006 opté por saltarme otra visita a Auschwitz. Pero entendí por qué nadie tenía muchas ganas de hablar o comer esa noche.

Al día siguiente estaba prevista una visita a la ciudad natal de Sam. Él condujo hacia una Kazimierza, que apenas se parecía a la ciudad de un solo caballo que recordaba. Las tiendas bulliciosas y los autos que competían por los espacios de estacionamiento desviaron el GPS mental de Sam. Pidió direcciones a los peatones y a los empleados de las tiendas. Lo seguí a un local que estaba atiborrado con lavadoras y secadoras modernas. Nadie pudo responder a sus preguntas.

A continuación, hizo el intento en una tienda de cámaras y platicó con un empleado joven y moderno con el pelo color algodón de azúcar. Sam le dijo al joven que, en sus tiempos, todas las compras se realizaban los lunes y los vendedores presentaban todas las mercancías, incluido el ganado, en la plaza del mercado. El vendedor escuchó sin comprender la improvisada lección de historia. Me pregunté qué habría pensado si Sam hubiera descrito la calle principal que va desde la iglesia hasta la fábrica de azúcar, y que en su juventud había estado llena de tiendas administradas por judíos.

Sam nos llevó a su antigua casa, con su revestimiento de madera oscura toscamente tallada, una vez conocida como la primera en tener electricidad. Durante décadas había estado en manos del Gobierno. Después de la liberación, la madre de Sam le advirtió que no regresara aquí luego de que ella y su hermana fueran atacadas por aldeanos al volver a casa después de la guerra. Pero a instancias de ella, Sam había viajado en tren en 1945 a los archivos en Kielce; unos meses después de su visita el lugar fue la escena de un horrible pogromo. Sam se había enfrentado a los trenes, entonces muy peligrosos para los judíos, y logró tramitar la escritura de la casa, lo que le permitió obtener una compensación posterior del Gobierno de Estados Unidos. El Gobierno polaco nunca ha compensado a los judíos por todas las casas y negocios que fueron incautados por los alemanes y luego retenidos por el Gobierno comunista.

Después de un recorrido rápido por la casa noté que Sam se dirigía fuera de la ciudad en lugar de hacer las paradas habituales en las viviendas de Stefan y Sofía o de Guca. ¿Stefan todavía estaba por aquí?

—No —respondió Sam—. Su hija en Estados Unidos me llamó después de su muerte. Dijo que su madre ya estaba disponible. —Sam se rio a carcajadas.

Yo también me reí. La idea de que Sam y Sofía se juntaran, incluso si él no estaba felizmente casado con Bilha, era alucinante.

—¿Qué hay de Guca?

—Guca está muerto, pero sus hijas todavía están por aquí. De todos modos, no me voy a molestar con ellos. Vamos a ver a la gente buena, a los que nos escondieron —contó.

Sam guardó silencio el resto del viaje. ¿Estaría recordando su primera vez en este camino cuando iba a pie y se disponía a esconderse? ¿O su mente estaba a la deriva hacia el recuerdo más emotivo de todos, cuando dejó a su abuela Pearl sentada en la cama, de espaldas a la pared, y él y su padre fueron los últimos en salir de la casa?

Fue en 1989, en el viaje de aniversario de Sam y Bilha, cuando él redescubrió al pueblo polaco que había albergado a su familia. Se había seguido derecho ante una señal de tránsito de su aldea y luego, por casualidad, localizó la casa del funcionario del municipio que había arreglado su pase seguro en 1942. Esa visita imprevista se convirtió en una cálida reunión con el hombre, su esposa, hijos y nietos. La primera vez que estuve en Polonia con Sam la visita a esa familia, los Mlekos, había sido lo más destacado de mi viaje. Llené mi maleta con regalos para los nietos del hombre íntegro que se las arregló para esconder a Sam y a seis miembros de la familia, incluido un helicóptero de juguete para el nieto. Al ver a los niños abrir nuestros regalos me pregunté quiénes pensaban que éramos y por qué estábamos allí. Sam estaba ocupado consolando a la viuda del patriarca que acababa de morir. Lloró desconsoladamente sobre el hombro de Sam.

La granja había prosperado desde mi última visita, y me dio gusto ver que finalmente un tractor había reemplazado a los caballos. Y Tadeusz Mleko, hijo del hombre que había escondido a la familia de Sam, y su esposa, Barbara, se veían menos cansados que antes. Ahora solo el menor de sus tres hijos, a quien conocí cuando era un bebé en los brazos de su madre, vivía en casa. Este cálido reencuentro podría haberse parecido a cualquier otro que uniera a personas que habían compartido una experiencia. Pero esta vez le pregunté a Tadeusz si las personas de su comunidad que conocían la historia habían cambiado sus actitudes con el tiempo sobre la generosidad de su familia hacia la de Sam. Mientras tomábamos té en su mesa, le recordé a Tadeusz que en una visita anterior había comentado que la gente de su pequeño pueblo «no estaba muy contenta con nosotros cuando descubrieron que habíamos escondido judíos». Eso era comprensible durante la guerra, dada la amenaza de los nazis de aniquilar no solo a cualquiera que escondiera judíos, sino también a toda su aldea. Sin embargo, la familia de Sam se fue a los tres meses, antes de que alguien los descubriera. Y el padre de Tadeusz, no él ni sus hijos, dispuso albergarlos. No obstante, Tadeusz frunció el ceño; el pueblo guardaba rencor y transmitió el estigma durante generaciones. Dijo que había mantenido la información lo más privada posible.

—La gente siempre sospecha que obtuvimos oro de los judíos y creen que tenemos dinero.

—Entonces, ¿cómo te sientes ahora acerca de la decisión de tu padre en ese tiempo de esconder a Sam y su familia? —pregunté.

Miró a su alrededor y sonrió casi tímidamente.

—Me alegro de que mi familia haya hecho algo bueno y no malo.

—Yo también —Sam intervino en polaco.

Todos nos reímos.

Cuando regresamos a nuestro hotel en Cracovia más tarde ese domingo recibí un correo electrónico de Anna, del Proyecto Lauder, donde me pedía que la llamara. Cuando la contacté desde el hotel me dijo que se había enterado de que una de las razones por la que encontrar a Hena era tan difícil se debía a que un incendio en un edificio donde se guardaban los registros demográficos había destruido los documentos. «¿No habría archivos de respaldo en alguna parte?», pregunté. «Debería haberlo», respondió ella. Por eso insistió en que Sam tenía que acompañarme a la Oficina Central de Direcciones de Varsovia.

No estaba convencida de plantear esta solicitud a Sam. Sabía que su itinerario de viaje lo permitiría, pero temía que me rechazara. Pensé en esperar hasta que volviera a ver su ciudad natal, en particular a que viera a la familia Mleko, para que estuviera de mejor ánimo. Antes de la cena, le conté la idea de Anna de ir a la Oficina de Direcciones, y le dije que necesitaba a alguien que tuviera parentesco con Hena para hacer la solicitud.

—No. No voy a hacer esto. Ya no la estoy buscando —exclamó.

Lo intenté de nuevo al día siguiente, pero se mantuvo firme. Tal vez la ilusión y la decepción al comienzo del viaje con esa pista nueva lo habían hecho más precavido. En cualquier caso, no pensaba ceder ni un poco.

Al día siguiente estaba triste de regresar a Varsovia en tren. Pero no quería irme sin tratar de obtener información de la Oficina Central de Direcciones.

Busqué la ayuda de una persona encantadora cuyo primo era un colega de mis días en el *Providence Journal*. Pawel estaba terminando su carrera de medicina cuando lo conocí en un viaje a principios de la década de 1990, y él y su esposa se habían vuelto cercanos a otra colega del *Journal*, mi querida amiga Colleen Fitzpatrick. Cuando periodistas de todo el mundo llegaron a Varsovia, Colleen se había mudado a esta capital por la historia épica, y enviaba material como *freelance* para varios medios de comunicación estadounidenses.

Al comienzo de este viaje todos cenamos con Pawel, quien conocía a Sam a través de mí, y Sam le había contado a Pawel la historia judía enterrada de su ciudad natal, lo cual fue una revelación para él.

Pawel accedió a mi petición, se tomó la tarde libre y se reunió conmigo en la Oficina Central de Direcciones. Llenamos formularios e hicimos fila durante mucho tiempo. Finalmente, nos llamaron a la ventanilla. La empleada tomó los papeles y desapareció. Casi al instante, regresó. No había nada en los archivos, informó con desdén. No sé cómo había tenido tiempo de revisar. Pawel fue insistente. «No hay nada», dijo ella. Anna me había advertido sobre esto. Solo un pariente cercano podría solicitar dicha información, y necesitaban el permiso de la persona. Sam podría haber logrado que los empleados pasaran por alto la parte del permiso, dada su edad, su relación y sus excelentes habilidades para persuadir. A pesar de la reputación local de Pawel y mis miradas tristes e implorantes, no teníamos ninguna posibilidad.

Salimos desanimados de los sombríos pasillos verdes del edificio. «Faltaste a tu trabajo y todo. Déjame al menos invitarte a cenar», ofrecí. Él aceptó y encontramos una mesa en un café al aire libre, y disfrutamos de una abundante comida de rosbif y papas. Recordamos mis primeras visitas y un paseo primaveral de domingo por la tarde con su familia en el parque Łazienki, un hermoso palacio y terrenos del siglo XVII. Guardaba con cariño todas las fotos que había tomado de su adorable hija de 6 años, riéndose y posando con hojas de roble en lugar de orejas. Trató de enseñarme la pronunciación correcta de las palabras polacas para «tía» y «pájaro».

Pawel, cuyo rostro redondo de bebé desmentía una gran intensidad, dijo que estaba molesto por los escasos resultados obtenidos en la Oficina de Direcciones.

—Quiero hacer más para ayudarte —expresó.

Su oferta me hizo darme cuenta de que, después de la decepcionante negativa de Sam a venir conmigo, me había resignado a los callejones sin salida y las puertas cerrándose en mi cara. Pawel frunció el ceño rubio y se inclinó hacia mí. No tenía ni idea de lo que iba a decir. En un inglés vacilante, exclamó:

—Conocer a Sam y hablar con él en estas visitas ha hecho que mi vida sea más valiosa.

Asentí y me acomodé en mi silla.

—Sé lo que quieres decir —le comenté—. La mía también.

Al día siguiente volé de regreso a Boston. Fue un largo día de viaje. Esa noche, a las 11:00 p. m., sonó el teléfono y me despertó de un sueño profundo. Era Sam. Me abrumó con preguntas sobre lo que hice en Varsovia y si encontré algo sobre Hena. Luego empezó un largo monólogo sobre Polonia, el viaje y las relaciones polaco-judías a lo largo de la historia. Ni siquiera sabía en qué continente estaba, pero le expresé lo que había dicho Pawel sobre su personalidad. Le dio gusto oír eso.

Unos meses después recibí un correo electrónico de un detective en Breslavia, Polonia:

John Bienkowski del FBI me pidió que le ayudara a encontrar a su pariente lejano. Es un placer. Me gusta ayudar a las personas. Pero...
John me envió un certificado de nacimiento fechado el 11 de sep-

tiembre de 1935 en el que Szmul Rożeńek aceptaba a Hena como su hija. Con base en esto, encontré los siguientes datos:

Nombre: Henia. Apellido de soltera: Rożeńek. Fecha de nacimiento: 2 de febrero de 1928. Lugar de nacimiento: pueblo Gorzków, Polonia. Nombre del padre: Szmul. Nombre de la madre: Ita.

Luego, revisé en nuestro depósito, donde tenemos registradas a todas las personas que viven o han vivido en Polonia, incluso aquellas que ya han muerto. No necesito el segundo nombre de esta mujer. Su apellido de soltera es suficiente. Probé muchas combinaciones y, lamentablemente, no existe en Polonia ninguna persona que haya nacido el 2 de febrero de 1928 con padres de nombre Szmul e Ita.

Tal vez tenga información adicional que me ayude a encontrar a esta persona. Quizá no he leído estos documentos correctamente. Solo tengo una copia.

Escriba una vez más el primer nombre de su pariente, su apellido de soltera, fecha de nacimiento, nombre de la madre y el padre. Recuerde que en Polonia tenemos letras especiales en nuestro alfabeto que ustedes no.

Esto era emocionante. Finalmente estábamos en comunicación con alguien que tenía acceso a bases de datos y contactos que nadie más tenía. Respondí y colaboré con lo que me solicitaba.

En octubre escribió lo siguiente: «Encontré a una mujer que emigró a Israel en 1960, pero no tenía los mismos datos. Solo algunos artículos eran iguales. También es posible que ella cambiara por completo su nombre y el de sus padres después de la guerra. En este caso, no tengo ninguna posibilidad de encontrarla».

La montaña rusa se había precipitado de nuevo hacia abajo. Esta noticia tan definitiva fue aplastante. No veía otro camino a seguir. Le escribí a Anna en el instituto de Varsovia y le conté sobre el hallazgo del oficial de policía de Breslavia. Le dije que estaba totalmente desanimada. No sabía a qué otro recurso podía recurrir, así que renunciaba a la búsqueda.

Su pronta respuesta fue reconfortante, pero no consiguió nada para cambiar el resultado. «Querida Judy, lamento mucho que hayas tenido que renunciar a buscarla. Tengo la sensación de que nos falta una pieza en esta historia, que tal vez algún día la obtengamos y podamos saber así qué fue de ella».

TERCERA PARTE

Sam no ha podido reconocer nada familiar. Luego, encontramos a la esposa de Sodo, cuyos padres escondieron a los Dula. Ella supone que los Dula aún viven. La intimidad de Sam al hablar con ella es sorprendente.

VERDAD TENSA

Kazimierza Wielka, Polonia, 2017

La lluvia fría envolvía un tablero ondulante de tierra color chocolate y brotes color salvia. Los campos montañosos anunciaban que nos acercábamos a la ciudad natal del primo Sam. Entrecerré los ojos hacia los tractores que habían cambiado el paisaje. En viajes anteriores había fotografiado carretas jaladas por caballos y granjeros sembrando a mano, escenas de otra época.

Estaba de vuelta en Polonia en lo que resultó ser mi último viaje con Sam. Iba con mi esposo, con quien estaba desde hacía cinco años, también llamado Sam, a quien llamaré Sammy para evitar confusiones. Cuando nos conocimos en 2011, nos conectamos como dedos entrelazados. No solo terminábamos las oraciones del otro, sino que decíamos las mismas palabras al mismo tiempo. Uno de sus hijos adultos bromeó en nuestra fiesta de bodas diciendo que éramos dos lados de la misma persona.

Además de nuestra química y lo bien que nos llevábamos, compartimos raíces en Polonia y un profundo interés en el Holocausto y la región. Polonia fue el hogar que los dos abuelos de Sammy dejaron para irse a Estados Unidos. En la universidad aprendió historia de Europa central, y en la escuela de posgrado estudió el Holocausto. También había profundizado en la genealogía judía. En nuestra primera cita quedó deslumbrado cuando agradecí a nuestro mesero nacido en Polonia en su lengua materna.

Habíamos planeado viajar aquí en 2016. El primo Sam, quien dio el visto bueno de todo corazón a Sammy, dijo que, si íbamos a

Polonia, estaría feliz de separarse de la Marcha de la Vida cuando la gira estuviera en Cracovia y mostrarnos su ciudad natal. Pero luego Sam se rompió la muñeca y canceló su viaje. Mi madre enfermó gravemente y falleció. Dejamos de lado nuestros planes de forma indefinida.

Ahora me dirigía a Kazimierza Wielka con el primo Sam y mi esposo, Sam.

Sammy y yo habíamos comenzado el viaje en Varsovia, donde mis queridos amigos de toda la vida nos recibieron en el aeropuerto con un cartel para mi esposo que decía: «Sam de Dallas», un apodo que se había ganado de personas que no entendían bien su apellido, Mendales. Lo conocían de su visita a Estados Unidos unos años antes, cuando recibimos a su familia en Cambridge. Les habíamos abierto nuestra casa tal como lo habían hecho conmigo en un viaje tras otro a Polonia desde que los conocí a principios de la década de 1990, a través de Colleen. A lo largo de los años me recuperé en su casa al final de muchos viajes de desgarradoras visitas continuas a los sitios del Holocausto. A través de los ojos de estos contemporáneos aprendí mucho más sobre los cambios en el país de lo que los reportes noticiosos podían transmitir.

Nuestros amigos habían crecido platicando con compañeros de la escuela en las filas para el pan, algo que la siguiente generación en Varsovia nunca vivió, ya que solo conocían tiendas urbanas bien surtidas. Nuestros amigos vieron la llegada de actividades profesionales como marketing y artes gráficas que no se conocían bajo el comunismo.

En esos días, entre viajes, el primo Sam y yo usábamos todo el tiempo las líneas telefónicas compartiendo buenas noticias. Él estaba leyendo en los periódicos polacos e israelíes sobre todos los cambios, y yo intervenía con lo que había leído en los informes de prensa estadounidenses. Nos llamamos continuamente, hablando con discreción. Él comentaba:

—¿Viste lo que pasó?

Y yo lo interrumpía diciendo:

—Lo sé, lo sé.

Junto con los cambios económicos, Polonia había creado un poder judicial independiente y medios de comunicación autónomos que reemplazaron a los portavoces estatales. La prosperidad y la democracia parecían haber llegado para quedarse.

Cuando se formó el Instituto de la Memoria Nacional (IPN) en 1998, este se comprometió a investigar los crímenes ocurridos bajo el comunismo y también las atrocidades contra los «polacos de nacionalidad judía». Abundaban los titulares optimistas, y los judíos de todo el mundo esperaban saber finalmente el destino de sus familiares desaparecidos. Me molestó el uso de la frase «polacos de nacionalidad judía», como si nuestra familia no hubiera vivido en Polonia durante más de quinientos años y fueran solo oportunistas que podían volver a «casa». Sam tomó ese desaire con calma y dijo que eso no importaba.

Lo realmente importante era que, al convertirse en una democracia, el país parecía estar abierto a enfrentar su pasado, con todos sus defectos.

Sam y yo nos alegramos en 2001 cuando el presidente polaco y los obispos católicos se disculparon por el comportamiento pasado de Polonia hacia los judíos, y el IPN encontró a los polacos responsables de la matanza de Jedwabne. Desde entonces, muchas cosas habían cambiado. Esos días de regocijo parecían no solo relegados al espejo retrovisor; era como si nunca hubieran sucedido.

Las revelaciones de la culpabilidad de los polacos por las atrocidades de Jedwabne habían sacudido la identidad polaca hasta la médula. La reacción ayudó a impulsar el ascenso del partido populista de derecha Ley y Justicia (Prawo i Sprawiedliwość, o PiS) formado en 2001. Aprovechó el punto de que los polacos nunca tuvieron la oportunidad de recuperarse de los golpes que habían recibido de los alemanes y la opresión bajo el comunismo soviético que también les negó un sentido exacto de la historia. Ambos regímenes distorsionaron la historia a su antojo. Hitler consideraba no solo a los judíos sino también a los polacos *Untermenschen*, o subhumanos, aptos solo para servir como esclavos de Alemania.

Por medio de este hecho, el régimen comunista de Polonia eliminó de los libros de texto y las narrativas de los monumentos cualquier referencia a la Solución Final del Reich para los judíos. En cambio, retrató a todos los que perecieron en la Segunda Guerra Mundial como víctimas iguales del fascismo. Bajo el comunismo, incluso reconocer a la antigua población judía era un tabú. A la clandestinidad polaca también se le negó el crédito legítimo por sus contribuciones sustanciales para ayudar a los Aliados a ganar la guerra.

Al igual que otros movimientos autocráticos que surgieron en todo el mundo, el PiS confrontó esos agravios y se estableció como el único capaz de restaurar la vieja narrativa reconfortante de los polacos como la «víctima noble», tal cual el historiador del Holocausto Jan Grabowski le diría más tarde a la escritora del *New Yorker* Masha Gessen.[1] El PiS también explotó el hambre de Polonia por héroes locales. Muchos en Polonia disfrutaron de la narrativa alternativa del PiS de celebrar la historia de la clandestinidad polaca, miembros del AK que habían logrado socavar a los alemanes contra todo pronóstico. El PiS se concentró en los descendientes de polacos que luchaban o afirmaban haber luchado heroicamente por Polonia durante la guerra, que incluía la mayor parte del país.

También rechazó la admisión oficial de la responsabilidad polaca por la masacre de Jedwabne, que amenazaba la profunda sensación de martirio de Polonia. Luego, en 2010, el presidente de Polonia, Lech Kaczyński, y una delegación de otros 95 altos funcionarios del ejército, el Gobierno y el clero murieron en un accidente aéreo en ruta para conmemorar la masacre de Katyn de 1940, a manos de la policía secreta de Stalin de casi 22 000 soldados e intelectuales polacos. El avión se estrelló en medio de una espesa niebla cuando intentaba aterrizar en un aeropuerto militar que carecía de equipo de navegación avanzado cerca de la ciudad rusa de Smoleńsk.

Ese mismo año, el hermano gemelo de Kaczyński, Jarosław Kaczyński, perdió las elecciones a la presidencia en una campaña

en la que no mencionó a Smoleńsk. Luego dio media vuelta y ale-
gó que la explosión del avión había sido un asesinato por el que
culpó a Rusia.[2] Las investigaciones polacas y rusas no encontraron
ninguna base para eso, pero los cargos dividirían al público con el
tiempo. El principal rabino del país, un estadounidense ortodoxo,
declaró a la radio israelí que rechazó la invitación del presidente
polaco para volar ese sábado porque le habría obligado a violar el
sabbat judío, lo que despertó sospechas de conspiración en Polonia.[3] En última instancia, el PiS se benefició políticamente del
dolor por la tragedia.

Para 2015, el PiS había consolidado el poder y el control del
Gobierno. Hizo girar una bola de demolición contra el Poder Judicial y los medios independientes. No contento con darle un golpe
a la naciente democracia, el Gobierno revivió el libro de jugadas
comunista de mancillar a los enemigos, incluido Lech Wałęsa, el ex
primer ministro y líder del movimiento que había matado al dragón
soviético. El PiS derribó a los enemigos de su nuevo orden al insi-
nuar que alguna vez habían colaborado con alemanes o soviéticos,
o que tenían parientes judíos.

Bajo el poder del PiS, una víctima obvia fue el IPN. El optimismo inicial de que el IPN llevaría a cabo investigaciones confiables
sobre crímenes históricos fracasó. Incluso antes de que el PiS conso-
lidara su control sobre el poder, el profesor de la Universidad de
Toronto Piotr Wróbel, un experto en historia polaca y centroeuro-
pea, me informó por correo electrónico en 2007: «El IPN no es un
archivo regular. Es una institución política profundamente impli-
cada en el actual conflicto político de Polonia. Y ahora está en
manos de historiadores derechistas».[4]

Una vez más, el interés de los judíos por conocer las atrocidades de la guerra y localizar a sus seres queridos se convirtió en una
víctima de la voluntad política prevaleciente en Polonia. El fuerte
giro a la derecha del país desvaneció las esperanzas de un ajuste de
cuentas con la historia suprimida de complicidad polaca en el intento del Reich de hacer que Polonia fuera *Judenfrei*, libre de judíos.

Incluso las referencias a Jedwabne en el teatro y el cine tocaron una fibra muy sensible. El Instituto de Cine Polaco rechazó como «antipolaca» una película inspirada en Jedwabne llamada *Aftermath*, en la que unos hermanos se enteran de que sus abuelos participaron en el asesinato de vecinos judíos. Nadie dijo que la película no fuera cierta. Más bien, se quejó el instituto, «pasa por alto los actos de heroísmo y compasión polacos mostrados hacia los judíos durante la guerra», según el *Hollywood Reporter*.[5]

Si Jedwabne fue la única masacre de judíos por parte de los polacos que surgió, la intensa reacción cerró la puerta al tema. Pero después de la caída del comunismo en 1989, académicos y periodistas que finalmente pudieron tener acceso a archivos y registros sobre el pasado de guerra de Polonia se enteraron de más crímenes nazis y también de la complicidad polaca. El Gobierno de Polonia orgullosamente nunca colaboró con los alemanes, pero esta generación de estudiantes graduados que operaban con una nueva libertad intelectual descubrió que muchos polacos étnicos participaron activamente en la persecución, el exterminio y el despojo de los judíos de Polonia. En respuesta, el Gobierno, los medios de comunicación y los académicos de derecha lanzaron una campaña propagandística, sembrando escepticismo sobre estas nuevas revelaciones y rechazo a los perpetradores.

El día después de que aterrizamos en Varsovia, nuestros amigos nos mandaron en Uber a la ceremonia anual de conmemoración del Levantamiento del Gueto de Varsovia.

Si bien era la tercera vez que asistía a este conmovedor evento, lo vi a través de los ojos de mi esposo y enmarcado por un nuevo telón de fondo político. Logramos movernos entre la gran multitud y acercarnos al enorme monumento, una escultura de dos lados erigida en 1948 sobre las ruinas del gueto. El cuadro dramático en la parte frontal del *Monumento a los héroes del gueto*, de bronce y creado por el escultor nacido en Varsovia Nathan Rapoport, rinde homenaje a los líderes de los setecientos jóvenes combatientes judíos que lucharon audazmente contra más de 2 000 alemanes equipados con lanzaminas, tanques y más de doscientas ametralladoras.[6] El monumento representa a siete combatientes reunidos en torno al líder del levantamiento, Mordechai Anielewicz, que mira al frente, con la cabeza vendada en alto y una granada en una mano. Un luchador caído yace a sus pies. Una tormenta de fuego se arremolina en la parte superior de la escena, rodeando a una madre y un niño cuyas manos se estiran con desesperación. El reverso honra a los más de 300 000 judíos que sufrieron y murieron en el gueto y en las cámaras de gas de Treblinka.[7]

Vimos la ceremonia oficial polaca con una comitiva de soldados que marchaban con coronas de flores para exhibirlas ante el monumento.

—Eso es raro —exclamó Sammy mientras capturaba la escena como el fotógrafo experto que es—. Honores militares en un monumento a la rebelión.

Noté una vibra diferente esta vez. Las fotos de Sammy capturaron la escena de decenas de polacos reunidos para la ceremonia que llevaban en el pecho los narcisos de papel característicos que hacen eco de la estrella de David amarilla que los judíos se vieron obligados a llevar en la ropa. Esta muestra de solidaridad simbólica fue alentadora. También nos dimos cuenta de que había muchos turistas que venían de lejos para visitar el nuevo Museo Polin de la Historia de los Judíos Polacos, construido frente al monumento en la antigua tierra del gueto.

El mismo nombre Polin fue elegido a propósito. En la transliteración yiddish y hebrea significa «descansarás aquí». El término tiene sus raíces en una leyenda que data de mil años atrás, cuando los judíos huían de la persecución en Europa occidental. Al oír el canto de los pájaros, *¡Po-lin! ¡Po-lin!,* lo tomaron como una señal del todopoderoso para quedarse. Con el tiempo se adoptó como nombre para este lugar: Polonia. El nombre también indicaba que este museo, una asociación nacional, ciudadana y privada que tardó más de veinte años en integrarse, estaba dirigido a audiencias con intereses compartidos en la historia de todos los judíos en Polonia, no solo descendientes de la población vencida.

Después de la ceremonia hicimos una visita guiada que nuestros amigos reservaron para nosotros. Sumergimos nuestra mente y sentidos en exhibiciones notables que representan la larga y rica historia cultural judía de esta tierra. Salimos sacudiendo la cabeza. Sammy comentó:

—Estuvimos tan arraigados en la estructura de este lugar durante tanto tiempo, pero nunca nos aceptaron.

—Tan fácilmente descartados —le dije.

Después caminamos por Varsovia durante horas y notamos que los polacos de la ceremonia todavía portaban el narciso de papel. Una pareja con narcisos en sus abrigos empujando a una niña en un cochecito nos miró fijamente.

Sammy preguntó:

—¿Viste a ese tipo? ¿Su mirada de desafío?

—No creo que fueran judíos —dije, y me di cuenta de que mi narciso se había caído. Me pregunté si nos había identificado como judíos o tal vez nos reconoció de la ceremonia.

—Tal vez los usan porque les importa lo que les pasó a los judíos —refirió Sammy—. O todavía los utilizan como señal de resistencia a este Gobierno. —Seguimos caminando. Sammy se detuvo y continúo—: Si las familias jóvenes están dispuestas a presentarse y ser contadas, eso me da esperanza.

—Sí —dije—. Pero esto es la Varsovia liberal, no el campo, donde el Gobierno es muy popular.

Al día siguiente nos dirigimos a la estación principal de trenes, con destino a Cracovia. La primera vez que vi la estación parecía un hangar para el dirigible Goodyear. En la década de 1970 se construyó como otro megaproyecto soviético que mostraba el asombroso poder del Estado. Décadas más tarde se veía menos impresionante en medio de rascacielos con espejos y pancartas de neón.

En el interior cavernoso revisé el gran tablero en busca de nuestro número de sala. Sammy se veía un poco aturdido.

—Es increíble —comentó.

—¿Qué? —pregunté distraídamente.

—Ese escalofrío cuando veo a Białystok en la lista junto con estas otras ciudades de donde proviene mi familia. Escucho las voces de la generación anterior. Contaban historias sobre estos lugares. —Inspeccionó a los viajeros que pasaban—. Mucha gente aquí se parece a los tipos que me persiguieron cuando crecía en Queens y me llamaban judío, y otros tantos se parecen a miembros de la familia de mi padre.

Estuve de acuerdo. «Experimentas cosas que me impactaron en mis primeros viajes, y ahora me doy cuenta de lo que ha cambiado con el tiempo».

Los mismos trenes tenían una gran mejora. En comparación con los vagones viejos y toscos, los que abordamos parecían naves espaciales. Mientras nos dirigíamos hacia el sur, bebimos té caliente y mordisqueamos galletas que nos ofreció una empleada que pasó con un carrito por delante de nuestros asientos, y disfrutamos de cómo una inyección de capital de la Unión Europea había transformado el sistema ferroviario de Polonia.

En Cracovia, había reservado un hotel cercano al de Sam y había contratado un chofer y una traductora. Con la experiencia de Sammy ya no tuve que depender de mis fotografías de aficionado para documentar nuestro recorrido. Pensé que nos alejaríamos de las personas que habían decepcionado profundamente a Sam en sus súplicas de ayuda para encontrar a Hena. Habíamos desarrollado buenos contactos con los forasteros, descendientes de polacos que escondieron a nuestros familiares. No le dije a Sam que seguía buscando a Hena. De algún modo, él lo sabía. Tenía la intención de hacer un buen trabajo en la Marcha de los Vivos, y dar testimonio como parte de un grupo cada vez menor de sobrevivientes del Holocausto.

Teníamos planes de reunirnos con Sam en el hotel donde se hospedaba con decenas de participantes de la Marcha de los Vivos. En los tres días desde que aterrizamos en Polonia no me comuniqué con Sam por teléfono o correo electrónico. Sabía que la marcha era prioritaria y que tenían que coordinar muchos autobuses llenos de visitantes. Lo intenté de nuevo después de registrarnos en nuestro hotel. Aún nada. Ahora estaba preocupada. Caminamos hasta su hotel, a pocas cuadras del nuestro. Mucha de la gente que participaría en la marcha estaba ahí ese sábado, sin planes para el *sabbat*. Preguntamos por ahí. Nadie había visto a Sam. Finalmente hablé con alguien para que nos ayudara a conseguir el número de su habitación. Subimos las escaleras y mi corazón latía con fuerza cuando nos acercamos a su puerta. Tocamos durante lo que pareció una hora. Después de todo lo que había pasado, no podía soportar que algo pudiera sucederle en Polonia y en su undécima Marcha de la Vida.

Finalmente, Sam abrió la puerta. El faldón de su camisa estaba desfajado y parpadeaba como si acabara de despertarse.

—Oh, qué gusto verlos, chicos —murmuró.

Había estado durmiendo la siesta, tratando de recuperarse de un resfriado que se convirtió en bronquitis. No había oído el teléfono porque no llevaba puestos los audífonos. Y no estaba pendiente del correo electrónico en su celular. Lo tomé como si no tuviera mayor relevancia. Pero qué alivio. Después de todo, viajaba solo a los 92 años.

A la mañana siguiente, dijo que se sentía mejor. Nuestro conductor, Derek, familiar de un amigo de Boston, nos recogió con lentes de sol reflectantes en un día lluvioso; su camioneta vibraba con música europop. Sam se sentó adelante, y atrás con nosotros estaba Gosia, una estudiante universitaria bilingüe que se desempeñaba como nuestra intérprete. Con ella sabría al momento lo que Sam estaba comunicando a la gente.

Sammy portaba su cámara sofisticada, lista para capturar la belleza del campo y los encuentros de Sam con los personajes de su ciudad natal.

Contemplando el paisaje en mi séptima incursión en esta tierra sentí cariño por este lugar que dejaron mis abuelos. El panorama seguía siendo sorprendente. Los campos, ribeteados de verde primavera, parecían tiras de helado de menta. Todo lo que había aprendido en estos viajes complicaba el cariño que sentía por la exuberante belleza de esta tierra, consciente de que ocultaba una historia oscura y los restos de tantos parientes asesinados. Capas de silencio como vetas en una mina protegieron a los asesinos y ocultaron los crímenes.

Al frente, un Sam desanimado conversaba con Derek en polaco. Llegamos a su antiguo territorio, donde una vez conoció cada tramo del camino. Pero ahora había muchas construcciones recientes. Además del surgimiento de nuevas viviendas y edificios comerciales, los caminos actuales empalmaban las fincas familiares. El mapa mental de Sam era anterior a estos cambios, el de las casas y graneros construidos con madera de Rakowski.

Cruzamos un camino que Sam suponía que era nuestra vuelta, pero no le dijo a Derek hasta que lo pasamos. La camioneta hizo un incómodo movimiento. Luego, sucedió de nuevo. Sam hizo un gesto con la mano para que Derek diera vuelta después de que fuera demasiado tarde. Otro cambio de sentido. Un poco más adelante, Sam dijo: «*Prawo, prawo*», es decir, gira a la derecha. Luego exclamó: «Quise decir *lewo, lewo*», es decir, a la izquierda. Derek se hizo a la orilla de la carretera, que no tenía acotamiento y en la cual había un desnivel pronunciado. Apagó la música y respiró hondo.

Por costumbre, esperaba que el astuto Sam de los primeros viajes con su sentido de la orientación y su astucia callejera encontrara la granja de Sodo. De hecho, era injusto suponer que recordara 16 años después de nuestra última visita cómo encontrar el lugar.

Sam también tenía altas expectativas para sí mismo. Estaba cada vez más frustrado.

—Olvídalo —dijo—. Hay que rendirnos.

—No —le respondí—. La encontraremos.

Nos detuvimos en un camino que Sam creyó reconocer. Una gruesa puerta de metal bloqueaba el camino.

—Esto no es todo, Sam —le comenté—. Nunca tuvieron algo así. Tal vez Gosia pueda ayudar. Ella puede preguntar por direcciones. Le entregué una foto de Sodo.

Antes de que Sam pudiera protestar, Gosia bajó y se dirigió a la reja. Alzó la voz para que la oyera un hombre que estaba de pie en la puerta sobre los perros ruidosos y mostró la foto. El hombre frunció el ceño y miró dentro del coche. Dijo que no sabía, y ¿por qué queríamos verlo de todos modos?

—Deberíamos dejar el asunto por la paz —dijo Sam de nuevo. Él no era así, pensé. Su resfriado debía de hacerlo sentir muy mal.

En la siguiente parada no había puerta. Gosia le mostró la foto a una anciana y luego volvió corriendo al auto. La mujer quería hablar con Sam.

Él salió tambaleándose, dejando ver su edad. Pero cuando empezó a hablar con la mujer, se enderezó. Volvió a la vida. Se abrazaron. Ella apoyó la cabeza en su hombro. Sam se quedó cerca.

—¿Ves cómo le habla a la gente? —le comenté a mi marido—. Es como una persona diferente aquí.

Sammy bajó la ventanilla, levantó su cámara y exclamó:

—Déjame tomar una foto. —El obturador se disparó. Las imágenes capturaron la intimidad.

Pasaron varios minutos. Continuaron hablando. Sam tardó en apartarse.

Gosia dijo que la mujer acababa de perder a su esposo y que él era el hombre de la foto que ella le mostró.

—Oh, guau —dije—. Ella es la viuda de Sodo. Vamos. —Bajé con mi grabadora y me apresuré para escuchar. Gosia me alcanzó.

Sam le estaba diciendo a la mujer que había estado en la granja de Sodo varias veces y que las personas asesinadas allí eran sus primos.

Ella asintió. Luego declaró:

—Deberían estar vivas todas las personas de allí. Pero ellos hicieron esto. Los mataron a todos.

Apenas podía creer lo que oía. Solo habíamos escuchado este arrepentimiento sobre los judíos de los rescatistas.

De vuelta en el auto, Sam estaba animado. Consoló con ternura a la viuda de Sodo, quien había muerto a los 83 años de cáncer de pulmón. Logró una conexión especial. Ella lo recordaba a él y a su familia. De repente, el viaje valió la pena.

—Pensé que cuando vimos a Sodo por primera vez en 1991 estaba viviendo en la granja —dije.

—Lo sé, pero ella dijo que vivían aquí desde la década de 1960 —comentó Sam.

«No era de extrañar», pensé, «que su sobrina se sorprendiera al verlo en el patio de la granja ese día hablando con el equipo de filmación. Sodo había arreglado la entrevista en el lugar sin decírselo a su sobrina y familia que vivían allí».

Tantos secretos aquí.

Con las indicaciones de la viuda de Sodo, el conductor se dirigió directamente a la finca familiar. Nos detuvimos, pero Sam no reconoció el sitio.

—No, no. Este no es el lugar —afirmó—. He estado aquí antes.

Gosia bajó y le mostró la foto de Sodo a una mujer que se encontraba de pie en el jardín delantero. Dijo que, efectivamente, el hombre de la foto era su tío y ella era Danuta Sodo Ogórek. Se acercó a la ventanilla de Sam y se asomó.

—Conozco a Pan Rakowski. Ha estado aquí muchas veces antes.

—Sam, es ella. La encontramos —dije—. ¡Es la mujer con el hijo!

Sam salió y se abrazaron. Nos invitó a pasar a la nueva casa que ella y su esposo habían construido donde solía estar el camino de entrada. Ese cambio debe de haber confundido a Sam.

Mientras tomábamos té y galletas, ella recordó nuestras visitas anteriores. No la había visto en veinte años, pero enseguida estábamos charlando como viejos amigos.

—Recuerdo el asombro en tu rostro cuando entrevistaron a tu tío —exclamé sonriendo.

Sus ojos brillaron.

—Lo recuerdo —dijo ella—. Recuerdo todo, y te recuerdo a ti.

Le presenté a mi esposo y le pedí su autorización para que él tomara fotos.

Hablamos de nuestra primera visita, cuando Sodo, el hombre conmovedor que encontramos en el corral ese primer día, dijo que lo que sucedió en la finca fue «una tragedia para su familia y para la mía».

—Él ni siquiera vivía aquí, así que no sabía por qué mi tío estaba en este lugar —refirió. Sonaba un tanto enojada. Le pregunté a Danuta por qué había sido tan reservado. Ella se encogió de hombros y apartó la mirada, y comentó que ahora eso no tenía importancia.

Pregunté, con la ayuda de la traducción de Gosia, cómo llegaron los Dula a esconderse aquí.

Ella explicó que su abuelo solía transportar materiales para la tienda de textiles de los Dula.

—Se podría decir que eran amigos —dijo.

—Un hombre muy valiente —comentó Sammy.

—Nadie fue procesado, ¿verdad? —pregunté, recordando que Majdecki dijo que había una investigación. Danuta respondió que no sabía.

El primo Sam se dio vuelta hacia Gosia y le explicó en inglés:

—Esa es una gran historia. Estuvieron escondiendo a mi familia durante 18 meses, y los mataron y los enterraron en el sótano de allí. Saqué algunos restos y los llevé en una maleta a América.

—Cuando eras joven en la escuela, la gente decía que escondías judíos, ¿verdad? —le pregunté a Danuta.

—No, ella no dijo eso. Dijo que se reían de ella —interrumpió Sam.

Me di vuelta hacia él y comenté con suavidad:

—Sam, ¿por qué no dejamos que responda? Quiero escuchar lo que ella recuerda.

—Cuando era niña, en la escuela, otros niños me dijeron que en mi jardín había judíos en el suelo. Judíos en el jardín. Que mataron y estaban bajo tierra —contó Danuta—. Llegué a casa y le pregunté a mi padre sobre las burlas. Me dijo que solían estar escondidos allí, pero agregó: «No, ya no están aquí. Se los llevaron del jardín. Y te contaré toda la historia cuando seas mayor». Pero nunca habló más al respecto.

Su madre murió de una enfermedad cuando ella tenía 9 años y su padre falleció cuando tenía 18.

Danuta asumió que sus familiares la estaban protegiendo de una verdad demasiado difícil para compartir con una niña. Su padre nunca le reveló los nombres de las personas que se habían escondido allí. Entonces, cuando sus compañeros la llamaban Dula, ella no sabía que era el nombre de los judíos muertos. Su padre solo le platicó que la familia tenía dos hijas y un hijo.

—Mi papá me contó que estaba enamorado de una de las chicas.

Su abuelo, Kazimierz Sodo, había construido un lugar que ella describió como una «mazmorra bajo la paja», donde los Dula se escondieron desde el otoño de 1942 hasta la primavera de 1944.

—La abuela cocinaba en grandes ollas y les llevaba comida por la noche —continuó—. Cuando los vecinos venían a la casa, le preguntaban: "¿Por qué estás cocinando tanta comida?", a lo que mi abuela decía: "Quiero tener comida para muchos días". Durante la guerra, cuando nadie tenía nada extra, eso era sospechoso.

»Cuando se acercaba el frente y la liberación estaba cerca, los Dula comenzaron a salir por la noche para respirar un poco de aire fresco —agregó Danuta—. Es triste decirlo, pero nuestros vecinos los delataron.

Ella describió a los atacantes como partisanos polacos. De todas las personas con las que habíamos hablado a lo largo de los años, solo los rescatadores, los Sodo, los Pabis y la hija de Radziszewski, junto con Augustyn Wacław, el exlíder partisano de los granjeros, lo habían dicho en voz alta. Al hacerlo, desafiaron el perdurable código de silencio entre los polacos.

Danuta continuó:

—Todos sabemos que esos asesinos no eran alemanes. Mi papá me contó que golpearon muy fuerte al abuelo Kazimierz. Después de matar a la gente le hicieron cavar un hoyo y poner los cuerpos en el suelo. Lo echaron en la fosa encima de los cuerpos y lo amenazaron con enterrarlo vivo.

»Como resultado, el abuelo de Danuta sufrió un gran *shock* psicológico. Después de esto, nunca se recuperó. Murió muy pronto.

El conocimiento detallado de Danuta sobre los eventos fue el resultado de las conversaciones que tuvo con su tío después de que Sam trajera al equipo de filmación en 1997. Recopiló recuerdos de los comentarios que había hecho su padre.

Prácticamente no lo mencionaba, dijo, porque los habitantes del pueblo menospreciaban a su familia. Su padre trató de protegerla, pero la ira del pueblo no disminuyó con el tiempo.

—Estaban enojados con mi abuela, mi abuelo y mis padres —apuntó Danuta—. Nos acusaron de poner en peligro a todo el pueblo, de exponerlo a represalias alemanas si encontraban a los judíos escondidos.

¿Cómo había reaccionado la comunidad ante el equipo de filmación?

Los vecinos todavía murmuraban al respecto décadas después, apuntó. Cada vez que los Sodo Ogórek compraban un tractor o construían algo, los vecinos decían que el dinero provenía del oro dejado por los judíos muertos o del dinero de los judíos que los habían visitado desde América. Es decir, nosotros.

—Qué horrible debe ser para ti —le comenté.

—No les presto atención. No hablo con ellos de cualquier forma —explicó, dándose vuelta hacia su pareja—. Mi esposo está en el negocio de la construcción ahora. No tengo que dar cuentas acerca de mi dinero.

¿Y cómo había afectado esto a su hijo?

Cuando Dominik era pequeño, los niños también se burlaban de él en la escuela. Pero después de la visita con el equipo de filmación, Danuta refirió que habló largamente con Dominik sobre lo que había sucedido.

—¡Estaba tan orgulloso! Recuerdo que tuvo un concurso en la escuela y escribió un artículo al respecto —dijo, y agregó que los polacos eran los asesinos—. La gente no le creía, ni siquiera los maestros.

Ella ignoró a los habladores y los chismes. Su abuelo había actuado de una manera que la enorgullecía y, en palabras del entrevistador con el equipo de filmación a su hijo, había hecho algo bueno. Su fuerte fe católica la guio.

—Soy una persona profundamente creyente, y estas cosas son importantes. Era obvio —expresó—. Estos judíos, tu familia, solo querían vivir.

Sus palabras me hicieron vibrar. Nadie más, incluidos los viejos amigos de Sam y otras personas que conocimos, había dicho eso. Ya era bastante malo que tantos judíos se hubieran ocultado en cavernas, en cobertizos, debajo de un granero, detrás de una estufa, y aun así no sobrevivieran. Pero habíamos visto una y otra vez un gran encogimiento de hombros por parte de aquellos que permanecieron aquí durante generaciones y tomaron estos asesinatos masivos con calma.

Traté de pasar saliva por el nudo de mi garganta.

Sam había hablado en polaco con el esposo de Danuta en 2001 y los muchachos lo ayudaron a desenterrar algunos de los huesos de los Dula.

Ella y su esposo lo miraban con ternura, como si fuera un familiar querido.

Danuta sonrió.

—Le había estado preguntando a la gente sobre él, si sabían cómo estaba el señor Sam. Me alegro de verlo.

La calidez en la cocina de Danuta, arraigada en la carnicería de hacía más de setenta años, fluía igual que cuando su tío nos recibió en la primera visita. La sinceridad de Sodo y la gratitud de Sam por los esfuerzos de su familia ayudaron a forjar un vínculo que perduró más allá de Sodo. Danuta vio la importancia de enfrentar la historia, por sombría que fuera, de lo que había sucedido en su granja. Se había unido a nosotros, desafiando a aquellos que intentaban hacer sentir mal a los suyos por actos desinteresados.

La comunidad había rechazado a su familia, no solo castigando a sus abuelos por tratar de salvar cinco vidas, sino que les guardaron rencor durante tres generaciones. Ella los ignoró. Eso decía más sobre ellos que sobre su familia, refirió.

Danuta y su esposo vivían en esta propiedad con el recuerdo permanente de las tumbas de los Dula. De hecho, construyeron la casa donde estaba por la ubicación de las tumbas.

Ella dijo que habían querido poner algún distintivo en el sitio de la tumba, pero el primo Sam pensó que podría atraer vándalos.

—El señor Sam comentó que no deberíamos hacer nada ni construir nada, solo conservarlas como un recuerdo de lo que sucedió.

Sam asintió lentamente.

Pronto llegó el momento de partir. Sam refirió:

—Te veré en el auto.

Sabía adónde íbamos.

Bajo una llovizna fría, Danuta nos condujo a mi esposo y a mí a través del patio. Caminaba con paso vacilante debido a un dolor de espalda crónico, resultado de toda una vida de trabajo agrícola extenuante. Nos llevó a un montículo elevado de tierra enmarcado por árboles frutales que florecían en la niebla. Los troncos de los árboles estaban pintados de blanco, una práctica agrícola local para protegerse de las plagas. Parecían pilares blancos, delgados centinelas que custodiaban las tumbas.

El lugar del entierro me tomó por sorpresa. Pensé que el sitio sería más familiar, pero la granja siempre estaba cambiando. La primera vez que estuve aquí lo habían tapado con cortinas de hojas de tabaco secas, una planta que no se había cultivado aquí en años.

Recorrí el suelo en busca de una pequeña piedra para colocar en las tumbas según la tradición judía. Solo encontré algunos terrones endurecidos. Tendrían que bastar. Mientras inclinaba la cabeza, le lancé a mi esposo una mirada de disculpa por esta cruda introducción a Polonia. Él rebuscó en sus bolsillos y encontró una kipá para cubrirse la cabeza. Murmuramos juntos: *«Yitgadal v'yitkadash sh'mei raba»*, del Kadish, la oración judía por los muertos. Las lágrimas ahogaron mi cántico. Volví a mirar a Danuta. Ella sonrió cálidamente y asintió.

La llovizna se convirtió en una lluvia constante. Sabía que Sam estaba esperando en el auto, tal vez impaciente. Sus emociones sobre este lugar estaban bajo control. Ya había pagado el tributo necesario y se había desviado de su objetivo, arriesgándose a tener problemas legales al sacar huesos del país. Estaba seguro de que había hecho lo correcto por el recuerdo de estos primos asesinados.

Danuta nos acompañó a Sammy y a mí a la camioneta. Me volteé hacia ella.

—Dime, ¿qué piensas de que Sam haya venido aquí tantas veces? Y de que yo he vuelto igual en varias ocasiones. ¿Te parece extraño?

Sus ojos color café brillaron con desafío, y exclamó:

—Por supuesto que regresan. ¿Por qué no volverían? Su gente está aquí.

Me estremecí. Ya no era más una acompañante o una espectadora. Esta tierra, estas historias formaban parte de mi vida.

No pude evitar intentarlo una vez más, pensando que la presencia de Sam pudiera ser clave para que alguien probablemente nos facilitara información sobre el paradero de Hena.

Nos estacionamos frente a la antigua casa de Guca, un edificio de dos niveles de ladrillo que ya no se destacaba de los demás en la calle. Tocamos, pero nadie respondió hasta que Andrzej Anielski, el médico casado con la hija mayor de Guca, finalmente abrió. Reconoció a Sam y nos invitó a pasar. La casa había perdido el brillo que recordaba. Quedaban algunas vitrinas que contenían copas de vidrio tallado y bisutería, pero la grandeza había desaparecido, y había dejado en su lugar la sensación rancia de la casa de una persona mayor.

Guca había muerto siete años atrás, a la edad de 98, mencionó el yerno. La hija de Guca, la esposa de nuestro anfitrión, Janina, había muerto hacía dos años. Su hija, Monika, la que me había sorprendido con su colección de los Beatles hacía tantos años, era maestra en la escuela local y todavía vivía en casa.

Nuestra traductora, Gosia, se integró a una comitiva en busca de la otra hija de Guca. Tocó a la puerta exterior del otro departamento de la casa y pidió a los vecinos que le avisaran que Sam estaba aquí.

Andrzej dijo que su cuñada María probablemente había ido a la peluquería, y que no estaba atendiendo su teléfono celular.

Aunque Sam estaba sentado allí, le pregunté a Andrzej qué pensaba la familia de que hiciera tantas visitas.

—Era cercano a mi suegro. Tenían un negocio antes de la guerra. Eran amigos, mi suegro, Wojciech Guca, y el señor Samuel. Siempre estaba feliz de ver al señor Samuel. Tenían recuerdos en común.

—¿Sabes lo que pasó con el aserradero?

—Mi suegro me contó que durante la guerra los alemanes se llevaron toda la madera —refirió Andrzej.

Poco después, el Gobierno se apropió del negocio de Guca.

Sam le preguntó a Andrzej cuál era su procedencia. Respondió que era de un pueblo cercano, Skalbmierz.

El resfriado de Sam y su avanzada edad se desvanecieron, estimulado por los recuerdos de su próspero negocio familiar.

—Ahí teníamos una maderería. Cerca de la estación de tren.

—Oh, lo sé. No está lejos, a unos diez kilómetros de aquí. Pero ya no hay trenes en Skalbmierz —dijo Andrzej.

Sam preguntó qué había sido de la fábrica de azúcar. En la actualidad, era un centro comercial.

Mientras tanto, Gosia revisaba una lista de contactos con números de teléfono de visitas anteriores. Llamó a la nuera de Majdecki, que todavía vivía en la casa cerca de los Sodo, donde habíamos visitado la mesa de Sam. Le comentó a Gosia que recordaba muy bien a Samuel Rakowski. Dijo que no se sentía bien, por lo que no podía recibir visitas.

—¿Sabes?, es una coincidencia graciosa, pero tenemos la vieja mesa de comedor del señor Samuel —agregó.

En ese momento entró María, la hija que años atrás había saludado a Sam con su vestido rojo resplandeciente. Esta mujer de 88 años se había pintado los labios de un rosa brillante y tenía el pelo bien peinado y rubio como la mantequilla. Entró en la habitación sin aliento.

—¿Qué, estabas de compras o en la iglesia? —preguntó Sam; sus ojos brillaron y su rostro se ruborizó—. Me gusta pasar a verte cada que vengo a la ciudad.

Me quedé boquiabierta. Estaba coqueteando.

María explicó:

—Fui a la peluquería, pero vi a través de la ventana que alguien estaba tocando a mi puerta, así que vine lo más rápido que pude. —Luego apartó la cabeza de la cámara fotográfica de mi marido que los apuntaba a ella y a Sam—. No me gustan las fotos.

Gosia le dijo que se veía estupenda. Le comentó a María que Sam había revelado que estaba enamorado de ella cuando tenía 14 años.

En respuesta, María adoptó una actitud coqueta.

—¿Él? —preguntó ella, como si estuviera sorprendida—. Recuerdo que había dos chicos, Rakowski y el otro, ¿cómo se llamaba?

—Él era Sam Banach, y era tres años menor que yo —comentó Sam.

—Sí, Banach. Recuerdo que eran primos. ¿Pero estás seguro de que estabas enamorado de mí? Porque solo recuerdo que Banach me propuso casarse conmigo. Y mi tío realmente quería que me casara con ese chico Banach. ¿Aún está vivo? —preguntó María.

Me eché a reír. Estaba bromeando con Sam, despreciándolo por su muy guapo difunto primo. Era como una escena de una reunión de la escuela secundaria en la que los graduados reinventan totalmente las historias románticas de los compañeros de clase. Por supuesto, los eventos trascendentales de ese entonces hicieron que nada de lo que estaba diciendo fuera remotamente posible. Pero qué maravilloso para Sam, que había sido un espectador en todos los lugares donde vivía, en Israel, Ohio y Florida, ver a otros disfrutar de las reuniones, recordar las rutinas que habían sido arrebatadas y reemplazadas por reuniones de los habitantes de campos de concentración.

Sentados juntos en un sofá, compartieron recuerdos juveniles de cuando Sam y su padre pasaban mucho tiempo en la casa de María en Zagórzyce. La familia de María vivía con sus tíos. El tío era el socio comercial del padre de Sam en el negocio de la madera, el cuñado de Guca. Sam había visitado esa casa muchas veces. Estaba ubicada a unos metros de donde más tarde se escondió la familia Rożeńek. De hecho, María había jugado con una niña en esa casa durante la guerra. Solían reírse, ella le había dicho previamente a Sam sobre un secreto que no podía contar. En todas las visitas a la casa donde estábamos ahora Sam había rogado por más pistas sobre el paradero de Hena, sin éxito.

Ahora Sam, tal como lo sospechaba, a pesar de todas sus afirmaciones de haber renunciado a averiguar sobre Hena, hizo la pregunta:

—¿Conoces a Radziszewski de Zagórzyce?

—No. No puedo recordar a Radziszewski de Zagórzyce —respondió María sobre la familia en cuya casa solía jugar cuando era niña.

Por alguna razón eligió no solo no decir nada más, sino también retractarse del único recuerdo útil que había compartido anteriormente.

—Nunca dije que haya estado riendo con la hija en esa casa —refirió. Se dio vuelta y le dijo a mi esposo—: Por favor, dile que soy demasiado vieja para las fotos, y cuando alguien me retrata, ¡salgo horrible!

—Pero te ves genial —protestó Gosia

El estado de ánimo de María cambió.

—Eso lo saqué del lado de mi padre. En mi familia somos longevos. Cuando mi padre murió se veía muy bien.

—¿Recuerdas la reacción de tu padre cuando Sam regresaba una y otra vez?

Ella le sonrió a Sam.

—Eran buenos amigos. Incluso ahora, cuando escuché que estabas aquí, le dije a la peluquera que se apurara porque quería verte.

Traté de entender la reacción de María. Claramente estaba ansiosa por ver a Sam, pero incluso a esta edad avanzada no reconocería lo que había dicho anteriormente sobre una cita para jugar en tiempos de guerra.

Al alejarme de la casa de los Guca me di cuenta de que la familia nunca reconoció la frustración de Sam por negarse a ayudarlo a encontrar a Hena. Él sentía que los había presionado tanto como pudo sin destrabar una relación tensa. ¿Por qué no ayudar al príncipe de la ciudad a encontrar a su prima perdida? ¿Realmente no recordaban, no les importaba, o el tabú sobre esos temas era más fuerte que cualquier otra cosa, incluso la empatía por un anciano? ¿Qué tenían que perder?

Más tarde supe que la dinámica que observamos en este pueblo era bastante generalizada. Algo denominado «conspiración de silencio» con respecto a las relaciones polaco-judías bajo el comunismo había levantado un muro impenetrable de memoria provocado por los eventos traumáticos y la represión comunista.[8] Hablar de ello no era una opción.

Expresado de otra manera por un etnógrafo en Polonia familiarizado con los hechos:

> Puede que quieran ayudar, pero su instinto principal será proteger a su propia comunidad. El hecho de que algunos de ellos empezaron a expresarse y luego se detuvieron me hace pensar que podría haber algún tipo de autorregulación de la solidaridad, tácita o implícita, que favorece el silencio, en lugar del testimonio. Como dicen en la investigación etnográfica, la «fuente» está entreabierta.[9]

En Cracovia, cenamos temprano con Sam, quien estaba programado para hablar ante cientos de asistentes a la Marcha de los Vivos esa noche en Plaszów, su primer campo de concentración. Su tos severa era preocupante, y le propuse que descansara, de modo que no participara en el evento.

—Oh, no —dijo—. No puedo hacer eso. Soy testigo de los hechos. Necesitan escucharme.

Sammy y yo estábamos demasiado cansados para movernos. Ya había visto Plaszów con Sam. Regresamos a nuestro hotel donde vi un correo electrónico de la esposa de Sam, Bilha, en Florida, escrito en su cuenta compartida. Bilha estaba preocupada por la bronquitis de Sam. «¡Odio Polonia!», escribió ella en un correo electrónico que sabía que Sam leería. «Es como un imán para él, y es demasiado para su salud».

Respondí: «Su resfriado está mejorando. Tuvimos un buen día, nos reunimos con algunas personas realmente buenas. ¡Tienes razón, el imán es fuerte!».

Al hacer una reflexión sobre lo sucedido durante el día me dio gusto conocer las referencias que los aldeanos hacían sobre posibles romances entre polacos y judíos en la era de la guerra, como si hubieran olvidado que tales relaciones eran un tabú en ese entonces y no exactamente bienvenidas desde aquellos años. Pero la hija de Guca, María, había coqueteado abiertamente con Sam en viajes anteriores, y ese mismo día lo había molestado diciéndole que su tío no quería que se casara con él, sino con su primo. Quizá este jugueteo era una forma de aparente aceptación de los judíos. Danuta comentó que su padre estaba enamorado de una de las hijas ocultas de Dula. El tercero provino de la señora Luszczyńska, antes Radziszewska, quien dijo que su padre le escribió cuando estaba en Alemania nombrando a un judío, David, que se escondía y que era un posible pretendiente para ella. Nada de esto coincidía con la descripción de la secretaria municipal de Kazimierza de lo imposible que sería la vida en la comunidad para cualquier persona en un matrimonio mixto. Acaso después de que los judíos se fueron, ¿la monocultura restante reflexionó sobre la perspectiva del romance con los judíos, todavía claramente prohibido, como algo exótico?

El mejor resultado del viaje fue que Danuta me contactó con su hijo, Dominik. Había dejado la vida agrícola por la universidad y se había convertido en ingeniero. Una fundidora de aluminio en el este de Polonia lo había contratado y se mudó a cierta distancia de su familia. Me puse en contacto con él por correo electrónico y me envió una cálida nota diciendo que recordaba haberme conocido cuando el equipo de filmación llegó a la granja cuando era niño. Dijo que estaba feliz de estar en comunicación y muy orgulloso de su familia por sus esfuerzos de salvar a los Dula.

Cuando era joven, escribió, después de enterarse de lo sucedido a la familia Dula, trató de averiguar más detalles sobre sus asesinatos.

«Me costó mucho trabajo encontrar información», contó, a pesar de buscar fuentes en internet, en registros y en libros. «Era un tema tabú en Polonia, y nadie se había pronunciado oficialmente sobre el asunto durante muchos años. Para mí es muy importante no olvidarlo, aunque la historia es muy trágica», escribió. «La gente cercana a mí conoce esta historia. Me gustaría guardarla en mi memoria».

Le dije cuánto lamentábamos que su familia hubiera sufrido por tratar de salvar a los míos.

«En lo personal, solo recuerdo una situación en la que los niños me molestaron y se rieron, pero mi madre vivió más de estos casos», refirió. «Y mi abuelo tuvo problemas realmente graves durante muchos años. La gente de nuestro pueblo lamentaba mucho que se atreviera a ayudar». Dominik apuntó: «Los asesinos que mataron a tu familia y también a mi bisabuelo —el impacto que sufrió su bisabuelo lo llevó a su muerte prematura—, fueron juzgados después de la guerra y sentenciados a muerte, pero después de unos años salieron de prisión porque Polonia anunció la amnistía».

Esta fue toda una revelación. Majdecki había hecho una referencia de pasada a los procesamientos, pero esto era mucho más contundente.

Dominik también dijo que creía que el estigma que había sufrido su familia estaba disminuyendo. Los tiempos habían cambiado. «En mi opinión, la gente ahora piensa diferente y entiende más».

Esperaba que eso fuera cierto.

Dos vistas de la tierra rica y fértil que esconde muchos secretos.

FALSOS PARTISANOS

Sam no fue el único sobreviviente que regresó con cierta regularidad a Kazimierza Wielka, recordando a los aldeanos su población judía pasada. Ray Fishler era un prisionero audaz en Plaszów que había presumido con éxito acerca de tener las habilidades para producir uniformes nazis. Esto le ayudó a sobrevivir, el único de los seis hijos de su familia. Al igual que Sam, luego de construir una vida y un negocio en Estados Unidos, a Ray le gustaba regresar regularmente a su ciudad natal.

Ray y Sam compartían un optimismo tenaz, pero procesaron sus experiencias de manera diferente. Ray era como un poeta, recordaba colores, sonidos y olores. Sam trabajó en sus recuerdos como un ingeniero, y se enfocó en la acción, como meterse en fila con los polacos gentiles en la marcha de la muerte.

Ray recordaba un momento en que su vagón lleno de ganado se detuvo en un cruce de ferrocarril. Observó a una pareja de polacos que caminaban del brazo, disfrutando de un hermoso día de primavera.

—Pensé: «¿Cómo puede ser esto? La vida continúa como de costumbre para otras personas».

Ray contó esa historia cuando él, Sam y sus esposas asistieron a una reunión en 1995 en Sachsenhausen, el último campo de concentración de Sam. Cuando estábamos haciendo los arreglos para ese viaje, Sam había bromeado con que cualquier hotel en el que nos alojáramos sería mucho mejor en comparación con su primera vez en la ciudad.

Llegué a la reunión de Sachsenhausen para encontrar a Sam y Bilha en una gran recepción de prisioneros de toda Europa. Sam me saludó diciendo:

—Me alegro de que estés aquí.

Luego, estuvo charlando de mesa en mesa. El ambiente se asemejaba a una reunión de compañeros de escuela o soldados. Pero la experiencia compartida de esta asamblea era la de haber sobrevivido al internamiento después de haber sido obligados a reunirse a punta de pistola.

La intensa amistad de Ray y Sam se derivaba del amor que comparten por su ciudad natal. Ray regresaba regularmente a Kazimierza y causó una profunda impresión en un jubilado local llamado Tadeusz Kozioł. A partir de las reuniones con Ray, Kozioł sintió tanta curiosidad por la historia de los judíos locales que escribió un libro publicado localmente en 2017 sobre el «martirologio y el Holocausto» de los judíos en Kazimierza Wielka y sus alrededores.[1]

Kozioł había entrevistado a residentes mayores de la zona que recordaban cuando la población judía fue perseguida y destruida. Un mes después de que regresamos de Polonia Dominik me envió el libro de 63 páginas, que incluía información actualizada sobre lo que sucedió en la granja de su familia. Empecé con el texto en polaco, ansiosa por entenderlo.

Psicólogos, antropólogos y sociólogos han estudiado la fiabilidad de la memoria y el recuerdo selectivo y cómo les afecta el trauma. Los historiadores rechazaron durante mucho tiempo los relatos de testigos y sobrevivientes por su subjetividad a menos que pudieran ser corroborados. Pero el periodismo y los tribunales habitualmente consideran los relatos de testigos de primera mano, con corroboración, como suficiente para encarcelar a los sospechosos y destruir su reputación. En un panorama local, donde se había mostrado poco interés oficial por estos hechos históricos, Kozioł asumió un papel fundamental. Solo él estaba entrevistando a ancianos testigos de la masacre de los Dula y lo hacía como un informante de confianza. Sus relatos y evaluaciones llegaron sin el rigor ni la objetividad de la erudición, pero su importancia radicaba en ser piezas de un rompecabezas que estaba lejos de estar completo.

Le envié el libro de Kozioł a Sam de inmediato. Lo devoró de una sentada.

En una llamada telefónica, le pregunté:

—¿Qué dice, Sam?

—Hay historias sobre lo que les pasó a algunas personas, pero yo ya lo sabía. Y mencionan que mi casa es la última casa judía que sigue en pie allí.

—¿Habla sobre los Dula?

—Nada nuevo. Esto ya lo sabíamos —dijo una vez más.

Tenía que saberlo con certeza. Sam, que ahora tenía 92 años, eliminaba cada vez más los recuentos nuevos que compartía solo para tomar un rumbo diferente más tarde.

Al día siguiente sonó mi celular. Respondí y él cambió a FaceTime, proporcionando señales visuales para una mejor comunicación.

—Es interesante lo que tiene aquí —dijo, girando en la silla de su escritorio, frente a una pared llena de fotos históricas de él y sus familiares en Polonia—. No sabíamos nada de esto. Un testimonio refiere que la policía polaca vino después de los asesinatos y sacó los cuerpos de la tumba.

—Así que hubo una investigación de cierta forma —exclamé—, que coincide con lo que dijo Dominik. Se enteró de que hubo procesamientos, pero los asesinos luego obtuvieron amnistía.

Agregué que le estaba pagando a alguien para que tradujera el libro.

—Ya lo leí —comentó.

—Lo sé —reí entre dientes—. Pero necesito saber lo que dice.

Afortunadamente, a lo largo de los años y con ayuda de la comunidad académica de Boston y otros lugares, tenía algunos contactos de habla polaca, incluida una mujer que vivió a dos cuadras de mi casa en Cambridge, quien casualmente se encargó de mi solicitud

de búsqueda del Comité Internacional de la Cruz Roja para localizar a Hena décadas atrás. Regina Swadzka, una empleada del CICR
nacida en Polonia, finalmente envió una carta, donde lamentaba que
sus investigadores no hubieran podido dar con un rastro de Hena.
Regina tenía una larga experiencia como entrenadora internacional de trabajadores humanitarios que operaban en las zonas de
conflicto más importantes del mundo. Ella me presentó a su hijo
nacido en Polonia, que tenía un nivel muy alto de inglés después
de asistir a la secundaria en Massachusetts y a la universidad en
Canadá. Le interesaba particularmente la historia judía y el Holocausto en Polonia. Lo contraté para ayudar con el libro de Kozioł.

Przemek Swadzka hizo una valoración de la obra y reaccionó con
cierta emoción. «Es bastante difícil porque su polaco es arcaico,
el idioma de los viejos campesinos, y además lo que están diciendo es
terrible. Conozco bien esta historia, pero leerla mientras estoy
en este país es… otra cosa».

Kozioł no era un investigador académico formal, simplemente
alguien que sentía curiosidad por la historia de su ciudad natal y
advirtió que el tiempo se convertía en un factor para aprender de los
aldeanos que contaban relatos de testigos oculares sobre la destrucción de la población judía en el área. Kozioł reconoció que
su trabajo era «fragmentario y abarcaba solo algunos factores de
aspectos muy complejos de la sociedad judía». Sin embargo, escribió: «Estos son los últimos momentos para completar este trabajo
con mis propias capacidades y medios».[2]

Sus esfuerzos por registrar detalles de lo que les sucedió a los
judíos en Kazimierza son una aportación notable al registro histórico
de la ciudad natal de mi familia. Informó que, según la tabulación de
la comunidad judía local, en la que Sam estaba involucrado como
encargado de las listas en ese momento, la población judía en 1942
era de 530. Tomando en cuenta los testimonios de los sobrevivientes y otros informes, solo 22 sobrevivieron a la guerra. Los
trenes de Miechów llevaron 186 a Bełżec y, una semana después,

los alemanes enviaron a otros 210 en Słonowice. Kozioł explicó el asesinato de otros 65, dejando un hueco de 69.[3]

Su introducción, en la que resumió miles de años de historia judía, fue menos precisa y objetiva.

> Después de que llegaron, los judíos fueron perseguidos por el estigma de ser los responsables de matar a Cristo, algo presente tanto en círculos católicos como protestantes, lo que no mejoró su estima a los ojos de la población local. Por eso sus libertades fueron regularmente limitadas, y han sido perseguidos.

Kozioł continuó escribiendo: «Hubo muchos intentos de limitar lo que podían hacer, con varios resultados y consecuencias». Citó a una mujer de la zona que declaró en una memoria familiar: «Nos deshicimos de los bares judíos y se los dimos a los católicos, ¡pero fue aterrador lo que siguió! Cada dueño de algún bar se volvió un borracho, y estos [los bares] se han convertido en lugares aún más inmorales, peores que cuando los judíos los operaban».[4]

Llamé a Sam y me quejé de cómo Kozioł contextualizó la historia de los judíos en Polonia.

—Justifica todo lo que pasó por el embuste de que los judíos mataron a Cristo —referí.

—Eso no importa —comentó Sam.

—¿Qué quieres decir? —pregunté—. Todos los que lean esto le creerán.

Sam respondió:

—¿Viste que menciona mi casa y describe dónde estaban la sinagoga y la mikve? Y no solo eso, habla de las tiendas a lo largo de las calles principales —continuó Sam—. Tiene muchos datos acerca del funcionamiento de la comunidad durante la guerra, y presenta una lista de los negocios que solían estar allí.

—Sí, eso es bueno —dije—. Pero parece decidido a minimizar el papel de los polacos en el Holocausto.

De hecho, Kozioł escribió:

La gente a menudo mostraba actitudes muy negativas hacia la comunidad judía. El detonante fue la Segunda Guerra Mundial y las legislaciones antisemitas radicales introducidas por el ocupante alemán que condujeron al Holocausto-exterminio de la sociedad judía. Lamentablemente, tuvo lugar en suelo polaco, pero quiero subrayar que no fue cometido por polacos.[5]

Su punto de vista dificultaba determinar si influyó en sus entrevistados o si solo estaban presentando la opinión local compartida. Pero en repetidas ocasiones se refirió a los miembros de la clandestinidad implicados en el asesinato de judíos como «falsos partisanos» o «supuestos partisanos».

Sin embargo, lo más importante para mí fueron los relatos que ofreció de las conversaciones con los aldeanos sobre los asesinatos de los Dula en la granja de Sodo.

El más completo provino de un hombre de 92 años llamado Tadeusz Nowak, quien declaró que en mayo de 1944 había escapado de un campo de trabajos forzados alemán.

Estábamos alojados en Witowo, pero a menudo los alemanes se llevaban a algunos de nosotros para ayudarlos en sus actividades (exterminio). Trabajábamos toda la semana; los domingos nos daban permiso para ir a casa, pero teníamos que estar de vuelta el lunes por la mañana. Me escapé de allí y me escondí.[6]

Estaba durmiendo en su casa cuando su tía lo despertó y le dijo que algo estaba pasando en el pueblo. Se habían escuchado disparos. Temiendo que lo descubrieran como fugitivo del campo, salió de inmediato y se escondió en un arbusto de zarzales por el resto de la noche. A la mañana siguiente vio pasar a un vecino. Preguntó qué había pasado. El vecino le dijo que unos judíos fueron fusilados en la finca Sodo. Se refería a los Dula, una familia judía de cinco personas que se escondía allí.

«En la noche, algunas personas llegaron al pueblo y afirmaron ser partisanos, sacaron a la familia del granero y los mataron: los padres, dos hijas y un hijo, cinco personas, toda una familia», refirió Nowak a Kozioł.

Nowak dijo que la policía polaca fue a investigar y sacó los cuerpos de las tumbas y los colocó en un campo. Luego, dicha policía ordenó que los cuerpos fueran devueltos al «agujero de papas».

El testigo recordó que su hermano menor solía ir a esa finca y que, una vez, el padre estaba sirviendo sopa de papa para alimentar a los perros, lo que generó sospechas. Los judíos se habían escondido en un búnker en el granero, y Nowak pensó que era extraño que en una comunidad densamente poblada con casas construidas muy juntas nadie hubiera notado nada antes.

Nowak se concentró inmediatamente en el motivo del robo. Los asesinos «probablemente no ganaban nada al hacerlo, porque incluso si esta familia tuviera dinero, no lo habrían guardado con ellos, sino con personas de confianza, o lo habrían escondido bien».

«Esos bandidos que los mataron decían ser partisanos, pero no podía ser cierto porque los verdaderos partisanos no se comportaban así». Nowak pasó a especular sobre el origen de los asesinos, reconociendo que eran polacos. «Los asesinos seguramente eran de un pueblo vecino. ¿De qué otra manera alguien de muy lejos sabría que estaban allí?». No se refirió, como lo habían hecho los Sodo, al hecho de que uno de sus compatriotas había informado a los asesinos sobre la ubicación de los Dula.

Pero Nowak continuó diciendo que, después de la guerra, algunos de los bandidos «recibieron largas sentencias de prisión», pero, apuntó, «nadie sabe por qué motivos». Y agregó: «No puedo entender cómo un humano puede hacerle eso a otro humano, tal vez un alemán, está bien, él es el enemigo, pero ¿un polaco contra un polaco? Porque si bien esas personas eran judías, vivían en Polonia, los conocíamos, íbamos a sus tiendas en Kazimierza».

Este fue un particular reconocimiento de que los judíos en Polonia no eran «polacos de nacionalidad judía». Su nacionalidad, como ha proclamado con orgullo Sam, es polaca.

Kozioł también habló con Stefan «Wilk» (Lobo) Grudnia, de 89 años. Dijo que pertenecía a la organización campesina clandestina, el BCh, la misma organización en la que nuestro entrevistado Augustyn Wacław había ocupado un puesto de liderazgo. «Un día iba a Stradlice, la base de nuestro grupo bajo el mando de Stefan Biela», y se enteró de los asesinatos de los Dula. Dijo que las personas que habían liquidado a los judíos escondidos en la granja de Sodo «pretendían ser partisanos, pero no era cierto». Wilk, quien al igual que Nowak fue entrevistado en 2014, expresó una idea que chocaba con la creciente narrativa política de derecha. «Cuando pienso ahora en esos tiempos, me doy cuenta de que los polacos podrían haber hecho más por los judíos».[7]

El autor no estuvo de acuerdo. «Algunas personas nos acusan a nosotros, los polacos, de no haber hecho lo suficiente para ayudar a salvar a los judíos durante la guerra», escribió Kozioł, quien creció después del conflicto. «¿Qué más podríamos haber hecho?». Dijo que los alemanes mataron al abuelo de su esposa en otra parte del país en 1943 por ayudar a los judíos. «Nuestras vidas, las de nuestras familias, vecinos e incluso transeúntes inocentes… estaban constantemente en peligro». Kozioł reconoció, sin embargo, que los incidentes de polacos que mataron judíos habían sido profundamente reprimidos y abundó: «Conozco esta historia y sé que la gente es bastante reacia a hablar de ella». Continuó: «No sé por qué, tal vez celos estúpidos. La gente olvida y perdona más fácilmente a quienes participaron en matanzas y pogromos que a quienes pusieron en peligro sus vidas para salvar a otros. Pero probablemente solo los polacos pueden actuar así».[8]

A Kozioł claramente le costaba aceptar esta historia. Su libro hacía frecuentes referencias a «los falsos partisanos» o «personas que decían ser partisanos», mientras ofrecía cierta apertura a las actitudes locales.

Pero fue la referencia de Nowak a nuestras visitas a la granja de Sodo lo que me llamó la atención. Le explicó a Kozioł que la familia Sodo fue condenada al ostracismo de forma justificada por poner en peligro a todos en el pueblo al esconder a los judíos. Nowak dijo, sin embargo, que simpatizaba con la familia Sodo por la imagen que teníamos los forasteros cuando nos presentamos para una visita.

Nowak continuó: «Hace unos diez años, algunos judíos vinieron aquí y preguntaron al respecto, tomaron algunas fotos y se fueron, y esa pobre familia todavía está enterrada allí sin ninguna señal ni piedra alguna».[9]

Qué irónico, pensé, que Sam hubiera regresado a Kazimierza como un hijo que regresa solo para ser visto como un judío que se impone a los Sodo. Nowak pensaba que debíamos mover los restos de los Dula de alguna manera después de que la policía polaca los devolviera a una fosa común. ¿Por qué, si hubo procesos, no se hizo nada para exhumar y trasladar los restos?

Esta lógica rebuscada era impresionante.

A pesar del desdén de Nowak, su mención de nuestra presencia me hizo sonreír. Mis propios pasos aquí habían dejado huella.

Judy observa a Sam leer documentos en polaco.

EVIDENCIA DOCUMENTADA

Varsovia, Polonia, 2017

Dominik se mostró optimista acerca de que Polonia estuviera preparada para ver su conducta durante el Holocausto con mayor claridad después de que el tema fuera un tabú durante tanto tiempo.

Yo no me hacía demasiadas ilusiones. Parecía que décadas de omisión de los hechos y el interés propio perdurable de aquellos que se beneficiaban de la propiedad judía habían sellado esta oscura historia.

Durante el tiempo que Dominik y yo estuvimos en contacto por escrito encontré una referencia a un capítulo triste en la historia de Estados Unidos que resonó profundamente en mí. Hallé un panfleto histórico escrito sobre el condado de Allen, Ohio, donde alguna vez florecieron los indígenas estadounidenses. «Después de la eliminación de los indios Shawnee», comenzaba una línea que me saltó de la página. La frase desmentía la violencia de esa remoción y la voluntad de los colonos en 1831 de librar a la tierra de «esos salvajes sanguinarios».[1] El nombre de la tribu en mi ciudad natal señalaba algo completamente diferente de esa historia. Shawnee era el nombre del exclusivo club campestre con el mejor campo de golf de la zona, un paisaje verde sombreado por árboles maduros donde se concretaron muchos negocios en los últimos nueve hoyos. La historia de los Shawnee se perdió en este club que excluyó a judíos y a negros hasta mediados de la década de 1970. Nosotros fuimos una de las primeras familias judías admitidas. No quería unirme ni nadar en el equipo de un club que no me quería, pero mis padres decidieron que era importante tratar de encajar y tal vez ayudar a que la gente cambiara su forma de pensar.

Por supuesto, nuestra experiencia no estaba en la escala de vida o muerte en Europa en la década de 1940. Pero el recuerdo de los judíos de Polonia, aunque mucho más reciente, y cuántos de ellos desaparecieron y a manos de quién parecía ser tan efímero como el de la historia de los Shawnee.

Quizá la actitud de mis padres acerca de unirse a Shawnee era similar a la esperanza de Dominik. Después de crecer recolectando pepinos en un contexto políticamente conservador, Dominik vio a Polonia en una trayectoria positiva. Personas como él crecían, se educaban, se mudaban a las ciudades y vivían más cómodamente que en las granjas familiares. En la era poscomunista, el país prosperaba, y los polacos disfrutaban de libertad de movimiento en toda la Unión Europea. Echó mano de esas tendencias con la esperanza de que los polacos fueran cada vez más abiertos de mente, dispuestos a enfrentar la historia de una manera franca y directa.

Se sintió alentado por el libro de Kozioł que aborda el hecho de que cinco víctimas de asesinato fueron enterradas en la propiedad de su familia. En ningún momento de su vida el tema del destino de los Dula se había tocado de forma abierta con los vecinos o incluso con sus padres hasta que Sam y el equipo de filmación aparecieron para entrevistar a su tío abuelo. El misterio aún envolvía la pregunta de si alguien alguna vez fue responsabilizado por esos asesinatos.

Me llamó la atención la diferencia de 69 judíos en el relato de Kozioł sobre el destino de la comunidad judía local en Kazimierza, lo que claramente significaba que había más asesinatos de judíos no denunciados y tal vez más sobrevivientes no rastreados como Hena.

Las actitudes de Dominik y Przemek, quienes compartían la idea de que estas preguntas pudieran ser respondidas, alentaron mis esperanzas de encontrar respuestas documentadas sobre qué fue de Hena y si alguien alguna vez rindió cuentas por los asesinatos de su familia o los Dula.

Przemek tomaba las posturas polacas contemporáneas con más escepticismo. Lo atribuí a su personalidad y experiencia de vida. Dominik era más joven y, después de crecer en el campo, se educó y consiguió un trabajo acorde con su formación. Przemek no se sorprendía de que Kozioł cuestionara repetidamente si los partisanos polacos participaron en el asesinato de judíos escondidos, en parte porque estaba familiarizado con las revelaciones de sus contactos con la comunidad judía en Varsovia y otras organizaciones.

Przemek se entusiasmó por la búsqueda de Hena. Tomó el relevo y empezó a agendar citas con fundaciones y asociaciones, y a presentar solicitudes de documentos. Esperaba que hubiera más registros accesibles, con bases de datos en línea que brindaran nuevas posibilidades, ya que mis repetidos esfuerzos a lo largo de los años de tocar puertas en oficinas gubernamentales, visitar juzgados y archivos, y presentar solicitudes formales en todos los niveles del Gobierno no habían rendido frutos. Había trabajado a través de expertos en genealogía y miembros de las fuerzas del orden locales e internacionales, así como consultado a académicos de todo el mundo, sin mencionar los contactos de trabajo en el área donde Sam creció. Apreciaba el enfoque de Przemek como nativo y el rumbo que tomó para buscar ayuda de organizaciones comunitarias y de defensa.

Przemek envió solicitudes por correo electrónico, hizo llamadas y se presentó en las oficinas desde Varsovia a Breslavia en busca de archivos y pistas. Siguió los procedimientos para obtener información del IPN, que estaba a cargo de una importante base de datos, centrando su objetivo en investigar los crímenes cometidos bajo los opresores totalitarios desde la Segunda Guerra Mundial.[2]

Przemek entró en contacto con organizaciones. Una de estas estaba dedicada a encontrar y conmemorar los «cientos o incluso miles de tumbas olvidadas de víctimas del Holocausto en pueblos y aldeas polacas». El grupo también trabajó en «apoyar a las co-

234   EL PACTO SECRETO

munidades locales para que reconozcan el pasado y se enfrenten a la difícil herencia de la Segunda Guerra Mundial».[3]

La información de su sitio web señalaba la pretensión masiva de la tarea que emprendieron y pronosticaba las grandes probabilidades en contra de este intento de rastrear a una sobreviviente fantasma. De hecho, la búsqueda de Hena por parte de Przemek se topó con los obstáculos ya conocidos. No mucho después de que comenzó, escribió: «En cuanto a la búsqueda de rastros de Hena, estoy experimentando algunas dificultades». Una organización que esperaba que fuera abierta y servicial rechazó su solicitud. «No quieren darme acceso a su base de datos. Dicen que no pueden hacerlo. No espero encontrar su nombre allí, pero saber su fecha y lugar de nacimiento es la razón por la que necesito buscar. Por supuesto, eso lleva más tiempo».

Su tenacidad salvó mis casi perdidas esperanzas de localizarla alguna vez o saber si alguien había sido responsabilizado de los asesinatos de los Rożeńek.

Przemek no se había hecho ilusiones sobre la postura de su país hacia esta historia de ciudadanos comunes y combatientes clandestinos que mataban judíos. Pero sus actividades coincidieron con una creciente reacción de la derecha contra la historia «antipolaca», lo que puso obstáculos adicionales en su camino.

La discusión nacional sobre el papel que jugaron los polacos en el Holocausto había resurgido y era bastante actual. Przemek escribió: «El problema en Polonia es que la mayoría de las personas, incluida la élite política (Gobierno y oposición), continúa apoyando y sosteniendo el discurso de los "buenos polacos/ la buena Polonia" y el victimismo».

El Gobierno del PiS, aprovechando lo que los críticos han llamado la «política de la memoria», estaba alimentando una narrativa de falsa equivalencia de la victimización de polacos y judíos en tiempos de guerra, y exagerando enormemente la cantidad de judíos salvados por los polacos, ganando adeptos con la base política rural del partido.

Esa insistencia en una visión de Pollyanna del comportamiento de Polonia durante la guerra hacia los judíos se enfrentaba a un flujo creciente de erudición académica y periodismo que se basaba en testimonios documentados y relatos de testigos oculares que había nacido a principios de siglo con las revelaciones sobre Jedwabne.[4] Respetados estudiosos, que más tarde se hicieron conocidos como parte de la nueva escuela polaca de investigación del Holocausto, estaban dando a conocer relatos de la complicidad polaca en el Holocausto que iban desde la denuncia, informar a los alemanes sobre el paradero de los judíos escondidos, a las ejecuciones, tomar el asunto en sus propias manos y asesinar judíos.[5] Estos autores y periodistas recibieron de manera constante fuertes reprimendas y críticas del Gobierno, de los medios controlados por el Estado y los partidarios del PiS.

Discutí estos informes de noticias y envié muchos de ellos por correo electrónico a Sam en Florida. Nuestras conversaciones resultarían indescifrables para cualquiera que no estuviera tan empapado de las últimas noticias de Polonia. Hablábamos en taquigrafía concisa. Sam no solo estaba pendiente de las noticias; también leía diariamente la prensa polaca, israelí y estadounidense.

Señaló el aumento de las prebendas por parte del Gobierno y sus partidarios para deificar a los partisanos polacos como héroes de la guerra. Ese cambio no presagiaba nada bueno para la apertura del Gobierno a revelar registros sobre incidentes relacionados con crímenes polacos contra judíos durante la guerra.

No obstante, la investigación de Przemek condujo a un gran avance en 2017. Durante el verano, el impulso parecía estar cobrando fuerza. Abría cada correo electrónico suyo con una alta expectativa que no había sentido en años. Le leía sus actualizaciones en voz alta a mi esposo. Pero rara vez se los envié a Sam en Florida, por temor a que no compartiera mi optimismo.

Przemek recibió una nota prometedora de una fundación a la que había consultado: el material que buscaba estaría disponible pronto. Había presentado múltiples solicitudes y no sabía cuál estaba siendo atendida. ¿Sería sobre los asesinatos de los Rożeńek, un rastro del paradero de Hena o material sobre la masacre de los Dula? Pasaron dos meses. Finalmente recibió un extenso archivo electrónico.

«Aún no he tenido la oportunidad de verlo, ¡pero está aquí!», escribió en un correo electrónico. Luego, me envió el expediente y lo descargué: 276 páginas de un caso judicial oficial del IPN.[6] Los nombres familiares de Dula y Sodo estaban por todas partes, y pude ver que contenía los datos de muchos acusados. Inhalé profundamente. Por fin quedaba claro que alguien se había molestado en investigar y enjuiciar a los perpetradores de la muerte de cinco adultos de la familia Dula.

Rápidamente, llamé a Sam en Florida. Este hombre nacido en 1924 ya dominaba el correo electrónico, el iPhone y FaceTime. Pero este reto estaba en otro nivel. Conseguirle el archivo fue objeto de un sinnúmero de llamadas y correos electrónicos. A la semana siguiente lo vi en la boda de su nieta en San Francisco. Pensé en mostrarle una copia impresa allí, pero una vez más, Sam mostró su resiliencia pragmática. Me sorprendió unos días antes del viaje. «Leí la mitad del archivo», escribió. «La mayor parte de la información no es relevante».

A esas alturas conocía la costumbre de Sam de descartar lo que había compartido solo para que luego cambiara de opinión y encontrara valor en el material. Lo que alguna vez me dolía como el rechazo de un padre, ahora me hacía reír. Tal vez necesitaba un mecanismo de defensa para protegerse contra la decepción y la pérdida después de soportar tanto. Pero incluso a su avanzada edad, todavía mostraba una curiosidad ilimitada por abrirse paso a través de los obstáculos.

Entre eventos de la boda en San Francisco, arrastré el grueso archivo a la habitación de hotel de Sam y Bilha, y observé a Sam estudiar las páginas. Los sellos oficiales y las listas de expedientes me eran familiares por los casos judiciales que había cubierto, pero no pude descifrar el texto en polaco. Sam hojeó las páginas, leyendo y asintiendo. Observé, ansiosa por su interpretación.

—Esto es muy interesante —apuntó—. No sabíamos todo esto.

Por un lado, no podía imaginar que un expediente de este tamaño que claramente se enfocara en los asesinatos de los Dula no arrojara revelaciones significativas. Pero Sam no me cedía fácilmente el crédito por agregar a sus hallazgos sobre parientes en Polonia, por lo que su reconocimiento fue notable.

Vio referencias a miembros de alto rango del grupo clandestino AK y demás acusados, condenados y sentenciados a prisión por matar a los Dula y a otros.

Sam se dio vuelta y me miró con severidad a los ojos.

—¿Vas a escribir sobre esto, a decir que los partisanos mataron a estas personas? ¿Sabes lo que está pasando en Polonia? Esto no les va a gustar.

—Pero es un expediente judicial —argumenté, clásica fe de periodista estadounidense que creía en los registros oficiales y la protección legal que brindaban a las publicaciones.

—De cualquier modo, cariño —dijo—. No es buena idea decir esto en Polonia ahora.

—Pero, Sam, al menos tenemos un registro oficial de lo que les sucedió a nuestros familiares, y eso cuenta mucho de la historia para los demás.

Estaba abordando mi vuelo a casa desde San Francisco cuando Przemek me envió por correo electrónico la primera parte traducida del archivo, el interrogatorio del abuelo de Danuta, Kazimierz Sodo, el 7 de julio de 1950, seis años después del asesinato de los Dula.

El interrogatorio comenzó con Sodo describiendo la secuencia de eventos que resultaron en que la familia Dula se escondiera en su granja. Primero conoció a Kalman, a quien Sodo aparentemente ubicaba de la tienda familiar. En el otoño de 1942, contó Sodo, accedió a que la familia se escondiera de los alemanes en su casa. Una semana después Sodo condujo su carreta hasta un lugar acordado en Kazimierza y recogió a la familia. Los llevó a su casa, donde había preparado un escondite en su granero debajo del pajar. Testificó que vivieron allí durante un año y medio.

El 3 de mayo de 1944, Sodo declaró que, alrededor de la medianoche, un grupo de hombres armados se presentó en su casa:

> Uno de ellos, asumo el jefe del grupo, me exigió que le indicara el escondite de la familia judía. No quería entregarlos porque tenía miedo de que los fusilaran. Tras mi negativa, el comandante ordenó a sus hombres que me golpearan. Dos de ellos me atacaron con palos y gomas. [Otros en el grupo estaban registrando su casa, el granero y los montones de heno]. Cuando los bandidos se dieron cuenta de que golpearme y registrar mi casa no estaba dando resultados, uno de ellos se fue al pueblo. Al regresar fue directo al granero, liderando al resto de los atacantes. Me llevaron al sitio con ellos. Después de quitar algunas tablas me ordenaron entrar al escondite y sacar a todos los judíos. Entré en el reducto y les dije a los judíos que los habían entregado y debían salir.

Estaba leyendo esto en mi teléfono durante el vuelo, cruzando el continente americano con la mente en la granja Sodo. Qué difícil debió haber sido para el abuelo de Danuta entrar en ese granero donde había albergado y cuidado a estas cinco personas durante 18 meses. ¿Los miró a los ojos? ¿Podría soportar hacerlo, sabiendo que estaban condenados?

El testimonio de Sodo continuó:

> Fuera del escondite, uno de los agresores le dijo a una niña judía que le diera su reloj y su anillo, que enseguida se guardó en el bolsillo. Ordenaron a los judíos que caminaran delante de ellos hacia los huertos.
>
> Me llevaron junto con los judíos. Una vez que llegamos a los huertos me dijeron que me hiciera a un lado, mientras que cinco hombres armados con pistolas y ametralladoras se acercaron a ellos y les ordenaron que se colocaran de espaldas y levantaran las manos. Luego pusieron sus armas junto a las cabezas de los judíos. Siguiendo la orden, dispararon. Todos cayeron al suelo boca abajo. Me ordenaron enterrarlos en este lugar y quitarles todo rastro de sangre.

Después regresaron a mi casa y me pidieron que les diera bolsas para llevarse todas las pertenencias de los judíos. Una vez que las empacaron, se fueron. Al día siguiente enterré los cuerpos.

Cuando el interrogador le preguntó si conocía a alguien involucrado en los asesinatos, Sodo dijo que reconoció a un hombre que le había apuntado con una pistola en la cabeza. El mismo hombre regresó varias veces después de los asesinatos para exigir dinero y otros objetos de valor que supuso que Sodo había guardado a los Dula.

Algunos pasajes del expediente corroboraron viejos rumores que habíamos escuchado en torno a la finca Sodo. Revelaron el nombre del aldeano de cuya casa vinieron los atacantes y a la que regresaron cuando su primera búsqueda resultó infructuosa. Fue un vecino llamado Edward Kozioł, sin relación con Tadeusz Kozioł, quien escribió el libro que se refería a los asesinatos.

Según el expediente, «la investigación ha revelado que fue él quien informó a sus superiores que había una familia judía escondida en la propiedad de los Sodo en Chruszczyna Wielka, donde vivía y era nativo. Además, [Edward] Kozioł no solo informó que su vecino escondió a la familia Dula, sino que también llevó a la KB [órgano ejecutivo que gobierna a los grupos partisanos] a la granja, y finalmente reveló el escondite exacto en el granero, consciente de que el propósito de encontrar a esta familia era matarlos».

El tribunal condenó a Edward Kozioł a siete años de prisión por el papel que desempeñó en delatar a los Dula.

Al igual que el descubrimiento de las tumbas de los Dula, este notable paquete de información sobre sus asesinatos surgió cuando Sam mencionó los nombres de sus primos al dueño de su antigua mesa de comedor. Ambos fueron derivados de la búsqueda de Hena.

Se desprendió de seguir el hilo del caso de los Rożeńek, otra familia de primos maternos de Sam, que también fueron asesinados en la primavera de 1944 en la granja Radziszewski, a unas pocas aldeas de distancia. Seguir el rastro de Hena lo había llevado, casi por casualidad, al corral de Sodo. Todo comenzó con Sam presionando a Stefan para que dijera más sobre la prima perdida que escapó de la escena del crimen familiar.

Hasta este punto teníamos a Majdecki diciendo que alguien fue procesado en el caso de Dula y el libro de Kozioł refiriéndose a la policía polaca que apareció en la escena la mañana después del tiroteo. Pero la familia Sodo, a quien los aldeanos habían avergonzado durante generaciones por ocultar a los Dula, tal vez pensaba que era un evento del que pocos sabían y apenas recordaban.

Sin embargo, resultó que los asesinatos de los Dula el 3 de mayo de 1944 se investigaron en relación con un total de veinte víctimas en una amplia investigación de 1950 a 1954, que derivó en cargos contra veinte hombres, algunos de ellos miembros de alto rango de organizaciones clandestinas militares polacas. Mientras leía los archivos no encontré ninguna referencia a los Rożeńek, pero la línea de tiempo y la similitud del *modus operandi* me hicieron sospechar de alguna relación.

Habían pasado 11 años desde que me enteré por correspondencia que el profesor de la Academia Polaca de Ciencias Dariusz Libionka, historiador y editor en jefe de la revista de estudios sobre el Holocausto *Zagłada Żydów* había investigado incidentes de partisanos procesados por matar judíos en Lublin; también supe que otros académicos en la región alrededor de Kazimierza habían llevado a cabo investigaciones separadas de casos similares.[7]

Le escribí en 2006 por sugerencia de Yehuda Bauer, un experto en el Holocausto de renombre mundial, autor y asesor durante mucho tiempo de Yad Vashem en Israel, quien dijo que nadie había realizado un estudio formal de los «muchos relatos de asesinatos de judíos por parte del AK. El AK estaba compuesto por diferentes grupos; a veces, estos amigos de los judíos», en especial los sectores alineados con los gremios clandestinos socialistas, y en otras ocasiones con la clandestinidad campesina, escribió en un correo electrónico. «Las cosas cambiaron en 1943 cuando el extremo radical NSZ, un grupo fascista antisemita, se unió al AK. Mataron judíos donde pudieron, y algunos de estos crímenes los cometieron más tarde en nombre del AK».[8]

Me puse en contacto con Barbara Engelking-Boni en el Centro Polaco para la Investigación del Holocausto, quien escribió en un correo electrónico que después de la guerra «hubo cientos de casos de polacos que asesinaron judíos escondidos. E innumerables juicios contra polacos que revelaron a los alemanes su ubicación (con mayor frecuencia) o asesinaron judíos. Algunos de ellos fueron condenados a muerte. También hubo miles de juicios contra polacos que colaboraban con alemanes».[9]

Libionka era el único con información específica sobre el área alrededor de Kazimierza Wielka. «No es fácil descubrir la identidad de los asesinos», escribió. También dijo que conocía casos similares en otros lugares. «Desafortunadamente», expuso de forma sombría, «tengo conocimiento sobre el distrito de Cracovia», refiriéndose al área que era de nuestro interés.[10]

El artículo que Libionka había completado en 2005 se basaba en «un análisis de registros de juicios hasta ahora no utilizados relacionados con el llamado Decreto de agosto» de 1944,[11] que fue una de las primeras leyes del mundo sobre responsabilidad por crímenes de la Segunda Guerra Mundial aplicada contra alemanes y sus colaboradores. El Decreto de agosto fue la rúbrica legal bajo la cual fueron enjuiciados diferentes miembros de organizaciones partisanas,[12] algunas de ellas políticamente motivadas por el Gobierno comunista en los años de la posguerra, en un esfuerzo por ajustar cuentas contra grupos clandestinos que se habían aliado con los alemanes o habían llevado a cabo misiones en apoyo a ellos.

Ahora tenía un expediente sobre los cinco Dula con cargos contra veinte hombres vinculados a por lo menos veinte asesinatos, incluidos los cinco Dula y nueve Ptasniks y Czosneks. Los acusados pertenecían a varios grupos de partisanos en la clandestinidad polaca, y fueron acusados de llevar a cabo los asesinatos organizados del 3 y 4 de mayo de 1944 en Chruszczyna Wielka y la aldea cercana de Bełzów (el lugar que Sam había visitado en 2001 con el hijo israelí de un Ptasnik). Y algunos de estos implicados fueron acusados de «asesinar» a dos miembros de un grupo clandestino comunista. Este hecho por sí mismo bien podría haber motivado todo el caso. En ese momento, el Gobierno comunista estaba persiguiendo a antiguos partisanos pertenecientes a bandas de derecha en la clandestinidad polaca, utilizando como excusa el asesinato de judíos.

El expediente del caso incluía lo que podría considerarse un manual básico sobre las diversas organizaciones de partisanos, su cooperación y los conflictos durante la guerra en esa parte del país. Según los fiscales, en el verano de 1943, las facciones de derecha del BCh y varias organizaciones clandestinas más pequeñas estaban todas bajo el mando del AK. El cuerpo ejecutivo de esos grupos, de acuerdo con los registros, también participó en numerosos asesinatos de miembros de organizaciones clandestinas de izquierda, así como de ciudadanos polacos de nacionalidad judía.

Durante las semanas posteriores, Przemek tradujo el archivo en lotes, y me envió correos electrónicos reveladores y molestos, que leía en mis viajes en metro a casa, de Boston a Cambridge. A mi alrededor, otros pasajeros jugaban o escuchaban música en sus teléfonos. Yo era la que hacía gestos, leía sobre escenas espeluznantes y me sentía como si estuviera en la escena de una catástrofe.

La imagen que surgió del archivo era de una época tardía de la guerra, cuando estos soldados clandestinos operaban con impunidad. Los ataques no fueron planeados por algunos antisemitas violentos que mataron judíos para evitar la recuperación de sus negocios y hogares después de la guerra, sino por múltiples equipos de miembros paramilitares que operaban a una escala mayor. Con soldados de varias unidades diferentes usando ametralladoras, según el testimonio, los atacantes no parecían preocupados por alertar a los alemanes de su presencia, a diferencia de los Sodo y Pabis, que serían castigados durante generaciones por sus vecinos al ponerlos en peligro por su caridad.

En los interrogatorios, las docenas de sospechosos y testigos usaron referencias militares, describieron el establecimiento de perímetros de seguridad y aludieron a los asesinatos en términos de seguir órdenes de sus superiores. Se hicieron muchas referencias a exigir dinero a los polacos que habían escondido a las familias, quitando la ropa de los cuerpos y robando joyas y otros bienes.

La descripción de los asesinatos en la granja Pabis fue aún más escalofriante que la masacre de los Dula. El comandante de una unidad partisana, Slanisław Stasik, uno de los pocos acusados que admitió un papel activo, testificó: «Nuestra banda participó en acciones de liquidación; esto sucedió en Bełzów, donde fueron asesinadas nueve personas de nacionalidad judía». Stasik declaró ante las autoridades que su equipo se había reunido y «terminó de distribuir armas a todos los miembros de nuestro grupo». Luego, afirmó, el comandante les dijo que «su misión era ir al pueblo y eliminar una banda de ladrones judíos, y que los objetos recuperados servirán a los propósitos de nuestra organización». Diez de los partisanos avanzaron hacia la granja. Otros diez soldados clandestinos de un grupo diferente se unieron a ellos en el camino. Participó un tercer escuadrón, montado en un carruaje jalado por caballos. «Rodeamos la granja habitada por una mujer mayor que no quería entregar a los judíos». Un registro de la propiedad reveló diez personas asustadas escondidas cerca del chiquero.

«Los sacaron y colocaron al lado de un hueco que ya estaba ahí. Les dijimos que no se asustaran porque no los matarían y que no huyeran porque éramos el ejército polaco. Solo exigimos que nos dieran todos los objetos de valor que se necesitaban para las acciones del mismo ejército». El líder de la operación, identificado por su nombre en clave, recolectó relojes, anillos y dinero de las víctimas. «Después de que se recogieron los objetos de valor, los judíos se dieron cuenta de lo que iba a pasar. Comenzaron a hablar entre ellos y luego intentaron huir». Declaró que «al principio era difícil dispararles porque se mezclaban con miembros de nuestro grupo. Una vez que se diseminaron y entraron en campo abierto, pudimos dispararles y los matamos a todos». El líder del operativo ordenó a los atacantes que sacaran los cuerpos del campo «y los colocaran en el hoyo donde antes se escondían, luego depositaron todos los objetos de valor y objetos encontrados en el carruaje».

Como periodista, he presenciado múltiples casos criminales durante décadas. He trabajado cientos de horas cubriendo juicios en tribunales estatales y federales que manejaron asesinatos cometidos por varias familias criminales de la mafia, el crimen organizado asiático y bandas de narcotraficantes de muchos tipos. También hice la crónica sobre un consejo de guerra de un hombre alistado en la Marina de Estados Unidos que mató a su oficial superior en el mar y juicios por asesinato de civiles que se ocuparon de las defensas por locura, incluido un ejecutivo de John Hancock que mató a su esposa y luego se atravesó el corazón y pulmones con un palo en el patio trasero de su casa. Todos los acusados de crimen organizado y pandillas que encontré mostraron una lealtad férrea a su organización; compartían un fuerte sentido de compromiso e identidad con su gremio. Incluso el ejecutivo de Hancock daba por entendido que su puesto en los negocios lo protegería de la responsabilidad. Pero una vez acusados, los implicados se volvieron universalmente amnésicos con respecto a su comportamiento, apenas capaces de recordar sus propios nombres, solo su lealtad inquebrantable a su tribu.

Una vez describí mi carrera de reportera policial como un intento continuo de comprender la respuesta a la pregunta: «¿Cómo pudieron?». Este caso polaco, sin embargo, mostraba una negación de responsabilidad extraordinaria, incluidos los acusados al reconocer que estaban a cargo de un grupo particular de partisanos y, sin embargo, culparon a los superiores en la escena por dar las órdenes de matar.

Por ejemplo, Slanisław Kozera testificó que su comandante le ordenó reunirse con hombres bajo su mando, todos armados, cerca de la granja de Sodo, siguiendo una pista que se ajustaba a su objetivo de buscar judíos escondidos. Kozera dijo que una vez descubiertos los judíos escondidos, se volteó hacia el jefe de otro grupo partisano, «y le pregunté qué planeaban hacer con ellos, a lo que recibí la respuesta de eliminarlos, es decir, fusilarlos, algo que no estaba dispuesto a aceptar». Declaró que no era uno de los tiradores, «porque solo tenía un revólver. El resto de mi gente se acercó a los judíos y los condujo al jardín del granjero, después de lo cual se hicieron disparos. ¿Quién dio la orden de disparar? No lo sé. ¿Y quién disparó directamente a los judíos? Tampoco lo sé».

Ninguno de los veinte acusados en estas ejecuciones vio a nadie disparar un tiro. Casi todos los implicados afirmaron que simplemente habían establecido un perímetro de seguridad alrededor de la propiedad, evocando una imagen de múltiples guardias, sin nadie cerca de las víctimas que, de alguna manera, terminaron muertas.

Otro estudioso polaco del Holocausto analizaría más tarde estos mismos documentos y el testimonio de Kozera, miembro de la unidad de sabotaje de la 106 División de Infantería del AK en el distrito de Cracovia, y describiría esta forma de testimonio como «ignorancia afectiva», una forma de excusar al hablante de entrar en detalles de un crimen.[13]

La misma descripción se aplica, según la profesora Joanna Tokarska-Bakir, al testimonio que obtuve en el expediente del caso de Edward Szczesny, quien aseguró a los Ptasnik y Czosnek en la granja de Pabis lo siguiente:

El ejército polaco no les haría daño mientras entregaran su dinero… Niega haber estado a cargo del tiroteo y habla como un transeúnte que casualmente iba pasando en ese preciso momento. En particular, son los elementos de la «ignorancia afectiva» cínica: «por interés, me acerqué», «pregunté si la operación había tenido éxito y recibí la respuesta de que había tenido éxito», «poco después en las aldeas escuché que algunos judíos habían sido asesinados en Belzów. Fui a contarle esta noticia al comandante Wojnar y se sorprendió».

Tokarska-Bakir continúa diciendo:

El testimonio promedio de un perpetrador de los asesinatos en Chruszczyna o Bełzów afirma que en algún lugar del mundo una desconexión, una interferencia ocurre en el espacio-tiempo, y el testigo no recuerda nada... Aparta la mirada, pero no puede controlarla. Un momento de distracción y los ojos vuelven al punto de partida. El perpetrador intenta reconciliar su autoconocimiento con su autoevaluación: el efecto es una profunda sensación de perplejidad... Esta fue también la línea adoptada por los comandantes, líderes de las unidades de sabotaje del AK y comandantes de la Guardia Popular de Seguridad. Después de la guerra, muchos de ellos se unieron a la fuerza policial comunista.[14]

Ajá, pensé en Poremski como una de las personas a las que nos habíamos acercado que podría haber estado nerviosa por otras actividades durante la guerra, las cuales al ayudarnos con Hena podrían hacerse públicas.

El testimonio dibujaba una imagen clara de la total indiferencia de los sospechosos hacia los judíos como personas. Entendí que, para 1944, la población polaca había estado bajo la ocupación alemana durante cinco años, más que cualquier otro país victimizado por Hitler. Y sabíamos por el libro de Tadeusz Kozioł que uno de los ancianos residentes a los que entrevistó se había escapado de un campo de trabajos forzados para polacos donde, según dijo, los internos habían sido obligados a participar en las acciones de liquidación por parte de los alemanes.

Los alemanes habían brutalizado y matado de hambre a la población polaca no judía. Desde el comienzo de la guerra en 1939 los intelectuales polacos fueron detenidos y asesinados o enviados a campos de concentración. Los alemanes saquearon negocios constantemente, se apoderaron de ganado y cultivos de granjeros de todo el país, y no ocultaron que consideraban a los polacos no muy superiores a los judíos en la escala de *Untermenschen*. Al leer el expediente del caso me hizo pensar que estos miembros clandestinos presentaban el síndrome de Estocolmo, porque adoptaron los objetivos e incluso los métodos de los alemanes, que antes habían tratado de socavar por medio de las armas.

El testimonio también incluía referencias a una supuesta amenaza a la seguridad planteada por estos judíos perseguidos, de este modo, tenían una razón para atacarlos. Un acusado afirmó que el propósito de su unidad era buscar judíos que fueran «responsables de oprimir a la población local». Deshumanizar a la víctima es una vieja táctica. Pero en tiempos de guerra en Polonia, estos asesinos tenían un motivo adicional para actuar, porque el asesinato les permitía robar las posesiones de los judíos y dividirse el botín.

En este caso el Gobierno comunista polaco adoptó una postura dura al principio. En 1950 y 1951, los tribunales condenaron a veinte hombres por delitos relacionados con la muerte de 14 «ciudadanos polacos de nacionalidad judía que fueron oprimidos por el ocupante debido a motivos raciales». Seis de los sospechosos recibieron dos sentencias de muerte, una por matar judíos y otra por los asesinatos de dos activistas de izquierda y un miembro de una banda de partisanos.

Sin embargo, nunca se ejecutaron las sentencias, ni de cadena perpetua ni de muerte. Después de exhaustivas apelaciones financiadas por el Estado y fuertes presiones por parte de funcionarios políticos, las sentencias de muerte se redujeron a 12 años, y muchos acusados fueron indultados o liberados después de periodos mucho más cortos. Algunos lograron posponer el cumplimiento de sus condenas por enfermedad; uno de ellos indefinidamente.

En general, las apelaciones de los partisanos coincidían con los argumentos que había visto en Estados Unidos, alegando que no habían estado cerca de la escena del crimen real y que no habían participado en ningún delito. Pero el sabor decididamente político de los llamamientos, citando el entusiasmo por ayudar a construir una república socialista fuerte y rogando indulgencia a los principales miembros del partido y del Gobierno, habla de la naturaleza política de los procesamientos. Un acusado afirmó haber alojado a oficiales soviéticos en su propiedad durante la guerra, mientras que otro aseguró, sin pruebas que lo respaldaran, que había ayudado a una familia de judíos que llegaron a salvo a Palestina y, por lo tanto, no era posible que hubiera estado involucrado en una operación para matar a otros. Un acusado más que enfrentaba dos sentencias de muerte tuvo un testigo que pidió clemencia en su nombre en una flagrante apelación al sistema judicial comunista de que había estado defendiendo a los campesinos de la zona de los terratenientes pertenecientes a la nobleza. Otro acusado apeló su sentencia de muerte por motivos de principios, solicitando clemencia debido a su origen social y su «devoción al Partido Comunista y su ideología». Durante la guerra dijo que «era un simple soldado que luchaba por la liberación de su patria del ocupante alemán». Nunca mencionó cómo se relacionaba eso con matar judíos.

Al reducir años de las sentencias de ocho acusados, un tribunal en 1958 reconoció circunstancias especiales en el momento de los crímenes: los convictos «no tuvieron oportunidad durante la Ocupación de aprender sobre las ideologías de izquierda y comprender la actividad criminal».

Solo un implicado admitió las acusaciones y expresó remordimiento, lo que convenció al tribunal de reducir a la mitad su sentencia de diez años. Pero otros obtuvieron indulgencias similares sin reconocer la responsabilidad.

Un caso estaba en otro apartado por su particularidad. El acusado era Włodzimierz Bucki, cuyo apodo clandestino era Dym, que significa «humo», lo cual era apropiado porque hizo todo lo que estuvo a su alcance para vaporizar su presencia en dos escenas sobre su participación en los asesinatos de 14 personas. Przemek tenía bastante trabajo después del largo historial en el caso de Bucki, desde su testimonio original y a través de muchas páginas de registros judiciales que cubrían décadas de apelaciones. Una «telenovela», la llamó.

Cuando Bucki fue arrestado en marzo de 1950 trabajaba como tendero en un pequeño pueblo y se había afiliado al partido comunista. En su primer interrogatorio, en junio de 1950, admitió que uno de los objetivos de su unidad era «la eliminación de todos los judíos escondidos en la región», y reconoció haber participado en los ataques a las haciendas Sodo y Pabis. En su declaración dijo que compartió el botín de las víctimas de la granja Pabis, es decir, que se llevó un par de zapatos de cuero. Estuvo tras las rejas durante nueve meses hasta su condena en enero por participar en los asesinatos de los 14 judíos. Fue condenado a 12 años de prisión.

Bucki demostró ser un litigante astuto. Fue sentenciado en 1951, pero se le permitió aplazar el cumplimiento de su condena debido a que enfermó de tuberculosis. Inundó los tribunales con cartas de médicos y del sanatorio donde estaba siendo tratado. Su condena fue confirmada en 1952. Seis años después, cuando la Corte Suprema redujo su condena de 12 a ocho años, todavía no había puesto un pie en la cárcel, porque cada seis meses renovaba sus afirmaciones de que la prisión amenazaría su frágil salud. Además pidió la indulgencia de la Corte porque tenía dos hijos pequeños. En 1959 Bucki cambió de táctica y pidió perdón, admitiendo que había cometido delitos, pero alegando que, como era joven en ese momento, no sabía lo que hacía, desconocía que participar en los asesinatos de 14 personas estaba mal. Continuó pretextando su mala salud. El tribunal regional acogió favorablemente su solicitud, por el contexto de la época en que cometió sus fechorías y reconociendo que, desde entonces, había sido un buen ciudadano. El fallo fue enviado a la oficina del fiscal general en Varsovia. El 20 de enero de 1960, la fiscalía nacional indultó a Bucki y un tribunal permitió su indulto dos meses después.

Pero Bucki, que no había sido encarcelado desde su arresto previo al juicio, no estaba satisfecho. Argumentó que por «razones de honor y ética», su condena y sentencia deberían quedar anuladas y su registro limpiado. Aprovechando las nuevas leyes promulgadas en la era poscomunista, argumentó en 1995 que, como miembro de una organización paramilitar polaca que opera en apoyo del Estado polaco independiente, nunca debió haber sido acusado, condenado o sentenciado en absoluto. Ese argumento funcionó. En 1997, el tribunal regional anuló su condena y ordenó que el Gobierno pagara todos los costos judiciales.

Más tarde, en 1997, poco después de que Danuta Sodo Ogórek y su hijo vieran al equipo de filmación y supieran con certeza que cinco judíos adultos habían sido asesinados en su granja, un tribunal de apelaciones le dio a Bucki un revés en su intento de anulación. Su solicitud fue devuelta al tribunal inferior para su revisión. En ese momento, Bucki, haciendo uso de un viejo recurso, declaró que no tenía idea de por qué estaba presente en mayo de 1944 en la granja de Sodo. Además, afirmó que no tenía conocimiento de que había judíos allí. Dijo que escuchó disparos provenientes de los edificios, a pesar de que nunca se habían presentado pruebas de que alguien hubiera recibido disparos dentro de un edificio, y culpó de todo a su comandante. Asimismo, afirmó que todo lo que había dicho en testimonios anteriores había sido coaccionado por la policía bajo el antiguo régimen comunista.

Las apelaciones de Bucki para eliminar su registro continuaron hasta junio de 1999, cuando el tribunal regional desestimó su solicitud. En diciembre de 2004, su recurso de nulidad fue nuevamente rechazado. La bolita se detuvo en ese tribunal, que determinó que, si bien muchas actividades partisanas tenían como objetivo apoyar un Estado polaco independiente, las acciones atribuidas a Bucki, participar en el asesinato de 14 personas, «fueron un abuso criminal de la naturaleza militar de estas organizaciones y sus capacidades».

El tribunal tampoco fue persuadido por los argumentos de Bucki de que los partisanos estaban motivados por los informes de que dos judíos en el área habían estado robando a los residentes locales. El tribunal determinó que estas ejecuciones «se llevaron a cabo en dos lugares diferentes, en personas completamente distintas, familias que se escondían de los alemanes, a quienes dispararon sin motivo alguno». Además de eso, el tribunal dictaminó que una vez que los partisanos encontraron a las familias judías escondidas, las ejecutaron en el acto sin intentar averiguar quiénes eran o si eran culpables de algún delito.

El tribunal de apelaciones de Cracovia confirmó esa decisión. Pero Bucki siguió adelante.

En 2006, el hombre que durante 55 años sostuvo que estaba demasiado enfermo para cumplir su condena gozaba de suficiente salud para presentar su caso ante el Tribunal Supremo de Varsovia. Pero ese esquema fue el final. El tribunal superior dictaminó en diciembre de 2006 que no había encontrado nuevas pruebas en las que basar una anulación de su registro. El tribunal no se convenció de sus afirmaciones de tortura ni de que otros acusados hubieran sido obligados a falsificar información en su contra. Era demasiado tarde, declaró el tribunal: «Esto no se puede probar actualmente», y señaló que, para entonces, demasiados testigos habían muerto. «Bucki no niega su participación en los asesinatos, pero sus intenciones en esos momentos siguen sin estar claras, en particular en Chruszczyna Wielka, donde se ejecutó a una familia judía», decretó el tribunal.

Cuando estaba leyendo las traducciones de estos registros judiciales en 2017, ese fallo de 2006 se destacaba como la voz de otra era judicial en Polonia. El Gobierno del PiS se enfrentaba a críticas generalizadas por golpear con una bola de demolición al poder judicial independiente, lo que ha desacreditado como una colección de vestigios de la era comunista.

En noviembre de 2017, una manifestación masiva de nacionalistas de extrema derecha se llevó a cabo en las calles de Varsovia. Gritaron su apoyo a una «Europa blanca», «sangre limpia» y «sacar a los judíos del poder». Un artículo de opinión sobre la protesta se titulaba: «El 90% de los judíos polacos murió en el Holocausto. Entonces, ¿por qué los nacionalistas de Polonia cantan "Sacar a los judíos del poder?"».[15]

A los pocos meses de esa efervescencia pública el Gobierno polaco promulgó una ley que criminalizaba cualquier discurso público que culpara a Polonia o a los polacos por participar en el Holocausto. Llegó en un momento de revisionismo histórico en la vecina
Hungría, que en realidad se alió con Alemania durante la guerra.

El director del Museo Polin, Dariusz Stola, vinculó la ley a una
«obsesión por la inocencia» polaca: el convencimiento de la nación de que es «moralmente libre de culpa gracias a su resistencia y al sufrimiento generalizado, con millones de muertos en la
guerra». Stola dijo que Polonia no tiene nada más que su sentido
de inocencia. «Los polacos perdieron la guerra. Perdieron mucho:
familiares, ciudades, bibliotecas, iglesias, el 20% de su territorio
y la independencia nacional. Poco quedaba más que su inocencia», refirió Stola. «Cuando lo pierdes todo, es bueno al menos ser
inocente».[16]

Mientras se estudiaba la ley, las autoridades polacas detuvieron al profesor de Princeton Jan Gross, autor del libro *Vecinos*,
sobre Jedwabne, durante una visita a su tierra natal bajo sospecha
de difamación a Polonia. Su detención fue ampliamente conside-
rada como una venganza. Gross irritó al Gobierno polaco con su
hipérbole en 2016, afirmando en un periódico alemán que «los
polacos, por ejemplo, estaban legítimamente orgullosos de la resistencia de su sociedad contra los nazis, pero de hecho mataron
a más judíos que alemanes durante la guerra».[17] En respuesta, el
Gobierno polaco tomó medidas para despojar a Gross de la pres-
tigiosa Orden al Mérito de la República de Polonia que había recibido en 1996 por oponerse al comunismo.

Pero la ley de Polonia de 2018, arraigada en el resentimiento a los
presentadores de noticias e incluso el presidente Barack Obama, se
refirió erróneamente a las fábricas de asesinatos del Tercer Reich
en Polonia como «campos de exterminio polacos», y esto dio pie
a una crisis diplomática mundial. Provocó protestas generalizadas
de los gobiernos de Estados Unidos e Israel, y consternación de
académicos de todo el mundo.

Michał Bilewicz, investigador del Holocausto en la Universidad de Varsovia, declaró: «La nueva ley tiene como objetivo silenciar a los historiadores polacos, ya que es obvio que esta ley no sería efectiva para sentenciar a nadie fuera del país».[18]

El alboroto fue tal que, finalmente, el Gobierno del PiS modificó la ley. Todavía penaliza el discurso público que se desvía de la narrativa de la inocencia pura, pero los infractores ya no enfrentan hasta tres años de cárcel.

Stola declaró en 2016 que la política seguía siendo un problema. «Polonia estaba en el lado correcto de esta guerra, y Polonia la perdió ante Hitler y luego la perdió ante Stalin», dijo Stola. «No somos responsables de lo que pasó hace setenta años, pero somos responsables de lo que hacemos hoy con este pasado. Y creo que lo correcto es hablar de ello».[19]

Dominik Ogórek y su esposa, Kate. Ella entiende la razón de ser de la ley histórica obligatoria; él no.

NO HAY HISTORIA SIN LA VERDAD

Krzyżowa, Polonia, 2018

Apenas unos meses después de que entrara en vigor la ley de memoria del Holocausto, Sammy y yo aterrizamos en Polonia para asistir a la boda del hijo de nuestros amigos, a quien conocía de toda la vida. Teníamos roles que desempeñar: Sammy tocaría la guitarra en la banda nupcial y los padres del novio nos pidieron que agregáramos un toque judío a las festividades.

De camino a la boda en tren desde Breslavia volví a pensar en Hena. ¿Se había establecido en algún lugar de este paisaje bucólico salpicado de techos de tejas rojas en el antiguo territorio alemán? Tal vez estaba disfrutando de la vejez en la oscuridad.

El lugar de la celebración en sí hablaba de una historia complicada. Estaba ambientado en una extensa propiedad que el canciller alemán Otto von Bismarck entregó como recompensa en 1866 al capitán general, el conde Helmuth von Moltke, por su papel en ganar la guerra contra Austria, lo cual resultó en la creación del Estado alemán moderno.[1] Moltke ideó métodos modernos para movilizar ejércitos en el campo, especialmente por tren, lo que llevó a grandes éxitos militares.

Pero el legado de la familia y la propiedad pasaron a su sobrino bisnieto, quien lo usó como un lugar para conspirar con confederados contra Hitler. Sus planes fracasaron y la Gestapo ahorcó a Moltke en 1945 por traición. Su hijo siguió los pasos de su padre años más tarde y renovó la propiedad como sede de la Fundación

Krzyżowa para el Entendimiento Mutuo en Europa, que invita a grupos de adolescentes de Polonia y Alemania a aprender juntos sobre democracia y derechos humanos. Su propósito es «inocular» a los jóvenes de hoy contra la ideología extremista.

Fue una elección inspirada en 2018 para la unión de jóvenes brillantes deseosos de mejorar el mundo en un momento en que Polonia buscaba su equilibrio bajo un gobierno populista de derecha. La ceremonia católica se realizó en una pintoresca iglesia en la propiedad. La novia tenía un abuelo judío, y los padres del novio sospechaban que sus árboles genealógicos incluían judíos en alguna parte, y eso pudo haber motivado la solicitud de que agregáramos un poco de sabor judío a la recepción.

Cantamos la bendición sobre el vino en hebreo, y nos preguntamos si los amigos viajeros de los novios reconocerían el *kidush*. Aparentemente no. Varios asistentes jóvenes se nos acercaron después y dijeron: «Me gustó su canción».

Sería casi imposible que la cultura o los rituales judíos fueran familiares para estos veinteañeros, habiendo crecido en una sociedad homogénea en la que los judíos constituían una minoría significativa. Los judíos que vimos representados en la cultura polaca eran jasidim o personajes del siglo XIX de *El violinista en el tejado*. Aquí estábamos, una pareja de ojos azules vistiendo ropa moderna, mezclándose con la multitud, a excepción de mi esposo; su destreza en la guitarra eléctrica definitivamente se destacó.

¿Qué sabían los jóvenes en Polonia de los judíos ahora? Los políticos y las historias de los medios por lo general describían a los descendientes de judíos polacos como ambiciosos por buscar vías para reclamar u obtener la restitución de las propiedades incautadas bajo la ocupación alemana y conservadas por los polacos. Abundaban las referencias culturales negativas con pocos judíos reales para probar los estereotipos. Los ejemplos más obvios eran las omnipresentes estatuillas conocidas por los polacos como *żydki*, o pequeños judíos. Estas abundaban en las tiendas y los quioscos para turistas, en particular las figurillas de rabinos ortodoxos con forma de trol que agarraban una moneda simbólica de un grosz o una bolsa de dinero. Los polacos habían defendido el *żydki* por representar a los judíos como talismanes de buena fortuna en asuntos de dinero, pero las espantosas caricaturas hablaban de una necesidad permanente de burlarse de los judíos incluso en ausencia.

Antes de la boda nos habíamos recuperado del desfase horario en Breslavia y recorrimos una exhibición en la única sinagoga que sobrevivió al Holocausto, la histórica White Stork, que había sido rehabilitada y reabierta. Nos alojamos en el Hotel Monopol, un hito que había sido lujosamente remodelado y que ahora contaba con un spa de mina de sal y un elegante comedor en la terraza que describí en un artículo de viaje para el *Boston Globe*, acompañado de las fotografías de Sammy. El hotel y la ciudad en sí apenas se parecían al sombrío lugar en el que el primo Sam y yo nos alojamos en el aciago viaje en la década de 1990 cuando abandonó la búsqueda de Hena.

La Breslavia que encontramos en 2018 era una bulliciosa ciudad universitaria. Para los jóvenes que conocimos en el camino, era normal que los abuelos o los padres de todos hubieran sido desplazados de otro lugar en 1945. Stalin se salió con la suya con el mapa de la posguerra, expulsando a la población alemana de Breslau y reemplazándola con polacos expulsados de los territorios orientales.

Breslavia tenía un historial de reinventarse de maneras advenedizas. Durante décadas había alimentado una vibrante escena musical *underground*, desde el jazz hasta el punk rock. Lo asimilamos, visitamos un club de jazz y luego nos dirigimos a un club nocturno hípster con un líder de banda que presentaba a un talentoso solista tras otro. Fue un ambiente agradable que nos hizo soñar despiertos con ser visitantes frecuentes.

También la historia de la ciudad resultaba intrigante, aquella que data de la década de 1980 como hogar de un audaz movimiento clandestino anticomunista. Ese espíritu rebelde impregnó la escena artística local de una manera muy evidente en las calles. Las imágenes de enanos que simbolizan la resistencia naranja al comunismo comenzaron como grafitis callejeros. Se convirtieron en esculturas de metal del tamaño de una pinta que adquirieron un aire caprichoso. Los enanos se multiplicaron hasta que hubo cientos por toda la ciudad. Descubrir estos magníficos ejemplos de arte político se había convertido en un juego turístico que atraía a visitantes de todas las edades y orígenes.

El ambiente animado alimentó mis esperanzas de que Hena pudiera haber reconstruido una buena vida en esta hermosa ciudad en el río Óder. No tenía información nueva sobre Hena, y el estado de ánimo que se respiraba en Varsovia no podía ser más desalentador. ¿Por qué alguien hablaría ahora y compartiría nuevas revelaciones sobre los asesinatos de judíos por parte de los polacos durante la guerra? En ese momento la idea del Gobierno del PiS de ceder ante la reacción internacional a la nueva ley era eliminar la amenaza de encarcelamiento por violarla, dejando vigentes las sanciones financieras por alegar complicidad polaca en el Holocausto.

Pero teníamos que ver a otras personas y, después de la boda, nos dirigimos al este en tren hasta Cracovia, que se había convertido en una vibrante ciudad turística. Había cambiado mucho. Difícilmente podía creer que era el mismo lugar donde un tipo con una parka que parecía nueva se había hecho notar en medio de la multitud. Ahora, los visitantes acudían allí con la promesa de una panorámica de cuento de hadas del imponente castillo de Wawel, y a observar a la gente en la plaza del mercado, donde nos cruzamos con muchos británicos cerveceros que participaban en el cada vez más popular pasatiempo de asistir a los bares para solteros. Otros vendían folletos para obtener tragos de bienvenida, *strippers* e incluso acceso VIP a clubes. Eludimos esas ofertas y nos alojamos en un hotel de cuatro estrellas; cenamos una comida italiana espectacular por la mitad del precio que habría costado en otro lugar de prestigio.

A la mañana siguiente rentamos un auto y recogimos a Gosia, nuestra fiel traductora, y nos dirigimos al campo para visitar a

Danuta y su hijo, Dominik. Saliendo de la ciudad en la hora pico de la mañana, el GPS de Sammy emitió instrucciones en inglés mientras que el de Gosia lo hizo en polaco. Sammy confiaba en el de ella, dada la ventaja local. Antes de cada vuelta escuchaba las indicaciones en inglés y luego le preguntaba a Gosia si el GPS polaco estaba de acuerdo.

—Sabes que es solo un algoritmo —dije, riendo desde el asiento trasero.

En viajes anteriores, la guía de navegación venía de Sam siguiendo su olfato. A veces sus corazonadas y recuerdos lo sacaban de los caminos comunes y lo conducían a nuevas vías. Una de estas rutas lo llevó a encontrar la granja donde habían enterrado a la tía abuela Frymet después de que la asesinara un policía polaco.

Más adelante vi el lugar con Sam. Recuerdo que el granjero de ojos entrecerrados me tomó por sorpresa. El tipo hizo un gesto hacia la orilla de su campo recién plantado donde se había encontrado el cuerpo de una mujer en una tumba poco profunda. Sam preguntó si la mataron allí o en otro lugar. El hombre cruzó los brazos sobre el pecho y se encogió de hombros. Dijo que no estaba en casa en ese momento. Un policía polaco había sido condenado hacía mucho tiempo por su asesinato y murió en la cárcel. Pero el granjero pareció disgustado por nuestra aparición para ver el lugar donde el cuerpo de una mujer que resultó ser una hermana del padre de Sam y mi abuelo había sido desechado.

El GPS de Gosia decía *lewo* y *prawo*, recordándome cómo Sam solía conducir hasta donde se encontraban los ancianos en las aldeas y expresar esas palabras en forma de pregunta. Sonreí ante el recuerdo. Podía sentir su presencia, y tal vez en ese momento nos estaba mirando, al estilo del Mago de Oz, a través de Google Earth.

Pasamos campos ondulantes de centeno y col maduros que parecían listos para la cosecha. Me invadió una ola de familiaridad y pensé en las generaciones de parientes que habían vivido aquí. Mi esposo, a quien ni siquiera conocía cuando comencé a venir aquí, había reforzado mi idea de la importancia de regresar, de hacerse presente. Él también se sentía de alguna manera integrado a este mosaico polaco, independientemente de cómo los judíos habían sido excluidos durante tanto tiempo de ser considerados parte de la diáspora polaca.

—Fuimos polacos durante más de mil años, pero todavía no nos aceptan —dijo Sammy—. En los años entre las dos guerras éramos los principales compositores, directores de fotografía y poetas. Es una gran pérdida para nosotros y para el país.

La experiencia de Sammy de sentir escalofrío al mirar las señales de tránsito de los lugares donde habían vivido sus antepasados me recordó mi primer viaje con el primo Sam cuando dijo que sentía «descargas eléctricas» al ver los lugares de su infancia y los días oscuros que siguieron. Sonreía al reconocer estos lugares una y otra vez durante esos viajes, y recordaba sus pasos de otra época.

La identidad que Polonia todavía les atribuía a él y a nuestros familiares como «ciudadanos polacos de nacionalidad judía» y la referencia legal que había leído una y otra vez en los documentos judiciales me irritaba. Ser judío no era una nacionalidad. Nuestros parientes asesinados no estaban solo de visita. Después de ayudar a construir, nutrir y proteger este país, ¿por qué no pertenecemos aquí? Sam mencionó repetidamente que eso no tenía importancia. No dependía de nadie en Polonia decidir si era polaco.

—He vivido en todo el mundo —decía en cada viaje—. Pero aquí estoy en casa.

No solo su casa. Durante mucho tiempo, Polonia había sido un jardín para los judíos, un centro de cultura judía, donde la tolerancia religiosa y la autonomía estaban legalmente protegidas. Los judíos eran prolíficos, innovadores, patriotas e ingeniosos. Esa era una Polonia que, comprensiblemente, Sam extrañaba.

Pero las burlas de «judíos en el jardín» que recibía Danuta en el patio de la escuela indicaban otro medio para destruir a la población judía además de los alemanes genocidas.

Admiré la impresionante belleza del paisaje de campo por el que pasábamos; sentía nostalgia por un lugar donde habían vivido muchas generaciones de mi familia hasta que los ocupantes y algunos aldeanos también nos sacaron. En mi mente, escuché las voces de Majdecki, Wacław, Luszczyńska y Sodo detallando cómo ninguna de las familias escondidas había sobrevivido porque fueron asesinados por polacos. Las voces de estas personas que ofrecían relatos inquebrantables fueron acalladas por las muertes naturales. En su ausencia, una ley nacional contra la difamación de la nación polaca aisló cualquier discusión o revisión de estos asesinatos, cimentando la negación del papel de los polacos.

El ataque a la granja de Sodo era la posible excepción, porque los registros judiciales llamaron la atención de los estudiosos del Holocausto y los procesos se mencionaron en el libro de Tadeusz Kozioł. Se había convertido quizá en uno de los casos mejor documentados de una ejecución elaboradamente escenificada de una familia judía por parte de atacantes polacos. Aunque Kozioł y sus entrevistados trataron de poner en duda si los asesinos eran partisanos, la voz de la Corte en 2004 en el caso del acusado Bucki lo aseguró cuando descubrió que su participación en el asesinato de 14 judíos escondidos (incluidos los nueve asesinados en Bełżów) fue «un abuso criminal de la naturaleza militar de estas organizaciones y sus capacidades».[2] Esta vez encontramos fácilmente la finca Sodo, especialmente con ayuda del navegador en dos idiomas. Por primera vez, Danuta sabía que veníamos. Incluso sus perros comenzaron a ladrar para darnos la bienvenida, a diferencia del alboroto de alarma que hacían cuando llegaban sin previo aviso.

Saludé a Danuta con un ramo de flores recién cortadas. Había puesto la mesa para el té, cubriéndola con un mantel blanco almidonado especialmente para nosotros. Preguntó por el primo Sam. Le dije que seguía muy activo a los 94 años, repartiendo comida a los pobres y jugando con frecuencia al póquer con amigos en su edificio.

Volviendo al asunto que nos reunía, compartí lo que no había dicho en presencia del primo Sam, cuando él siempre dirigía la conversación. Le dije cuánto apreciaba todo lo que había aprendido de su resiliencia y optimismo. Ella sonrió con admiración hacia él y asintió. Comentó que también se había sentido inspirada por el ejemplo de los ancianos, incluso aquellos que nunca había conocido.

—Admiro mucho a mis abuelos. Lo que hicieron fue muy valiente y bueno.

Hasta ese momento no me había dado cuenta de que nunca conoció a los abuelos que intentaron en vano rescatar a los Dula. Pero sabía muy bien acerca del dolor, ya que había perdido a ambos padres a los 18 años, seguido de la muerte de su hermano, el último miembro de su familia nuclear.

Sin embargo, expresó simpatía por las personas a las que su familia trató de salvar. «Sabes que era un hoyo en la tierra. Incluso durante el invierno, estaban en ese hoyo», exclamó.

Fue interesante pensar que había conocido a Danuta cuando tenía 33 años y ahora estaba cerca de los 60. Ella dijo que gran parte de esos años solo significó trabajo agrícola extenuante por pocos ingresos.

Era la primera vez que me sentaba con ella después de conocer a detalle los registros judiciales sobre los hombres armados y su ataque militar asesino, y cómo trataron brutalmente a su abuelo para obtener ganancias financieras. Los registros judiciales, que Dominik había compartido con ella, incluían testimonios sobre su vecino Edward Kozioł, quien dirigió a los atacantes al escondite de la familia judía en su propiedad.

Nuestra conversación fue sombría y tranquila; yo hacía las preguntas y Gosia traducía. Fue muy diferente a la última visita, cuando tuve problemas para seguir el ritmo de la conversación incluso de Gosia debido a las constantes interrupciones y comentarios paralelos del primo Sam. Lo que surgió de esta charla con Danuta fue el hecho de verse afectada por el resentimiento persistente de los aldeanos que habían condenado al ostracismo a su familia. En lugar de relajarse, las opiniones de las personas que vivían en este enclave montañoso de casas juntas y miradas indiscretas solo se habían endurecido con el tiempo.

Los vecinos responsabilizaron a los Dula por haber sido asesinados, al «salir de noche cuando la guerra casi había terminado», como dijo Danuta.

—La gente se dio cuenta, pero se quedaron con esa información. Los agricultores ni siquiera hablaban entre ellos al respecto. De alguna manera ese rumor llegó a estos supuestos partisanos.

Me sorprendió que no recriminara a su vecino Edward Kozioł a pesar de que había sido condenado e incluso encerrado por entregar a los Dula. Y tomé su referencia a los «supuestos partisanos» como sarcasmo.

Le pregunté qué pensaba sobre la manera en que los aldeanos consideraban a los hombres condenados por matar a las personas escondidas en comparación con los que habían tratado a su familia.

Se quitó los lentes y los dejó sobre la mesa, como si considerara la comparación por primera vez.

—Llama la atención que todos sabían quiénes eran los responsables, pero nadie les recriminaba. La gente era mala con mi familia, pero no con los asesinos.

Para Danuta, dicha actitud persistía hasta la actualidad. Cuando el autor Kozioł describió el ataque a la granja de Sodo se basó en el relato del hombre más anciano del pueblo, Tadeusz Nowak, el que dijo que estaba durmiendo en un campo de zarzales cuando escuchó los disparos. Nowak persuadió al autor de hablar con Danuta sobre los eventos que habían ocurrido en su propiedad, a pesar de que se había enterado de los detalles gracias a su padre y a su tío.

Danuta dijo que Nowak le expresó al autor: «No, no te metas en eso. Ellos no saben nada. No les hables y no te metas en su vida».

Y no mucho antes de nuestra visita supo que algunos aldeanos todavía estaban furiosos por nuestras entrevistas.

—Estaba hablando con alguien que preguntaba por tu visita. Le dije que tenías la intención de ir a ese lugar, y durante la conversación mencionaron que por lo que hicieron mis abuelos todo el pueblo estuvo en peligro y sus vidas estaban amenazadas. La gente todavía estaba enojada con mis abuelos porque arriesgaron la vida de otras personas.

—¡Es broma! —exclamé—. ¿Incluso ahora? —Negué con la cabeza—. ¿Y no podrías decir: «Los polacos los mataron, no los alemanes?».

Danuta se encogió de hombros. Era un peso que había soportado toda su vida. A nosotros, ella y la esposa de su tío nos habían dicho que los Dula no deberían haber sido asesinados. Pero en conversaciones con los aldeanos, la antigua población de judíos se había reducido a una amenaza, y aquellos que los eliminaron, de acuerdo con esta lógica, habían hecho que su comunidad fuera más segura. Los judíos eran extraños en ese entonces y también ahora. Una mancha que se extendía a cualquiera que hubiera tenido contacto con nosotros.

Incluso antes de que Polonia prohibiera culpar a los polacos por su participación en el Holocausto ya era un tabú.

—Aun después de tu visita con las cámaras, la gente decía muchas estupideces. ¡No quisiera repetirlas! ¡Que regresaste para reclamar tu antigua propiedad, que nos quieres pagar o darnos oro! ¡Tantos comentarios sin sentido! Incluso mi prima me preguntó una vez: «Después de que estuvieron aquí, en tu casa, ¿no buscaste oro escondido?».

En cuanto a los atacantes acusados de estar implicados en 14 o más asesinatos, Danuta refirió que los hombres que también estuvieron involucrados en otros asesinatos finalmente escaparon.

—Los tribunales cambiaron estos castigos y al final la amnistía liberó a esas personas.

No obstante, más allá de los hechos de los asesinatos de los Dula, la experiencia de la familia Sodo dentro de su comunidad socava la narrativa polaca. El Gobierno del PiS insiste en que los polacos se involucraron en esfuerzos generalizados para ayudar a los judíos durante la ocupación nazi, una narrativa que se remonta al comienzo de la era comunista.[3] Esta ha sido inflada y aplicada en lo que se llama *polityka historyczna* (política histórica) desde mediados de la década de 2000, comenzando con el debate de Jedwabne.[4] Aprendería sobre esto gracias al trabajo de la estudiosa del Holocausto Joanna B. Michlic, quien ha escrito extensamente sobre las secuelas de Jedwabne en los polacos, y al haberla conocido cuando estaba en Brandeis. Lo que está por completo ausente de esta versión de la historia polaca es la noción de que estos «polacos justos» sufren un estigma en sus propias comunidades.

Académicos como Michlic en su libro *Poland's Threatening Other* han escrito sobre cómo la sociedad polaca nunca permitió que los judíos se reincorporaran después de la Segunda Guerra Mundial. Y más tarde las revelaciones sobre Jedwabne encendieron una reacción virulenta «por poner fin a la autoimagen de Polonia como una comunidad de víctimas y héroes».[5] Se escudaron en viejas creencias, como que los judíos apoyaban el bolchevismo y consentían la invasión soviética. En otras palabras, los judíos eran culpables de crímenes contra Polonia y «los polacos eran las "verdaderas víctimas" frente a los judíos».[6]

Los asesinatos de los Dula también se habían incrustado y entrelazado en una mentalidad comunitaria frustrada. Más allá de lo que dijeran los registros o los testigos, los partisanos simplemente no podían considerarse responsables. La culpa tenía que estar en otra parte.

Después de todo, ahora era ilegal decir lo contrario en Polonia. La ley había sellado una historia retorcida, incluso lo que sucedió en esta misma propiedad. Danuta dijo que estaba al tanto de cómo se fue dando el impulso de la ley.

—Esta nueva legislación que causó revuelo en todo el mundo teóricamente se aplicó para hablar sobre los «campos de exterminio polacos» —declaró, como si encontrara ese ímpetu plausible—. Pero todo hombre pensante sabe que estos fueron campos de exterminio alemanes.

Caminamos hasta las tumbas de los Dula, enmarcadas por una gruesa capa de césped. Dijimos el *Kaddish*, aunque me pareció un gesto de impotencia frente a lo que sabía que le sucedió a esta familia condenada. La ira en mí bullía con los recuerdos de los testimonios de la Corte y los relatos de los aldeanos que Kozioł citó culpando a los Dula por atreverse, después de 18 meses de estar sentados debajo de un granero, a tomar un sorbo de aire fresco por la noche. Como si fueran los culpables de la traición de los vecinos y las ejecuciones que siguieron.

Solo el abuelo de Danuta reconoció haber visto a alguien apretar el gatillo en las ejecuciones de los cinco adultos que había protegido durante mucho tiempo. Y el único hombre que reconoció o recordó fue el que le apuntaba con una pistola a la cabeza.

Recorrimos los campos y Danuta anunció una gran noticia: Dominik estaba a punto de convertirse en padre. Ella sonrió. No veía la hora de convertirse en una abuela consentidora. Qué lindo compartir su alegría.

Nos quedamos juntas, disfrutando de la vista panorámica del valle alrededor de Kazimierza y su cautivadora belleza. Sentía un vínculo innegable con este lugar a pesar de las atrocidades y la incapacidad de esta comunidad para enfrentar lo que había sucedido.

Después nos acompañó hasta el coche. Casi podía ver a los vecinos observando a los visitantes de Danuta desde sus ventanas.

Le comenté que los entrometidos volverían a murmurar. Ella dijo:

—Siempre lo hacen.

Me disculpé por mi ofrenda floral.

—Lo siento, no tengo oro para ti.

Ella se rio fuertemente y dijo que, de cualquier modo, no usaba oro, y que siempre éramos bienvenidos en su casa.

Puse mi brazo alrededor de ella. La sentí rígida. Una sensación de paranoia me atravesó. ¿Acaso era la primera judía que tocaba? Entonces ella se rio. Estábamos expuestas a las miradas de sus vecinos.

Me di la vuelta y saludé, sonriendo y volteando en cada dirección cruzando miradas con todos los que podían ver la granja de los Sodo.

En un principio esperábamos que el hijo de Danuta, Dominik, pudiera reunirse con nosotros en su casa, pero no podía alejarse del trabajo, así que manejamos hacia el este durante más de dos horas a la frontera con Ucrania para reunirnos.

Tenía muchas ganas de ver al chico que había conocido hacía más de veinte años, el día en que el entrevistador de la Fundación Shoah le dijo que recordara que su familia había hecho algo bueno. Ahora era un ingeniero de 29 años con una esposa a la que le faltaba un mes para dar a luz a su primer hijo.

Entramos en la ciudad de Stalowa Wola, entrecerrando los ojos ante el cegador sol de septiembre, y manejamos hasta que el bloque de departamentos de Dominik proporcionó una larga sombra. Esta ciudad industrial construida por los soviéticos como una urbe de acero había pavimentado casi todo lo verde.

Dominik nos dio una cálida bienvenida y nos ofreció una deliciosa rebanada de pastel que su esposa, Kate, había comprado para nuestra visita. Después de charlar sobre el bebé y cómo se había conocido la pareja pasamos a los asuntos que nos habían reunido. Cada uno de nosotros reflexionó sobre si hubiéramos tenido la valentía de los bisabuelos de Dominik para esconder a los judíos fugitivos. Dominik pensaba que hoy en día nadie podría estar a la altura de los valientes actos de la generación de sus bisabuelos. Nunca conoció a su bisabuelo, Kazimierz Sodo, y el día que estuve frente Dominik noté que era demasiado joven para entender de qué estaba hablando su tío abuelo.

—Mi mamá me explicó un poco y yo hice muchas preguntas. —Con el tiempo supo de más detalles al escuchar las conversaciones de sus padres. De tal modo creció su convicción de que la verdad debe ser compartida.

»En el pueblo, sin embargo, todos querían olvidarse de lo sucedido. Particularmente las personas que estaban allí mintieron sobre esta situación. Fue difícil vivir seguro en este lugar.

La segunda parte, sobre quién mató a los judíos ocultos, vino después.

—Para ser honesto contigo, tal vez solo cuando me enviaste estos documentos.

Pero Dominik mencionó que se aseguró de contarles a todos sus conocidos la historia de lo que sucedió en la granja de su familia.

Les pregunté qué pensaban de la nueva ley que buscaba blanquear la historia de la Segunda Guerra Mundial en lo relativo a Polonia. Su esposa intervino antes de que Dominik pudiera responder.

Kate dijo:

—No quiero sonar grosera, pero durante cien años Polonia no existió. Ahora están tratando de mantener vivo el patriotismo para una nueva generación.

Describió la experiencia de sus padres, que se conocieron en un campo de trabajos forzados alemán, y cómo sufrieron la invasión rusa a principios de la guerra y luego también la ocupación alemana. Elogió al Gobierno del PiS porque «hablan de los sacrificios que hizo la gente. Cada país trata de hacer sus propios héroes y enseñar a sus jóvenes su propia historia».

Dominik y Kate estaban sentados uno al lado del otro frente a nosotros. Él abrió mucho los ojos cuando ella defendió la ley.

—¿Qué piensa la gente en Estados Unidos sobre esta situación? Casi todos a los que les conté sobre esta historia me dicen que están sorprendidos de que los polacos fueran asesinos. No soldados alemanes, sino el pueblo polaco —me preguntó.

—La mayoría de los estadounidenses no piensa en esto en absoluto. Y los judíos solo se interesan, comprensiblemente, en lo que les sucedió —respondí. También comenté que tenía miedo de que con la nueva ley el cambio fuera aún menos probable—. ¿Y quién sabe qué historia será reprimida a continuación?

Dominik asintió y sonrió.

—Está bien, para mí, la historia debería ser solo verdadera, sin importar cómo se vea.

Esta declaración era simple y pura. Apenas pude evitar saltar de alegría y vitorear.

—Exactamente —dije—. En el momento en el que comenzamos a oscurecer la verdad, en moldearla, perdemos algo. Una vez que lo enfrentas, incluso si es desagradable, puedes seguir adelante. ¿Cómo seguirá adelante Polonia?

—Siempre será así —apuntó Kate.

—Pero si no hacemos todo lo posible para enfrentar lo que realmente sucedió, no sabremos cuál es la verdad —comenté.

—Esto te apasiona y te interesa mucho. Te ha tocado de una manera particular. Sucede con todas las personas. No puedes simplemente ser objetivo sobre esto. Debes ver ambos lados, y siempre habrá uno con el que te identifiques —prosiguió Kate.

Pero Dominik no aceptaba esto. Declaró con plena convicción:

—No hay historia sin verdad. La verdad es la verdad. Mi hijo sabrá la verdad.

Habíamos estado hablando durante horas y no quería irme. Nos abrazamos calidamente. Pude escuchar a Dominik decir esas palabras una y otra vez en mi mente todo el camino de regreso a Cracovia y mucho más allá. Luego de llegar a casa escuché la grabación en repetidas ocasiones; sus palabras me cubrían como un bálsamo: «Mi hijo sabrá la verdad».

Los aldeanos de Kazimierza Wielka asistieron a una ceremonia en honor a los casi trescientos judíos asesinados por los nazis en 1942. Las víctimas habían huido de la deportación y algunas regresaron a la ciudad, mientras que otras perdieron sus escondites. El mismo monumento que Sam y Judy encontraron profanado en 1991 y que Sam firmó en un acto de desafío fue rehabilitado y se convirtió en la pieza central de la ceremonia a la que asistieron Judy y su esposo como invitados de honor de la ciudad en representación de su familia en 2021.

15

INVITADOS DE HONOR

Kazimierza Wielka, Polonia, 2021

El cartel en manos de un conductor fuera del aeropuerto de Cracovia decía: «Sra. y Sr. Rakowsky». Me reí. Los ayudantes del alcalde de Kazimierza le habían adjudicado mi apellido a mi esposo. Hicimos el vuelo como invitados para disfrutar de la «Jornada de la cultura judía en Kazimierza», la primera celebración de este tipo en la ciudad.

El chofer del alcalde aceleró a través de las rotondas de Cracovia, que nos hicieron dar vuelta como un aspersor de césped gigante hacia el campo. En un tiempo récord nos encontramos sentados en la oficina del alcalde de Kazimierza, donde no había estado desde que Knopek utilizó un recurso para el rastreo de Hena. Ahora representábamos a la familia que había vivido aquí durante generaciones, concretamente, el primo Sam, el sobreviviente del Holocausto más anciano de la ciudad. A los 97 años, con la pandemia por el COVID-19 en su momento más crítico, se excusó para no hacer el viaje.

El alcalde Adam Bodzioch, un hombre menudo que siempre estaba en movimiento, nos saludó calurosamente, con los ojos entrecerrados por encima de su cubrebocas. Nos ofreció capuchinos y galletas cubiertas de mermelada como las que hacía mi abuela polaca, y que yo siempre había pensado que eran un dulce judío. Bodzioch nos recibió de forma diplomática y nos dio una gran cantidad de regalos con el logo de la ciudad: prendedores de solapa, bolsos de futbol, libros y placas. Nosotros le obsequiamos jarabe de arce de Nueva Inglaterra, que nuestros anfitriones pensaron que solo se obtenía en Canadá, y bourbon de Kentucky.

Un fotógrafo documentaba cada uno de nuestros movimientos. Le agradecí al alcalde por su hospitalidad. Le pregunté por qué Kazimierza estaba organizando ahora su celebración de la cultura judía. El funcionario dijo que su propia experiencia sirvió de motivación. Siendo niño, escuchaba hablar a sus padres sobre sus amigos judíos que huían de los alemanes. Y de cómo les daban pan.

Aunque sonaba sencillo, aprendí de Sam que incluso dar pan a los judíos durante la guerra era un acto político. Sam visitó a antiguos vecinos que reconocieron en privado que mi tía abuela Frymet había llamado a su puerta por la noche durante la guerra y que le dieron pan, aunque cuando salió el tema frente a otras personas dijeron que se lo habían vendido. Llamaba la atención que décadas después del conflicto bélico tuvieran una actitud cautelosa para admitir cualquier tipo de amabilidad en tiempos de guerra con un judío, incluso con un vecino que al final fuera asesinado.

Nuestra visita se produjo inmediatamente después de los sucesos que habían convertido a Polonia en un centro de atención internacional poco halagador para los principales acontecimientos de las «guerras de la memoria», lo que provocó un tremendo alboroto y división. Comenzó con la publicación en 2018 de un importante estudio de dos volúmenes, *Dalej jest noc. Losy Żydów w wybranych powiatach okupowanej Polski* (Noche sin fin: El destino de los judíos en los condados seleccionados de la Polonia ocupada). El estudio de 1 640 páginas de nueve condados polacos determinó que los judíos que trataban de eludir la persecución nazi en las pequeñas ciudades polacas quedaron atrapados en trampas mortales. Los judíos tenían entre 1.5 y 2.0% de posibilidades de sobrevivir al Holocausto en Polonia debido no solo a las acciones de los alemanes sino también a sus propios vecinos.[1]

La obra dedicaba una sección de doscientas páginas a un estudio de la comarca que incluye a Kazimierza. Me moría por saber lo que decía.

El primo Sam había encargado el libro, publicado solo en polaco. El día que lo recibió en su casa en Florida se sentó y leyó el segmento completo sobre el condado de Miechów. Me telefoneó lleno de emoción.

—Incluyen en el libro el nombre de mi padre, y también el de mi tío por administrar la despensa de alimentos y la cocina para judíos durante la ocupación —dijo.

Su reacción se enfocó en la prueba de vida, como cuando vio su certificado de nacimiento en un archivo polaco y cuando identificó su nombre y calificaciones en los libros de su antigua escuela.

El estudio examinaba la vida judía y las relaciones polaco-judías en la zona antes de la guerra y bajo la ocupación alemana, incluidos los trabajos forzados y las deportaciones masivas al campo de exterminio de Bełżec. También narraba episodios de asesinatos de hombres, mujeres y niños judíos por parte de miembros de organizaciones clandestinas locales.

Dalej jest noc (Noche sin fin) fue una prueba a gran escala. En una videollamada después de una larga sesión de lectura, Sam levantó el comprobante de envío del libro y se rio.

—Es un libro extraordinario. Esta es una de las mejores obras sobre la historia de los judíos polacos. Es increíble —exclamó—. No ocultan nada.

Le dije que el Gobierno polaco estaba molesto con el libro.

Su respuesta fue magnífica:

—No pueden negarlo. Esto es un hecho. Está por todas partes que los polacos mataron judíos. En todos los distritos, los polacos estaban matando judíos. No es político. Robaron judíos, mataron judíos, los despojaron, los vendieron a los alemanes, a la policía polaca.

También se sintió reivindicado y al mismo tiempo consternado por el volumen y el detalle de las revelaciones en todo el estudio, que incluía más de 3 500 notas a pie de página. Un crítico lo calificó como «una reconstrucción sin precedentes de la realidad diaria del genocidio, que demuestra meticulosamente el alcance de la participación local polaca en la caza y el asesinato de sus vecinos judíos. Ninguna cantidad de argumentos apologéticos podrá disipar los hallazgos bien documentados de este volumen o disputar la conclusión general de que numerosas víctimas podrían haber sobrevivido de no haber sido por la codicia y la insensibilidad de la sociedad polaca que los rodea».[2]

En opinión de Sam, «este es el libro más destacado y el mejor que he visto sobre lo que les pasó a los judíos. El capítulo más extenso es sobre mi área. Probablemente sea una de las más terribles. Quizá allí, más judíos fueron asesinados que en cualquier otro lugar».

El apartado sobre Miechów fue escrito por Dariusz Libionka, con quien mantuve correspondencia muchos años antes al comienzo de su investigación sobre el distrito. Se basó en algunos de los mismos archivos de IPN que había obtenido Przemek, que detallaban los asesinatos de los Ptasnik y Czosnek en la granja Pabis, y lo acontecido a los Dula en la granja Sodo. Pero la revelación más sorprendente del libro fue la frecuencia con la que los partisanos organizaron masacres de judíos escondidos en nuestro condado natal. Libionka elaboró una tabla organizada por fecha, grupo clandestino responsable y el número de judíos asesinados. AK, la organización más grande y estructurada, tiene la mayor cantidad, con 72 judíos asesinados entre 1943 y 1944 en ese condado.[3]

Una unidad AK de cincuenta personas invadió una granja que ocultaba a tres familias judías el 5 de mayo de 1944, luego del ataque a los Sodo del 3 de mayo y el ataque de la granja Pabis del 4 de mayo. Asesinaron a una familia de seis, incluidos cuatro niños. El AK también mató a la esposa y la hija del salvador, Konieczny. Cuatro personas escaparon del ataque, de las cuales solo una sobrevivió a la guerra. Algunas de las acometidas, como lo demostraron los registros judiciales de los Dula, involucraron a miembros de múltiples grupos unidos en un propósito común.

De hecho, la matanza de judíos escondidos por parte de grupos clandestinos en 1944 fue tan generalizada que un sector partisano judío dio la voz de alarma al Gobierno polaco en el exilio, que, según Libionka, intentó una intervención. Pero a pesar de todas las revelaciones del capítulo, no menciona los asesinatos de los Rożeńek en Zagórzyce.

Envié un correo electrónico a Joanna Tokarska-Bakir, la historiadora polaca autora de *Jewish Fugitives in the Countryside 1939-1945* (Fugitivos judíos en el campo) y muchos otros trabajos que involucraban la investigación del IPN en la misma geografía que el capítulo de Libionka. En un correo electrónico puso palabras a mi conclusión de *Night without End*, lo que me dejó sin la posibilidad de encontrar el rastro de Hena.

Tokarska-Bakir dijo: «El problema de detectar cualquier rastro de sus asesinatos es bastante significativo cuando hay tantos crímenes en el área».[4]

Después de todos estos años de rastrear a una mujer que sobrevivió a una masacre, pensando que estaría presente en la memoria de las personas, su comentario dejó en claro que eso era poco probable. La mera frecuencia de estas masacres destruyó no solo vidas sino también recuerdos. Estos ataques partisanos contra los judíos ocurrieron con tanta regularidad que se volvieron comunes.

Los defensores del honor polaco frente a pruebas tan abrumadoras aún encontraron una manera de montar un ataque contra *Night without End*.

Una ONG organizada y financiada por el Gobierno demandó a los editores del libro, Jan Grabowski y Barbara Engelking, por difamación, alegando que habían dañado la reputación de un alcalde muerto hacía mucho tiempo de un pueblo en el noreste de Polonia que fue descrito en el testimonio de un sobreviviente del Holocausto como alguien que robó durante la guerra y traicionó a 18 judíos que se escondían en un bosque cercano a los alemanes. La sobrina del alcalde muerto afirmó, al igual que algunos de los acusados por el asesinato de los Dula, que era imposible porque había tomado medidas para salvar a otros judíos.

Sentí que entendía el pensamiento de quienes demandaron a los editores con base en los comentarios que la esposa de Dominik, Kate, había hecho sobre la necesidad de Polonia de reconocer su propio sufrimiento.

Pero el juez del caso de Grabowski y Engelking llevó el agravio polaco a un nuevo nivel. En un veredicto de 37 páginas, la jueza del Tribunal de Distrito Ewa Jończyk dictaminó que los editores debían presentar una disculpa por escrito a la sobrina del alcalde muerto porque habían publicado información inexacta pero no falsa sobre el hombre, violando el derecho de su sobrina a una identidad nacional positiva.[5]

La jueza escribió: «Podemos suponer que atribuir a los polacos los crímenes del Holocausto cometidos por el Tercer Reich puede interpretarse como hiriente y sorprendente en el sentimiento de identidad y orgullo nacional». Continuó diciendo que tales acusaciones corren el riesgo de atentar «contra el sentimiento de pertenencia nacional y provocan un sentimiento de daño».[6]

Cualquier cosa que cause daño a este indefinido sentido de la dignidad, la jueza la equipara con otras protecciones legales. «Culpar a los polacos por el Holocausto, por el asesinato de judíos en la Segunda Guerra Mundial y por apoderarse de sus propiedades toca la esfera del legado nacional y, en consecuencia, es completamente falso e hiriente, y puede afectar los sentimientos personales».[7]

En ese contexto, el Gobierno polaco aprobó una ley que cierra de golpe y de forma permanente la puerta a los herederos con la esperanza de buscar la restitución de las propiedades tomadas por los alemanes y conservadas por los polacos. La ley de propiedad desató una disputa con Estados Unidos e Israel, que retiró a su máximo diplomático en Polonia.

Sam tenía fuertes sentimientos sobre la ley de restitución, pero no tenía nada que ganar ni que perder. Décadas atrás, el padre de Sam había buscado una compensación y los Rakowski habían recibido un cheque por 3 500 dólares del Departamento del Tesoro de Estados Unidos por la casa.

La impugnación legal de *Night without End* atrajo mucha atención de los medios internacionales, pero el litigio no tenía nada que ver con el estudio dedicado a su provincia natal. Sam pasó horas estudiando detenidamente esas doscientas páginas, deleitándose con los detalles sobre la vida judía local antes de la guerra y cómo funcionaba la comunidad bajo la ocupación y la destrucción que siguió. En nuestras videollamadas habló sobre lo relativo a su condado.

Él dijo:

—Leo esto y estoy de regreso en Kazimierza Wielka.

Ahora, yo estaba de vuelta en Kazimierza, no como la «secretaria» silenciosa de Sam, sino como una invitada. Por primera vez pasé la noche en la ciudad, hospedada en un antiguo palacio construido por la sociedad de la fábrica de azúcar que domina los terrenos de la antigua refinería de azúcar. La extensa propiedad fue durante mucho tiempo dominio de los nobles de la familia Łubieński, que se convirtieron en magnates en el siglo xix. Los alemanes ocuparon la fábrica durante la Segunda Guerra Mundial, hasta el verano de 1944. Fue entonces cuando varias unidades guerrilleras de la clandestinidad tomaron Kazimierza Wielka.[8]

Los partisanos que atacaron la finca Sodo, según los registros judiciales, se habían rearmado y recargado entre masacres con armas almacenadas en la fábrica de azúcar. No tenía motivos para creer que todos los clandestinos de por aquí fueran cómplices de las ejecuciones y robos de judíos escondidos. Pero ¿cuántos lo sabían y se hicieron de la vista gorda?

Miré por la ventana de nuestro hotel el horizonte carmesí. Tantos detalles inquietantes que había aprendido desde la última vez que estuve aquí volvieron a mi mente.

Qué paseo más ajetreado. Este intento de décadas por tratar de resolver un caso había llevado a tantos otros. Los asesinatos espeluznantes de familias enteras de judíos escondidos, mis propios parientes, se habían ocultado durante mucho tiempo. El encubrimiento estaba en curso, y llegaba hasta los niveles gubernamentales más altos. El Gobierno había apilado la baraja en contra para que la verdad no saliera a la luz o no se creyera, incluso frente a tanta evidencia, al socavar el pensamiento independiente en los tribunales y los medios de comunicación.

Semanas antes de que llegáramos, un tribunal de apelaciones anuló la sentencia por difamación contra los editores de *Night without End*, y encontró que la decisión del tribunal inferior amenazaba la libertad académica. La Corte de Apelaciones absolvió a los historiadores del Holocausto de la orden de disculparse con la sobrina del difunto alcalde. Pero el caso puso al descubierto el enfoque del Gobierno en codificar la inocencia histórica de Polonia. El retroceso parecía limitado o silenciado. Después de todo, incluso la esposa de Dominik, Kate, que sabía lo que sucedió en la granja de la familia de su esposo, vio la necesidad de elevar el orgullo nacional por encima de la verdad poco favorecedora.

Kazimierza se opuso a la tendencia nacional al realizar su primera celebración cultural judía en un momento en que tales festivales estaban en declive en Polonia. El país se estaba volcando bruscamente hacia adentro bajo el gobierno nacionalista conservador del PiS, y había desalentado la práctica de celebrar la población fantasma de judíos. El cambio cultural generalizado que consolidó el Gobierno del PiS estaba lejos de ser sutil.

El Gobierno removió a Dariusz Stola de su cargo en el Museo Polin, a pesar de los grandes elogios y los codiciados premios internacionales que obtuvo bajo su dirección. Stola fue castigado por expresar su oposición a la ley de memoria del Holocausto.[9] Lo que selló su destino fue una exhibición que el museo montó bajo su gestión y que detalla la campaña del Gobierno comunista en 1968 por expulsar a los judíos acusados de anticomunistas. Fue un giro irónico de la narrativa antisemita tradicional que vilipendiaba a todos los judíos porque algunos ocupaban puestos de alto nivel en el Gobierno comunista después de la guerra. También fue efectivo. A finales de la década de 1960, unos 20 000 ciudadanos polacos de ascendencia judía abandonaron Polonia. Los acontecimientos antijudíos de 1968 son bien conocidos. Pero el Gobierno del PiS criticó a Stola por «politizar el museo».

La versión del Gobierno del PiS fue que casi todos los polacos ayudaron desinteresadamente a los judíos durante la Segunda Guerra Mundial. Si eso fuera así, ¿por qué los vecinos y los aldeanos habían causado tanto dolor a generaciones de Mlekos y Sodos? Para la celebración de Kazimierza, el primo Sam instó al alcalde a invitar a la familia Mleko, quienes fueron sus valientes y generosos protectores, así como a los Sikorski, quienes escondieron al difunto Ray Fishler, y también a Danuta Sodo Ogórek y su familia, quienes ocultaron a los Dula.

No sabía si era ampliamente conocido más allá de sus vecindarios que los Mlekos y Sikorskis rescataban judíos. Pero muchos estaban al tanto de la estadía de los Dula en la finca Sodo y cómo terminó. Hice eco de la solicitud de Sam y me enteré de que el alcalde ya estaba en el proceso de invitar a todos los rescatadores que conocía.

Los correos electrónicos eran constantes entre nosotros y la oficina del alcalde, y con Tadeusz Kozioł, que estaba trabajando en una nueva edición de su libro. También me puse en contacto con un gestor cultural en el pueblo cercano de Busko-Zdrój, donde tales celebraciones de la vida judía estaban presentes en el calendario comunitario desde hacía 19 años. Gracias a Google Translate pude comunicarme en nombre de Sam y proporcionar material suyo a Kozioł para su nuevo libro. Incluía información que Sam estaba dispuesto a difundir a las generaciones futuras sobre los comerciantes y artesanos judíos que alguna vez florecieron en Kazimierza, así como documentos e imágenes que recuerdan a su familia.

El alcalde Adam Bodzioch caminaba de puntitas por un camino irregular. Otros políticos de la zona que habían encabezado eventos para conmemorar la historia judía y proyectos de restauración de cementerios y sinagogas judíos habían perdido apoyos del Gobierno y ofertas de reelección. Bodzioch esperaba evitar ese destino. Ya había afinado un panorama políticamente conservador en una provincia que era una de las docenas en todo el país que promocionaban su intolerancia al aprobar resoluciones que los declaraban «zona libre de LGBT», en la que las personas de esta comunidad no eran bienvenidas, medidas que la Unión Europea encontraba tan intolerantes que amenazó con frenar el financiamiento.

Bodzioch, un veterinario convertido en político, había acumulado una reserva de buena voluntad durante cuatro periodos en el cargo antes de tomarse un descanso en 2014, una época de creciente apoyo en todo el país, particularmente en las zonas rurales, para el populismo nacionalista del PiS. Regresó en 2018, superando a su titular PiS por un amplio margen.

Aportó entusiasmo y una sensación de calma al trabajo, con un estilo que reflejaba el de Sam en forma de una ofensiva popular. Bodzioch estaba en todas partes. Aparecía y hacía crónicas de eventos en escuelas, deportes y reuniones en Facebook, y obtuvo incluso más «me gusta» que votos.

Sam nunca había conocido al alcalde a pesar de sus múltiples viajes. Pero lo compensaron poniéndolo en contacto por videollamada, teléfono, correo electrónico y las acostumbradas actualizaciones del alcalde en Facebook. Sam le ofrecía pequeños datos locales sobre hechos históricos, y el alcalde valoraba sus contribuciones y su útil perspectiva. De tal manera, lograron crear un puente de comunicación a pesar de la distancia y la geografía, a través del apoyo mutuo para futuros eventos educativos y culturales.

Sam enfatizaba repetidamente: «En la vida antes de la guerra teníamos buenas relaciones entre la comunidad judía y todos los demás». En cada correspondencia con el alcalde Sam firmaba con su nombre, «hijo de Kazimierza Wielka».

La noche que llegamos, el alcalde y un ayudante nos invitaron a cenar en el hotel. Pedimos abundantes platillos de *borsch*, carne y *pierogi*, mientras que aquel, que dijo que ya había cenado, se zambulló en un enorme helado con el deleite de un niño.

Le pregunté por qué la ciudad había tardado tanto en albergar su primer festival cultural judío.

Los eventos tardaron cinco años en gestarse, reconoció, y estaban atrasados. La ciudad había aprendido mucho del ejemplo de la cercana Busko-Zdrój, una ciudad-balneario que ya tenía éxito atrayendo turismo. Más allá de los recuerdos sombríos, Busko había desarrollado una lista completa de presentaciones musicales y teatrales, conferencias y ceremonias para su festival judío. Kazimierza estaba siguiendo el ejemplo de Busko, pero apenas estaba logrando generar apoyo local. En cualquier caso, Bodzioch pensó que era el momento adecuado. La generación que había vivido la guerra y había conocido judíos, como sus propios padres, que tenían amigos judíos, se extinguía.

Pero ¿qué pasa con la fría recepción a tales festivales por parte del Gobierno nacional?

El alcalde se encogió de hombros y esbozó una sonrisa traviesa.

—No me importa —dijo.

Citó a un conocido sobreviviente de Buchenwald, Jakub Goldberg, quien se convirtió en un influyente historiador polaco e israelí:

—No hay historia polaca sin los judíos.[10]

Deseé haber estado más atenta en ese momento para responder con el resto de esa conocida cita: «No hay historia judía sin la historia polaca».

Le dije cuán importantes eran estos eventos para mi familia y para Sam, a quien ponía al tanto mediante llamadas frecuentes.

El alcalde Bodzioch asintió y se puso serio.

—También es importante para nosotros.

El día siguiente amaneció brumoso y hermoso, recordando la exuberante belleza de esta tierra. La fragancia dulce y ahumada de los granjeros quemando hojas me hizo sentir nostalgia por esos primeros viajes con Sam. Entonces me di cuenta: hacía 79 años, los judíos se habían despertado con los altavoces a todo volumen que ordenaban que se presentaran en la plaza del mercado. Y mi bisabuela Pearl, sola en su casa, había abierto los ojos en el último día de su vida.

282   EL PACTO SECRETO

Me estremecí ante la imagen. Estábamos en el lugar correcto en este aniversario. Empezamos temprano y nos dirigimos para unirnos al alcalde y al equipo de eventos en los preparativos de la jornada. El alcalde nos llevó a Słonowice y revisó su propio discurso en el camino. Parecía inverosímil consagrar el monumento que hacía mucho tiempo el primo Sam y yo habíamos encontrado abandonado y cubierto con esvásticas. Me preguntaba qué asistentes a los eventos de hoy habían crecido escuchando sobre la ejecución masiva allí. ¿Era ampliamente conocido que muchos de los judíos de la ciudad habían huido de la redada, pero que sus escondites no eran seguros, por lo que regresaron a la ciudad? ¿Sabían que los alemanes los habían encerrado en la escuela? Durante ese encierro, un hermano del tío de Sam, Isaac, saltó una noche por la ventana de un piso superior y escapó. El resto fue expulsado de la ciudad a la vista de todos, obligados a desnudarse ante extraños, humillados hasta el final. Estaban de pie desnudos, ante el pozo, esperando sus propias ejecuciones, mirando hacia abajo a los cuerpos de familiares y vecinos que habían estado vivos momentos antes.

Con base en la gran cantidad de incidentes que Libionka relató en *Night without End*, supuse que alguno de los presentes sabía o estaba relacionado con alguien que traicionó o cometió actos de violencia contra judíos escondidos durante la guerra. Pero el profundo y penetrante orgullo de los partisanos polacos había suprimido y negado durante mucho tiempo cualquier consideración con tales ofensas. Cada polaco en la clandestinidad se había ganado el estatus completo de veterano militar, incluso aquellos condenados por participar en múltiples asesinatos de judíos. Cada uno recibió beneficios completos para veteranos, que en un momento incluyeron un Fiat nuevo y reluciente. La negación era completa.

En el lugar del monumento noté el cambio. Ya no estaba rodeado por los abedules blancos y delgados que grabé mientras seguía a Sam hasta el obelisco. En su madurez, los árboles extendían un dosel de hojas que oscurecía la fosa común en algún lugar cercano.

Desperté de ese recuerdo y me di la vuelta. Vi una larga fila de personas de mediana edad bien vestidas, mujeres con tacones y hombres con saco, que subían penosamente por el empinado camino de tierra. Los pensamientos de escepticismo se desvanecieron al ver las miradas decididas en los rostros de aquellos que habían elegido tomar este camino hacia el bosque.

Tragué saliva, ahogando los sollozos que subían por mi garganta al ver a los solemnes jóvenes exploradores con pañuelos rojos de pie en atención junto al obelisco. En 1942, los alemanes ordenaron a los exploradores locales que cavaran el pozo con anticipación. Ahora, soldados polacos uniformados estaban de pie como centinelas junto al monumento adornado con cintas de colores. Conocí al superviviente Ari Mellor, que se instaló en Canadá después de la guerra y más tarde levantó este monumento. Finalmente, había logrado llamar la atención de manera formal sobre la pérdida de esta comunidad.

El alcalde subió al podio.

—Me emociona estar aquí hoy en un lugar donde las puertas del infierno se abrieron hace 79 años. En el sitio donde los nazis, los torturadores, asesinaron a cerca de trescientas personas de origen judío, ciudadanos de Kazimierza Wielka y sus alrededores. El silencio de este espacio es evidente. Aquí, en Słonowice, como en Oświęcim y en muchos otros lugares de Europa, se puede escuchar el eco de los gritos y llantos desgarradores de hombres, mujeres y niños que nos buscan desde el abismo de la angustia que han vivido. ¿No podríamos escuchar ese grito? Reprimirlo es indiferencia y arrogancia.

»Hoy inclinamos la cabeza sobre la tumba donde descansan nuestros familiares y vecinos, un zapatero que ha sido arrancado del taller, un tendero que nunca más despachará pan, un contador que dejó cuentas sin terminar, un niño que nunca llorará de nuevo. Estas personas eran una cuarta parte de nuestra población. Trabajaron aquí, construyeron casas que aún pueden estar en pie. Señoras y señores, este duelo que encoge el corazón es un preludio que inicia una nueva etapa en la historia de Kazimierza Wielka. Hoy todos somos testigos de la historia. Estamos comprometidos con la memoria.

Después de que los muchos dignatarios fueran reconocidos y ofrecieran sus propias palabras, llegó mi turno. Observé a unas cien personas que se habían reunido aquí, aproximadamente un tercio del número enterrado cerca. Me dirigí a la multitud en inglés, con Gosia de pie a mi lado traduciendo mis palabras.

—«Aquí estoy, *hineni*», le dijeron a Dios Abraham, Moisés y muchos profetas en el Antiguo Testamento. Presentarse es muy importante en nuestra larga tradición, ya que la frase aparece muchas veces en cuatro de los cinco libros de Moisés.

»Esta noche es el *sabbat* que cae entre la celebración de Rosh Hashaná de Año Nuevo y el día más sagrado de Yom Kippur de la próxima semana. Lo llamamos Sabbat Shuvah, el Sabbat del Regreso. Regresamos aquí por todo lo que están haciendo para darnos la bienvenida.

»Es algo monumental. Puede que no sea lo que todos los demás en Polonia están haciendo ahora, pero ustedes están aquí. *Hineni.*

Hablé sobre la primera vez que visité este lugar, cuando Sam y yo estábamos tristes porque lo habían vandalizado. Sam había grabado su nombre en la parte posterior y declarado: «A Hitler le faltó uno».

Él estaba aquí. *Hineni.*

—Samuel Rakowski —continué—, que ahora es un hombre inteligente y optimista de 97 años que vive con su esposa, Bilha, en Florida, me presentó este lugar no solo como uno de tragedia sino también como el pueblo de donde proviene la familia de mi bisabuela Pearl Chilewicz y donde mi bisabuelo abrió un aserradero, con materiales que se destinaban a graneros, casas y puentes cercanos, y en el que nuestros parientes tenían tiendas en toda la calle Sienkiewicz.

Les agradecí al alcalde y a todos los que hicieron posible el evento en nombre de Sam y nuestra familia, y luego dije la parte silenciosa en voz alta:

—También agradecemos a los Mleko por esconder a nuestra familia, que sobrevivió, y a personas como los Sodo, que ocultaron a nuestros primos los Dula, y a otros que escondieron a los Rożeńek y a mi tía abuela Frymet Rakowski, a pesar de que terminaron siendo asesinados.

»Dieron un paso al frente y se expusieron y fueron muy valientes. *Hineni.*

Después de mi discurso, mi esposo se unió a mí en el micrófono y cantamos Kadish, la oración por los muertos, en arameo. Esto no era algo que Gosia pudiera traducir. Pero dado el contexto, esperaba que todos entendieran el significado.

Saludé a los Mleko en la multitud. ¿Podría esta comunidad finalmente perdonar a sus hermanos, o más bien, a los nietos y bisnietos de estos, por esconder judíos? No vi a Danuta y esperaba que no se hubiera alejado debido a este estigma. Resultó, supe más tarde, que ella se había quedado en casa para supervisar a los trabajadores que excavaban en su propiedad para instalar tuberías de agua. Tenía miedo de que desenterraran los huesos de los Dula y pudieran culparla por ello. Después de más de tres cuartos de siglo era sobrecogedor que ella fuera la que se preocupara por tener problemas.

Después de los discursos, el alcalde y otros funcionarios colocaron ofrendas florales junto al monumento. En una conversación dada la noche anterior con el alcalde mencioné que los judíos muestran respeto por los difuntos colocando pequeñas piedras en las tumbas. El alcalde se había encargado de traer piedras de su propio patio para que pudiéramos seguir nuestra tradición. La audiencia puede haber quedado perpleja por esta práctica, pero fue muy conmovedor cuando él me entregó las piedras que Sammy y yo procedimos a colocar en el monumento.

Luego, el grupo se volvió a reunir en la biblioteca local para la presentación del último libro de Kozioł, el que está lleno de fotos y descripciones de la historia familiar de Sam. Le siguieron presentaciones musicales y teatrales. Más tarde me hicieron subir al escenario para conocer a una invitada sorpresa, Monika Anielska. No reconocí a la mujer rubia que caminaba hacia mí frente a una multitud que estaba de pie como la exadolescente que una vez me mostró su colección de los Beatles mientras su abuelo y Sam recordaban el pasado. Abracé torpemente a la nieta de Guca, avergonzada de no reconocerla. Aunque Guca minimizó cualquier beneficio financiero que obtuvo del aserradero Rakowski, a los ojos del pueblo, Monika y yo simbolizamos la transferencia de un negocio judío emblemático a una familia polaca local.

Después de finalizadas las presentaciones, dos jóvenes maestros de escuela se me acercaron para decirme que eran nuevos en la ciudad y que querían educar a sus alumnos sobre la antigua población judía. ¿Podría venir el primo Sam y enseñar a sus alumnos sobre los judíos? Les di las gracias, pero les dije que Sam había venido aquí muchas veces, y que ya no estaba en condiciones de viajar a los 97 años. Pero tal vez podríamos organizar una videollamada.

La multitud estaba emocionada por la hora de la comida: un gran bufet de un restaurante local de estilo judío. El ganso asado, el pescado ahumado, las sopas y las ensaladas eran tan solicitadas que, incluso con la ayuda del alcalde, apenas pude acercarme a los platillos. La gente arremolinada se deleitó con la tradición culinaria de los judíos.

Durante un receso en las festividades hablamos por FaceTime con Sam y Bilha, quienes habían visto transmisiones en vivo de los eventos en Facebook. Estaban radiantes. Qué día de orgullo para Kazimierza, comentaron. «Has hecho un buen trabajo representando a la familia».

Tamar y David, los hijos de Sam, que se habían presentado aquí con su padre, también se conmovieron. David presenció los discursos en línea y envió un correo electrónico: «Uno solo necesita sentarse y reflexionar sobre lo que sucedió allí, en el lugar no hace mucho tiempo, a nuestra familia y parientes. Es muy personal, y gracias por estar allí y compartir con los funcionarios y la gente del pueblo lo significativo que fue y es. Tú honras la memoria de los que se perdieron y de los que aún recuerdan».

Esa noche, un grupo considerable se presentó en un anfiteatro en el parque con representaciones y canciones tipo *El violinista en el tejado*, dejando a los judíos en algún lugar del siglo XIX. Sammy me dio un codazo y se quedó sorprendido. En la creciente oscuridad del parque, Kozioł, el autor cuyo primer libro había comenzado con referencias desdeñosas a la historia judía y las fechorías de los partisanos, insistió en posar conmigo y su familia para una foto grupal. Vi, para mi sorpresa, que estaba llorando. Mencionó, con la ayuda de su hija para traducir, que se sintió muy diferente después de escribir su libro. Ahora no tenía más que tristeza por lo que les pasó a los judíos.

Cerca de ahí estaba Danuta, disfrutando de una actuación de acrobacias con un amigo.

—Es interesante quién está aquí —dijo—, y quién no está. —Me lanzó una mirada de complicidad, e inferí que se refería a gente como sus sospechosos vecinos.

Hablando de ausencias, el alcalde comentó que había invitado a su predecesor, Tadeusz Knopek, el tipo que trató de ayudarnos a encontrar a Hena con una herencia falsa. Pero Knopek, ahora miembro del partido PiS, se negó a asistir.

Al día siguiente, el alcalde nos recibió en un evento deportivo juvenil donde disfrutamos de su almuerzo a la parrilla, y él hizo una crónica en Facebook, así como de todo lo demás. Al salir de la escuela mi esposo comentó:

—Son tan sinceros, y verdaderos aliados para nosotros.

Asentí. Pero Sammy continuó:

—Es muy incómodo y triste porque los judíos se han ido y no tienen forma de aprender sobre este pasado y esta población perdida de polacos.

—Lo sé —dije—. Después de dos generaciones de negar la memoria, esta se ha ido.

En nuestro escaso tiempo libre aprovechamos el ofrecimiento del alcalde para que su chofer Janusz nos llevara a donde quisiéramos ir. Por supuesto, le pedí que nos trasladara a Zagórzyce para una última visita en busca de pistas sobre el misterio de Hena.

Volví a pararme en la cima de la colina donde una vez estuvo la casa, el lugar en el que los padres y hermanos de Hena fueron forzados a salir por la ventana en medio de una lluvia de balas. ¿Qué había sido de esta niña de 16 años cuya búsqueda nos llevó a esta historia oculta de su familia y los Dula? No sé a quién podría confiar su vida cuando los partisanos estaban matando judíos con impunidad. No podía dejar de preguntarme: ¿adónde corrió para ponerse a salvo? ¿Cómo la localizaron más tarde las autoridades y la convocaron para que testificara?

Pasamos por la casa de la nieta de los Radziszewski, donde su madre me había hablado con tanta confianza en 2001. La mujer, quien lucía aspecto cansado y que una vez menospreció su propia letra por parecerse al hebreo, parecía no recordarme. Dijo que su madre había muerto y nadie en su familia sabía nada sobre los Rożeńek. Incluso después de que escuchó a su madre describirme los crueles detalles de los asesinatos y el cerezo embrujado ella mencionó que nadie hablaba de eso.

Antes de irnos de la ciudad volvimos a hablar con Sam y Bilha.

—¿Encontraste a la prima? —preguntaron.

—Todavía no —respondí, un poco a la defensiva.

El alcalde había conseguido las boletas de calificaciones de Hena. En primer grado, sus notas eran en su mayoría *dobry* (equivalentes a un 7 u 8), o buenas. Tenía amigos, obedecía a sus maestros y mostraba disposición para aprender. Durante los siguientes grados siguió aprendiendo bien el polaco, pero le iba regular en matemáticas. En cuarto grado sacaba notas *dobry* en biología e historia. Perdió solo dos días de escuela en todo el ciclo. Al final del año escolar en 1939 completó el cuarto grado. Sus maestros aprobaron su avance al quinto grado en el otoño. Pero Hena nunca tuvo la oportunidad de asistir. La invasión alemana puso fin a su educación formal a los 11 años.

Las calificaciones la hicieron más real que cualquier cosa que hubiéramos encontrado desde mi conversación con la señora Luszczyńska, quien contó que Hena le envió regalos a su bebé después de la guerra. Podía imaginarme a esta joven amigable afrontando decepciones ordinarias hasta que se vio obligada a huir de su hogar y, después de esconderse durante 18 meses, fue testigo de los asesinatos de su familia a manos de sádicos atacantes.

Después de los festivales tomamos un tren en dirección oeste a Breslavia, un viaje paralelo al de Hena muchos años antes. En Breslavia estaba ansiosa por conocer finalmente al eficiente detective de policía con el que me escribía ocasionalmente desde que Bienkowski me había contactado en 2006. Este graduado de la Academia del FBI, un profesional en investigar delitos financieros, había encontrado lo que parecía ser un rastro de Hena. Buscó en las bases de datos e hizo una serie de llamadas. Su franqueza era refrescante. Su opinión sobre los asesinatos de Rożeńek era firme. Se lamentó abiertamente de que «los bastardos que mataron a su familia fueran polacos».

Acordó vernos antes de irse a una conferencia internacional. No sabía si tenía alguna esperanza, pero pensé que era la mejor opción para librar obstáculos que nadie más podía superar. Dijo que podía ir a nuestro hotel, el cual quedaba cerca de la comisaría. Lo vi correr hacia nosotros, un tipo delgado que llevaba una mochila. Sammy comentó:

—¿Crees que esté armado?

Nos llevó al tranvía. Yo trataba de igualar sus largas zancadas, y le pregunté cómo viajaríamos sin boletos. Él dijo:

—Están conmigo, y soy un oficial de policía, y si alguien pregunta, estás visitando a policías de Estados Unidos.

Cinco paradas más adelante nos bajamos en las afueras de la ciudad y nos dirigimos a su edificio. En su cómodo departamento conocimos a su hija de 13 años y a su muy educado hijo de 10 años, que no veían la hora de recibir permiso para zambullirse en los *éclairs* especialmente comprados para nuestra visita.

Se disculpó largamente por no hospedarnos durante la noche en su departamento, argumentando que no era lo suficientemente grande para acomodar a dos personas más, algo que nunca esperé que comentara.

Cenamos con su esposa *goulash* que había preparado para nosotros con anticipación, así como *ratatouille, kasha,* coles calientes y *chucrut.* Sus amables esfuerzos resultaron halagadores.

A continuación nos dirigimos sin su esposa a la plaza del mercado. Mientras bebíamos algo y comíamos rebanadas de pan integral untado con manteca de cerdo (claramente no mantenemos la dieta *kosher*), me interrogó sobre el caso de Hena. Pensó que valía la pena echar otro vistazo a la posible pista de la mujer que había vivido en una ciudad cercana hasta 2006 y que tenía algunos antecedentes que coincidían con los de Hena.

—¿Encontraste alguna dirección de ella antes de que emigrara? —pregunté.

—Pude haber obtenido la dirección accediendo ilegalmente al archivo en ese entonces, cuando era más fácil. Ahora no sería posible. —Tomó un trago de cerveza. Evidentemente los engranes estaban girando—. Tal vez cometí un error al no acceder a la dirección entonces. —Pero luego agregó que, si ella se hubiera ido del país o hubiera muerto, él no habría podido ver la dirección en el sistema.

»¿Cómo sabes que ella sobrevivió? —preguntó después.

Presenté todos los elementos del líder partisano Augustyn Wacław, el expolicía de una pierna y la hija de su posible salvador que recibió los regalos para bebé después de la guerra.

Le dije que Wacław mencionó que los miembros del grupo partidario de agricultores fueron los responsables de matar a los Rożeńek. Siguiéndome en la idea, nombró a un grupo de partisanos de derecha conocido por matar judíos y colaborar con los alemanes.

Me hizo darme cuenta de que algunos encargados de aplicar la ley sabían mucho más de lo que estaba permitido decir.

—Llamé a un colega antes de salir de la casa que conoce muy bien nuestro sistema informático y me confirmó que no habría podido ver la dirección en 2006 si ella hubiera muerto o se hubiera ido del país.

—Por supuesto —aduje, impresionada por su esfuerzo.

Luego me preguntó por qué no había hecho gestiones para que alguien rastreara a la mujer que había encontrado y que había emigrado a Israel en 2006.

—Podría —le dije—. Pero estoy haciendo todo lo posible mientras esté aquí, y pensé que podría encontrar su dirección local.

Él asintió.

Antes de que nos despidiéramos repasó su lista de pendientes y la mía: él intentaría una vez más obtener una dirección con algunas consultas informales, y yo trabajaría con la pista en Israel.

A la mañana siguiente me senté con mi computadora portátil afuera del hotel y consulté en las bases de datos israelíes con la información sobre la mujer que nuestro oficial había encontrado.

—¡Oh, no! —exclamé, mirando la pantalla con el ceño fruncido. Había estado copiando líneas hebreas de documentos de Yad Vashem en Google Translate—. No es ella. Los primeros nombres de los padres son similares a los de Hena, pero esta persona tiene una historia completamente diferente; llegó de Tashkent a través de Lublin. De cualquier modo, todo está mal.

Le escribí a nuestro policía y le dije que no prosiguiera. No valía la pena seguir la pista. Otro callejón sin salida.

Eso me dejaba solo una tarea para el tiempo que me quedaba en Polonia: presentar una solicitud formal como familiar al IPN para los registros de investigación de los asesinatos de los Rożeńek, algo que Sam y yo habíamos intentado en gobiernos anteriores. Podría aprovechar el conocimiento de este oficial sobre cómo se pueden mantener los registros y sus recomendaciones al redactar la solicitud.

También tuve otro nuevo recluta para la causa, una estudiante de doctorado con raíces judías en Breslavia que participó activamente en los esfuerzos para preservar las tumbas judías. La conocí haciendo contactos a través de un programa de estudios en el extranjero para universidades estadounidenses. Con el consejo del policía y la familiaridad de la estudiante con los procedimientos gubernamentales, elaboramos la solicitud de todos los documentos relacionados con los asesinatos de los Rożeńek. En algún lugar de los registros del Gobierno, creía plenamente, me esperaba una carpeta polvorienta o un archivo digital.

En nuestro último día en Breslavia, esta nueva amiga salió del vestíbulo de nuestro hotel con el sobre que contenía la solicitud de IPN y se dirigió a la oficina de correos. Tenía miedo de esperar demasiado, pero regresé a casa sintiéndome optimista.

Pronto nuestro aliado en el terreno, quien, como muchos relacionados con estas actividades, prefirió no ser nombrado debido al clima político en Polonia, dijo que el IPN rechazó mi solicitud. Necesitaba respaldar cada declaración con documentos originales notariados, y tenía que demostrar que existía un vínculo de sangre con la persona sobre la que buscaba información.

Este obstáculo parecía insuperable. El primo Sam me había dicho deliberadamente a lo largo de los años que Hena era su prima hermana por parte de madre. «No están relacionadas», me explicó una y otra vez.

Este era un trabajo para Sammy. Era un profesional en las bases de datos de genealogía de referencias cruzadas, experto en revisar en la pantalla de la computadora los diferentes recuadros que conforman los árboles genealógicos. Sammy se sumergió profundamente en el infierno de las bases de datos. Pasó incontables horas clasificando Rakowskis, Banachs y Rożeńeks, este último un apellido que alguna vez fue bastante común en nuestra parte de Polonia. Yo me mantenía ocupada reuniendo documentos para la solicitud.

Un día escuché un grito de júbilo desde el estudio de mi esposo.

—Lo tengo. Aquí lo tienes. Sí estás relacionada. ¡Estás absolutamente emparentada con ella!

Descubrió que en el pueblo de Kazimierza Wielka, con sus cien familias judías, por supuesto, había mucha mezcla, con familias de siete, ocho o nueve hijos, como en la familia de la madre de Sam.

—Por supuesto —dije—. ¿Con quién más se iban a casar?

Resultó que la abuela de Hena era hermana de mi bisabuela Pearl.

¿Era lo suficientemente cercano? Tomé el árbol genealógico parcial y una pila de documentos que obtuve ante notario y luego certifiqué con un sello de apostilla y una cinta de la oficina del secretario de Estado de Massachusetts. Envié el paquete a Polonia a un gran costo para asegurarme de que llegara.

En Breslavia, nuestra amiga entregó personalmente la solicitud en la oficina de IPN. Luego me dijo que me preparara para otra larga espera.

Mi idea era recibir un archivo en tamaño semejante al que obtuvo Przemek, o tal vez solo un breve informe de investigación que diera una fecha para la aparición de Hena cuando se le pidió que identificara a dos sospechosos en las muertes de su familia, que podría incluir una dirección.

Cuando volví a ver el nombre de mi amiga de Breslavia en mi bandeja de entrada, mis esperanzas aumentaron. Este podría ser el bueno. Pero no vi ningún archivo adjunto ni signos de un archivo pesado para descargar.

En cambio, el correo trajo otra decepción.

El IPN había revisado todos los documentos, formularios y sellos. Pero rechazó mi solicitud. Leí el correo electrónico varias veces. Me costó mucho asimilar esta información. El instituto tenía pruebas de que un pariente verificado de Hena había superado todos los obstáculos burocráticos y seguido todos los requisitos para buscar estos registros.

Pero eso no importaba.

¿Por qué? Porque, según el Gobierno, Hena aún estaba viva. Por lo tanto, ella tenía que aprobar la solicitud.

Pero ¿dónde? ¿Cómo habían llegado los funcionarios a esta conclusión? Al igual que la larga fila de personas, funcionarios y archivos que *tenían* que saber sobre Hena, el Gobierno se encogió de hombros.

Por su parte, Polonia dijo: «*Nie wiem*».

EPÍLOGO

Tuve problemas para renunciar a Hena.

Cuando regresamos, la hija de Kozioł envió fotos de nosotros juntos. Incluyó la de él derramando lágrimas por el triste destino de la población judía local.

Le agradecí en un correo electrónico, lamentando que después de tanto esfuerzo, Sam nunca encontrara a su última prima sobreviviente. «Sam se preocupa mucho por Kazimierza Wielka y todos los que conoció allí. De hecho, creía que sus relaciones con personas de la infancia a las que todavía respetaba significarían que le dirían la verdad».

Kozioł dijo que preguntaría por ahí.

Mientras tanto, la nieta de Guca, Monika, y yo nos mantuvimos en contacto. Le envié el certificado de nacimiento de Hena y le pregunté una vez más si su tía recordaba algo sobre ella. También envié una foto de la campana de cristal que me regaló cuando era adolescente, que siempre he apreciado. Ella respondió alegremente, enviando clips de noticias de los eventos recientes. También dijo: «Hablé con mi tía. No recuerda a Frania ni a Hena Rożeńka. Tenía 5 años en 1939. Ahora tiene 87 años. Se ve bien, pero no recuerda muchas cosas. Saludos a ti y a Sam de parte de mi familia».

Kozioł me respondió unas semanas más tarde. Había visitado a la tía de Monika, a quien describió como «la hija de Guca, la que se hizo cargo del depósito de madera de manos de Józef Rakowski». Kozioł conoció a la tía María de Monika de una manera diferente.

Ella era su antigua vecina y había sido compañera de trabajo de su esposa durante mucho tiempo.

—Ella recuerda que después de la guerra, Hena fue a algún lugar y luego le escribió una carta a una mujer en Zagórzyce con quien se quedó después de la tragedia —refirió Kozioł—. Dijo que hizo su vida, se casó, aparentemente ocultó sus orígenes judíos y que está muy bien —comentó, citando a María—. Y pidió que no la buscaran.

Después de todas las veces que Sam le había preguntado, ahora se decía que María había corroborado la pista de hacía décadas, pero de una manera que no podía seguirse.

Pensé en la empleada que me había dicho: «Aunque cambiara de religión, tendría que haberse mudado a otra parte».

—En cuanto a los perpetradores del asesinato de los Rożeńek —añadió Kozioł—, nadie sabe nada a la fecha.

Nadie sabe, pensé, ni quiere que nadie sepa.

Le pregunté a Kozioł por qué María, quien hacía solo unos años se sentó junto al primo Sam bromeando sobre sus recuerdos de la infancia, nunca respondió a sus súplicas de información sobre Hena. Cuando era niña, los maestros de Hena descubrieron que hacía amigos fácilmente. Es posible que alguna vez haya contado a María como una.

¿Por qué en esa última visita fingió demencia respecto a la información que había compartido anteriormente, que solía jugar en la casa de los rescatadores de Rożeńek con una niña que se había reído de un secreto que no podía contar? ¿Por qué engañaba a Sam mientras coqueteaba con él?

—Ella pensó —dijo Kozioł— que si respondía a sus preguntas, «podría incomodarlo».

—¿Y hacer oídos sordos a sus súplicas lo haría sentir mejor?

Pensé en Hena agazapada en la oscuridad esa noche, oliendo el humo de las armas que salía de los cuerpos de sus padres y hermanos. Después de que el pánico disminuyó, debe haberse desplazado, como lo sugería la información de Kozioł. En un momento de ataques nocturnos de escuadrones de hombres armados contra judíos escondidos, de alguna manera, encontró a alguien que la acogiera. No tenía forma de saber si estaba sola en ese momento. Pero ocultar a una adolescente podría haber parecido manejable. Si todavía estuviera con un chico, esconderlos a ambos habría sido más difícil. De cualquier manera, habría tenido 17 años al final de la guerra y podría haberse mezclado entre los muchos polacos desplazados y comenzar de nuevo.

Resulta que formó una agencia que brindó apoyo a los polacos obligados a reasentarse desde los territorios del este dentro de las fronteras cambiantes de la nación. Una entidad conocida como Oficina Estatal de Repatriación (*Państwowy Urząd Repatriacyjny*, o PUR) proporcionó recursos que podrían ayudarla a conseguir un departamento y un trabajo lejos de su peligrosa ciudad natal y de los asesinos de su familia.

La PUR podría haberle abierto paso para su viaje cuando «se fue al oeste». Por supuesto, no hay registro de que Hena haya hecho uso de esos servicios con su nombre exacto. Es posible que haya elegido una nueva identidad para permanecer de incógnito en un momento caótico, cuando nadie estaba rastreando identidades. Kozioł me confirmó un hecho que añadía credibilidad a la información proporcionada por la hija de Radziszewski: se casó con Slanisław Lushinski en 1946 y dio a luz a su primer hijo en 1947. Eso se sumó al relato de la señora Luszczyńska de que su padre visitó a Hena cerca de Breslavia y llevó regalos para bebés.

Eso es lo más cerca que estuve de encontrar un final feliz para Hena.

Escapó de Zagórzyce con vida. Pero ¿qué tipo de vida de posguerra era esa? Podía integrarse con la multitud de personas desplazadas alrededor de Breslavia, donde nadie tenía un pasado local. Quizá cuando sus hijos crecieron, les dijo que eran judíos. Si es así, podrían haber estado tan confundidos como los jóvenes que conocí en la casa del rabino en Varsovia después de las exhumaciones de Jedwabne.

No sé a quién agradecer por rescatar a Hena por segunda vez. Quizá los descendientes de este segundo salvador ni siquiera saben que su familia acogió a esta adolescente después de que su familia fuera asesinada. Tal vez el rescatador se convirtió en el punto de contacto para las autoridades que buscaban a Hena como testigo contra los acusados en los asesinatos de su familia. Hena apareció, pero no cooperó. Nunca se responsabilizó a nadie por los cinco miembros de su familia que murieron en una lluviosa noche de mayo, después de que cada uno fuera obligado a participar en una andanada de disparos.

Difícilmente podía ofrecerle a Kozioł una razón tan convincente como para que el segundo salvador compartiera más detalles o incluso su identidad conmigo. La presencia de familiares de los asesinos de los Rożeńek en la zona y la forma en que se trató a otros polacos honrados ofrecían poca motivación para hacer públicas sus valientes acciones para proteger a Hena. La experiencia de generaciones de Sodos, de quienes se sabía públicamente que habían ocultado a los Dula, no era alentadora. Aunque los Dula fueron asesinados y los condenados por los crímenes recibieron amnistía y beneficios completos para veteranos, los Sodo cargan con el estigma de albergarlos.

Como estableció *Night without End*, la carga de salvar a muchos judíos en Polonia recayó en los residentes de pequeños pueblos como Zagórzyce, lo que requirió enormes sacrificios, a pesar de que las investigaciones muestran que los alemanes rara vez castigaban a los polacos en esa zona por esconder judíos. De hecho, existe escaso apoyo para la narrativa histórica obligatoria del Gobierno polaco. En particular, el Gobierno insiste en que era norma durante la guerra que los polacos rescataran judíos. Pero si hubiera sido de esa forma, si tantos habían sido gentiles justos que salvaron judíos, ¿por qué los vecinos y las comunidades persisten en su ira y maltrato a los nietos y bisnietos de los valientes salvadores que conocimos? El razonamiento de Kozioł de que la verdad sobre la prima de Sam, Hena, podría molestarlo, da en el blanco de un principio legal viable en la Polonia actual. El juez en el caso de difamación contra Grabowski y Engelking decidió que, independientemente de la veracidad de la evidencia de que el alcalde del pueblo había traicionado a los judíos y los había asesinado, ellos seguían siendo responsables. ¿Por qué?

«Culpar a los polacos de alguna manera por el Holocausto provoca un sentimiento de daño... y, en consecuencia, es completamente falso e hiriente». El juez determinó que Polonia como nación y el pueblo polaco como individuos no podían ser considerados responsables del Holocausto de ninguna manera. «Los hechos históricos sin precedentes que constituyen el legado de la comunidad y de sus miembros individuales y que se consideran fácticos más allá de toda discusión no pueden relativizarse».[1]

El fallo del juez cerró la puerta a las investigaciones o debates públicos sobre los ataques de los polacos que ahora sabíamos que ocurrían con frecuencia en la primavera de 1944. Sostuvo que pavimentar el pasado es fundamental para evitar el riesgo de herir los sentimientos de orgullo nacional. El paso del tiempo en un silencio pétreo, ignorando verdades enterradas, junto con las prácticas oficiales de sellar registros y proteger sentimientos, borra la memoria histórica. Entonces, ¿quién puede decir con certeza qué pasó?

Esta opinión en un caso de difamación respaldado por el Gobierno es preocupante. Es alarmante que se esté convirtiendo en leyes, políticas y juicios en Polonia. Proteger los sentimientos de las personas que podrían sufrir al exponerse a los hechos amenaza no solo la forma en la que recordamos el pasado, sino que también pone en peligro la forma en la que resolvemos disputas, defendemos los tratados y vivimos bajo el Estado de derecho.

Afortunadamente, un juez de la Corte de Apelaciones de Varsovia revocó este fallo y concluyó que «no existe ningún derecho personal en forma de identidad nacional, apego a la nación polaca u orgullo nacional». La Corte de Apelaciones sostuvo «la importancia de un debate histórico libre en una sociedad democrática, incluyendo temas difíciles y dolorosos».[2]

El profesor Jan Grabowski, quien supone que Polonia no ha terminado de atacarlo a él o a su trabajo, está haciendo sonar la alarma por lo que Polonia hace al combinar el genocidio de los judíos con el sufrimiento de los polacos no judíos, algo que los académicos llaman «envidia del Holocausto», exigiendo una equivalencia falsa.

«Cuando una sociedad está inmersa en la contemplación de su propio sufrimiento y educada en una tradición de inocencia y victimismo, hay poco espacio para reconocer o apreciar el sufrimiento del otro», dijo Grabowski en una charla sobre la distorsión del Holocausto en Polonia.[3]

Mientras que los polacos se aferran a la inocencia, Sam se ha aferrado a la familia. El raro sobreviviente que emergió con ambos padres comenzó de nuevo en Israel sin ellos, e incluso cambió su apellido. Pero después de un tiempo, el deseo de estar con su familia lo llevó a Estados Unidos, donde trabajó en el negocio de su padre. Habiendo seguido a la familia él mismo, simplemente no puede creer que Hena, que había presenciado el asesinato de sus padres, no buscara familiares sobrevivientes.

Sam se mantuvo fuerte en un lugar donde tantos intentaron matarlo. Bien entrado en la vejez, todavía estaba desenterrando fragmentos de información sobre personas perdidas, conectando pistas, e incluso cuando descubrió verdades desagradables en su ciudad natal siguió ofreciendo consuelo a personas de las que no estaba tan seguro. Abrió muchos huecos en el tejido de nuestra familia y nuestra gente. Al mismo tiempo, continuamente da testimonio de los crímenes sufridos contra otras personas.

Todo indicaba que su aparición constante refrescaba los recuerdos. Seguramente, así era. Rompió la amnesia deliberada sobre la violencia doméstica que, junto con las matanzas masivas por parte de los alemanes, destruyeron la vida de unas seiscientas personas en la comunidad.[4]

Pero el «príncipe de la ciudad» no pudo despegar los labios que estaban sellados por miedo o algún sentido de solidaridad con los implicados en los asesinatos. Era más fácil cumplir con el código local y guardar silencio. La negación resultó más poderosa que la lealtad a un hombre que habían conocido y tal vez incluso admirado cuando era compañero de escuela, vecino e hijo de un importante hombre de negocios. Eso fue antes de que todos los judíos y sus propiedades se convirtieran en presa fácil.

El obstruccionismo pasó factura. La consideración que Guca le mostró al joven Sam durante la ocupación, caminando con él cuando a Sam se le prohibió subir a los trenes, no se trasladó a esas visitas durante la posguerra. Incluso cuando era un anciano, Guca se negó a ayudar a Sam a rastrear a su prima sobreviviente o a confirmar que ella había sobrevivido. No podría ser más personal.

Sam trató de entender su decepción, tratando de convencerse a sí mismo: «Eso no importa».

Pero sí importa.

Por mi parte, pasé de profundizar en cómo sobrevivió Sam a tratar de averiguar si Hena sobrevivió y cómo lo hizo. Los muros impenetrables levantados por todos, desde la gente del pueblo hasta las instituciones nacionales, seguían atrayéndome cada vez más.

Tuve la suerte de tener un asiento en primera fila para ver las increíbles interacciones de Sam con trabajadores y vecinos en su territorio natal, en un momento en que podía estar en contacto con personas que recordaban a nuestros familiares. Lo vi sacar de su base de datos mental nombres y lugares de dónde vivía, trabajaba y trataba de esconderse la gente. Aprovechó ese conocimiento en diversas ocasiones para descubrir el destino oculto de varios familiares asesinados.

Como adulta joven, pude conocer a Sam justo cuando estaba listo para concentrarse en sus experiencias durante la guerra. Coincidió con el interés de mi propia curiosidad sobre mi identidad. Vi en él el pragmatismo alegre de mi Poppy y la terquedad carismática de mi padre: la esencia de los Rakowski.

Tenía sed de aprender esta historia de un pariente vivo en lugar de historias heredadas. Con Sam, todo cobró vida ante mis ojos. A través de él vi que la larga vida de nuestra familia en Polonia fue mucho más significativa que la forma en que terminó.

Mi inversión en la búsqueda de Hena finalmente superó a la de Sam. Él renunció, dijo, a favor de regresar a Polonia en viajes que le ofrecieron más éxito y satisfacción. En esos trayectos en los que «no había sitio en el coche» para mí, él subrayaba mi condición de foránea. Provengo de lo que él llama la familia yanqui, con padres nacidos en Estados Unidos.

Pero el escurridizo rastro de Hena nos llevó a lugares y personas que revelaron una historia oscura. Sobre todo, quería que Sam la volviera a encontrar. Todo el tiempo le creí a Sam que ella no era mi pariente. Pero cuando mi solicitud de acceso a los archivos del Gobierno requería que probara que estaba relacionada con ella, Sammy descubrió que su abuela y mi bisabuela eran hermanas. Le conté a Sam sobre el descubrimiento, pero no sé si lo asimiló.

Poco después lo visitamos en Florida en marzo de 2022, cuando fue honrado por el Museo Conmemorativo del Holocausto de Estados Unidos. Sam estuvo rodeado por cuatro generaciones de su familia: sus hijos, un nieto y un bisnieto, un verdadero triunfo de la supervivencia.

Al verlos posar para las fotos, mi mente volvió una vez más al misterio de la prima perdida. Para salvar su propia vida tuvo que cambiar su identidad. Yo tuve suerte. Siguiendo su camino, encontré el mío.

Como siempre, Sam me presentó como la prima yanqui, descendiente de los Rakowski que se fueron. Pero ya sea que lo reconozca o no, Polonia, el imán para Sam bien entrado en sus noventa, se había convertido en una fuerte atracción para mí también. Me siento responsable de prestar atención a nuestra historia allí o verla desaparecer.

Ya sea que finalmente lograra asimilar el árbol genealógico que Sammy llenó con mis vínculos de sangre con Hena o, en algún nivel, considerara todos nuestros «asuntos polacos» a lo largo de los años, algo hizo que Sam se volviera hacia mí durante esa visita y me dijera: «Eres familia».

Sam no solo sobrevivió y vivió (*durkh leben*), sino que prosperó y cuidó la memoria de nuestra familia, incluidos los que aún se encuentran en los jardines de Polonia.

Lo que la próxima generación aprenderá sobre esa verdadera historia está en duda. Los inspiradores jóvenes maestros de escuela que conocimos en Kazimierza querían que Sam los ayudara a enseñar a los estudiantes actuales sobre la historia local de los judíos. Pero los vientos que soplan desde Varsovia no son un buen augurio para agregar tales elementos al plan de estudios.

Hace una generación, el joven Dominik había tratado de encontrar más información sobre lo que les sucedió a los judíos que se escondían en la granja de su familia. Sus maestros lo acusaron de contar un relato absurdo.

Ahora, Dominik también es padre. Su optimismo y fuerza pasiva me recuerdan a todas las personas francas y valientes de Polonia que nos ayudaron a tratar de encontrar a Hena y que enfrentan un desafío formidable al tratar con la historia judío-polaca en estos tiempos. He conocido a muchas personas que están educando, investigando, juntando fragmentos de vidas, restaurando algo de dignidad y sentido de la realidad a los millones a quienes se les negó la humanidad y la vida. Enfrentan gran presión, el peso de una sociedad y una cultura que están profundamente comprometidas con borrar las huellas dactilares de los polacos de esos eventos, a pesar de lo que Grabowski describió como «evidencia histórica amplia, indiscutible y fácilmente disponible».[5] Varios citan la realidad de su situación gubernamental, y piden no ser nombrados ni asociados con sus buenas obras.

Pero Dominik tiene planes claros para pasar la batuta. «Mi hijo sabrá la verdad».

AGRADECIMIENTOS

Estoy profundamente agradecida con el primo Sam por presentarme la tierra que formó a mi familia durante generaciones y ha tenido un profundo impacto en mí. En nuestros viajes conocí a polacos justos y generosos que arriesgaron todo tratando de salvar a nuestros familiares. Construir lazos con sus hijos y nietos, especialmente con Danuta Sodo Ogórek, Dominik Ogórek y Wioleta Mleko-Włowowicz ha sido un regalo gratificante.

Desde mis primeros pasos en 1990, la querida amiga Colleen Fitzpatrick, que entonces informaba desde Polonia, me presentó a maravillosos varsovianos que se convirtieron en pilares de mi viaje y valiosos amigos. Durante nueve viajes en un lapso de treinta años obtuve una visión temporal de la evolución del país. Eso incluyó instituciones como el Instituto Histórico Judío Emanuel Ringelblum, que surgió de los escombros del gueto de Varsovia a su moderna estructura de vidrio que alberga artefactos y protectores de la historia importante. Su departamento de genealogía toma fragmentos de información y nombres parciales, y reconstruye vidas y familias. Estoy agradecida con Anna Przybyszewska Drozd y su excolega Yale Reisner.

Mis considerables necesidades de ayuda con la traducción al polaco, algo de yiddish, hebreo y ruso, recayeron al principio en Sam, pero luego obtuve una ayuda invaluable en el terreno de Daga Landau y Małgorzata Lewińska, quienes no solo brindaron ayuda con el idioma, sino que también leyeron a las personas y situaciones correctamente. Las amplias necesidades de traducción impresa recayeron en una lista de traductores en evolución, en particular Lucjan Zaborowski, Przemek Swadzka, Regina Swadzka y Katka Reszke.

El alcalde de Kazimierza Wielka, Adam Bodzioch, merece un agradecimiento especial por su compromiso de abrir una puerta a la historia judía de Kazimierza y acogernos en su celebración. Ha trazado un camino que espero sigan sus sucesores. Małgorzata Grabska, maestra y líder comunitaria en la cercana Busko Zdrój, ha brindado información sobre la dinámica actual al organizar tales eventos de conmemoración cultural judía, uniéndose al experto exalcalde de Chmielnik, Jarosław Zatorski.

Un agradecimiento especial a Tadeusz Kozioł por sus esfuerzos para hacer una crónica de la impronta local del difunto Ray Fischler y Sam (Rakowski) Ron, y su interés en recordar la historia de los judíos en Kazimierza.

Agradezco la ayuda que recibí a lo largo de los años de los contactos de las fuerzas del orden en mi trabajo diario. Estoy agradecida con la extensa red de exalumnos del FBI, incluidos Richard S. Swensen, Michael Pyszczymuka, John Bienkowski y John Gamel.

Hay muchas personas a las que no puedo agradecer por su nombre a petición suya. A otros me refiero por razones similares solo por sus nombres de pila.

Nombro a mi esposo, Sam Mendales, quien se unió a tres viajes a Polonia, y aportó su experiencia en fotografía, videografía y genealogía a este proyecto. También compartió muchos puntos de vista y discutió interminablemente sobre la historia europea y el Holocausto, sin mencionar montones de apoyo y asociación.

Pude convertir esta historia en un libro gracias a la ayuda a lo largo de los años de maestros y entrenadores de escritura, incluido Jami Bernard, el mago de la estructura de tres actos y la campeona de verbos Anne Bernays y su curso de escritura de ficción de la Fundación Nieman. Me beneficié de los comentarios y la camaradería del taller Kitchen Table de Mark Kramer.

También se agradece a Irena Grudzińska Gross por su crítica, a Cate Ferson por los contactos polacos, a Cheyenne Paris por la ayuda con las citas y a Maya Reisz por su destreza organizativa. Estoy en deuda con Sara Rimer, cuya escritura admiré desde mis días de universidad en el *Michigan Daily*, y quien me presentó a Avery Rome, una increíble editora de desarrollo que perfecciona los arcos de acción y los personajes con un gran sentido de la historia y del humor.

Sara me presentó por primera vez a la agente literaria Susan Canavan de la Agencia Waxman, quien rápidamente captó la historia y su potencial. Con su sabia conducción llegó a Sourcebooks. Estoy profundamente agradecida con Anna Michels, directora editorial de Sourcebooks, por las sabias ediciones y la administración, y con Findlay McCarthy, el talentoso editor asistente.

Mis amigos autores E. B. Moore, Michael Arkush, Larry Tye y Stephanie Schorow ayudaron a iluminar el largo camino. Un agradecimiento especial a Farah Stockman por animarme a retomar esta historia y mantener mi orientación. Gracias a mis amigos escritores Judy Fahys, Stacy Mattingly, Chris Woodside y Karen Weintraub por su oportuno aliento.

Y a la rabina Liza Stern, gracias por recordarme que tengo suerte de poder contar esta historia.

BIBLIOGRAFÍA

«Archive of Jewish War Graves». Zapomniane. Consultado el 24 de julio de 2022. https://zapomniane.org/en/.

Armstrong, John Lowell. «The Polish Underground and the Jews: A Reassessment of Home Army Commander Tadeusz Bór-Komorowski's Order 116 against Banditry». *Slavonic and East European Review* 72, núm. 2 (1994): 259-76. http://www.jstor.org /stable/4211476.

Associated Press. «New Polish Historical Policy Could Silence Holocaust Debates». *VOA News*, 22 de marzo de 2016. https://www.voanews.com/a/new-polish-historical-policy-could-silence-holocaust-debates/ 3249438.html.

Associated Press. «Poles to Exhume Mass Grave of Jews Killed in Massacre». *Los Angeles Times*, 25 de mayo de 2001. https://www.latimes.com/archives/la-xpm- 2001-may-25-mn- 2305-story. html.

Bartov, Omer. *Erased: Vanishing Traces of Jewish Galicia in Present-Day Ukraine*. Princeton, NJ: Princeton University Press, 2007.

Bauer, Yehuda. *Flight and Rescue: Brichah*. Nueva York: Random House, 1970.

Bikont, Anna. *The Crime and the Silence: A Quest for the Truth of a Wartime Massacre*. Traducción de Alissa Valles. Londres: Windmill Books, 2016.

«Chapter XXVI, Shawnee Township: 1885». *Ohio Genealogy Express*. Consultado el 24 de julio de 2022. http://www.ohio-genealogyexpress.com349/allen/allenco_hist_1885/allenco_hist_1885_chpt_xxv_shawnee.htm.

Crowe, David M. *Oskar Schindler: The Untold Account of His Life, Wartime Activities, and the True Story Behind the List*. Cambridge, MA: Westview Press, 2004.

Daum, Menachem y Oren Rudavsky (dirs.). *Hiding and Seeking: Faith and Tolerance after the Holocaust*. ITVS International, 2005.

Day, Matthew. «Smolensk Air Disaster "Was Caused by Mystery Explosion"». *Telegraph*, 10 de abril de 2014. https://www.telegraph.co.uk /news/worldnews/europe/poland/10758863/Smolensk-air-disaster-was-caused-by-mystery-explosion.html.

De Pommereau, Isabelle. «Son of an Anti-Nazi Hero Uses Family Estate to Nurture Democracy and Rule of Law». *Christian Science Monitor*, 6 de julio de 2012. https://www.csmonitor.com/World/Making-a-difference/2012/0706/Son-of-an-anti-Nazi-hero-uses-family-estate-to-nurture-democracy-and-rule-of-law.

Dobrowolska, Joanna. «A Complicated Peace: Nationalism and Antisemitism in Interwar Poland». Master's thesis, Utah State University, 2018. https://digitalcommons.usu.edu/etd/7103/.

Elowitz, Jodi. «Heroism and Sacrifice as Represented in Nathan Rapoport's Warsaw Ghetto Monument». Society Pages, 22 de abril de 2018. https://thesocietypages.org/holocaust-genocide/heroism-and-sacrifice-as-represented-in-nathan-rapoports-warsaw-ghettomonument/.

Elsby, Liz. «Rapoport's Memorial to the Warsaw Ghetto Uprising-a Personal Interpretation». Yad Vashem. Consultado el 24 de julio de 2022. https://www.yadvashem.org/articles/general/warsaw-memorial-personal-interpretation.html.

«Encyclopedia of Camps and Ghettos, 1933-1945». United States Holocaust Memorial Museum. Consultado el 30 de junio de 2022.

https://www.ushmm.org/research/publications/encyclopedia-camps-ghettos.

Engelking, Barbara. *Holocaust and Memory: The Experience of the Holocaust and Its Consequences: An Investigation Based On Personal Narratives*. Editado por Gunnar S. Paulsson. Traducido por Emma Harris. Nueva York: Leicester University Press, European Jewish Publication Society, 2001.

Engelking, Barbara. *Such a Beautiful Sunny Day...: Jews Seeking Refuge in the Polish Countryside, 1942-1945*. Traducido por Jerzy Michałowicz. Jerusalén: Yad Vashem Publications, 2016.

Engelking, Barbara y Jan Grabowski (eds.). *Dalej jest noc. Losy Żydów w wybranych powiatach okupowanej Polski* [*Noche sin fin: El destino de los judíos en los condados seleccionados de la Polonia ocupada*]. 2 vols. Varsovia: Centrum Badań nad Zagłada Żydów, 2018.

Fogelman, Eva. *Conscience and Courage: Rescuers of Jews during the Holocaust*. Nueva York: Anchor Books, 1994.

Friedländer, Saul. *Memory, History, and the Extermination of the Jews of Europe*. Bloomington: Indiana University Press, 1993.

Friedländer, Saul. *The Years of Extermination: Nazi Germany and the Jews, 1939-1945*. Nueva York: Harper Collins, 2007.

Gessen, Masha. «Historians under Attack for Exploring Poland's Role in the Holocaust». *New Yorker*, 26 de marzo de 2021. https://www.newyorker.com/news/our-columnists/the-historians-under-attack-for-exploring-polands-role-in-the-holocaust.

Gessen, Masha. «Poland's Ruling Party Puts an Extraordinary Museum of Polish-Jewish History into Limbo». *New Yorker*, 23 de septiembre de 2019. https://www.newyorker.com/news/our-columnists/polands-ruling-party-puts-an-extraordinary-museum-of-polish-jewish-history-into-limbo.

Grabowski, Jan. «Hijacking Memory of the Holocaust: From Treblinka through Auschwitz to the Warsaw Ghetto». 12 de junio de 2022. Video, 25:30. https://www.hkw.de/en/app/mediathek/video/91276.

Grabowski, Jan. *Hunt for the Jews: Betrayal and Murder in German-Occupied Poland*. Bloomington: Indiana University Press, 2013.

Grabowski, Jan. «Rewriting the History of Polish-Jewish Relations from a Nationalist Perspective: The Recent Publications of the Institute of National Remembrance». *Yad Vashem Studies* 36, núm. 1 (enero de 2008): 253-270.

Grabowski, Jan y Barbara Engelking (eds.). *Night without End: The Fate of Jews in Selected Counties of Occupied Poland*. Bloomington: Indiana University Press, 2022.

Grabowski, Jan y Dariusz Libionka. «Distorting and Rewriting the History of the Holocaust in Poland: The Case of the Ulma Family Museum of Poles Saving Jews during World War II in Markowa». *Yad Vashem Studies* 45, núm. 1 (2017): 29-61.

Gross, Jan Tomasz. *Neighbors: The Destruction of the Jewish Community in Jedwabne, Poland*. Princeton, NJ: Princeton University Press, 2001.

Hackmann, Jorg. «Defending the "Good Name" of the Polish Nation: Politics of History as a Battlefield in Poland, 2015-18». *Journal of Genocide Research* 20, núm. 4 (2018): 587-606. https://doi.org/10.1080/14623528.2018.1528742.

Hilberg, Raul. *Perpetrators, Victims, Bystanders: The Jewish Catastrophe 1933-1945*. Londres: Harper Collins, 1992.

Holc, Janine P. «Working through Jan Gross's Neighbors». *Slavic Review* 61, núm. 3 (2002): 453-59. https://doi.org/10.2307/3090294.

Judt, Tony. «The Past Is Another Country: Myth and Memory in Postwar Europe». *Daedalus* 121, núm. 4 (otoño de 1992): 83-118. http://www.jstor.org/stable/20027138.

Kozioł, Tadeusz. *Dodatek do kwestii martyrologii i zagłady społeczności żydowskiejw Kazimierzy Wielkiej i okoliach* [Suplemento al número de Martirologio y Holocausto de la Comunidad Judía]. Odonów, Polonia: Cultural Society of Odonów, 2017.

Kozioł, Tadeusz. *Żydzi w historii Kazimierzy Wielkiej* [Judíos en la historia de Kazimierza Wielka]. Busko-Zdrój, Polonia: Buskie Stowarzyszenie Kulturalne, 2021.

Kucia, Marek, Marta Duch-Dyngosz y Mateusz Magierowski. «The Collective Memory of Auschwitz and World War II among Catholics in Poland: A Qualitative Study of Three Communities». *History and Memory* 25, núm. 2 (2013): 132-73. https://doi.org/10.2979 /histmemo.25.2.132.

Lanzmann, Claude (dir.). *Shoah*. New Yorker Films, 1985.

Leslie, Roy F. *The History of Poland Since 1863*. Cambridge: Cambridge University Press, 1983.

Libionka, Dariusz. «Documents of the Polish Underground State concerning the extermination of the Jews». En *Guide to the Sources on the Holocaust in Occupied Poland*, editado por Alina Skibińska, traducido por Jessica Taylor-Kucia, 251-58. Varsovia: European Holocaust Research Infrastructure, 2014.

Mendelsohn, Daniel. *The Lost: A Search for Six of Six Million*. Nueva York: Harper Perennial, 2006.

Michlic, Joanna B. «"At the Crossroads": Jedwabne and Polish Historiography of the Holocaust». *Dapim: Studies on the Holocaust 31*, núm. 3 (2017): 296-306. https://doi.org/10.1080/232 56249.2017.1376793.

Michlic, Joanna B. «"I Will Never Forget What You Did for Me during the War": Rescuer-Rescuee Relationships in the Light of Postwar Correspondence in Poland, 1945-1949». *Yad Vashem Studies* 39, núm. 2 (2011): 169-207. https://research-information.bris.ac.uk/ws /portalfiles/portal/10934473/Michlic YadVashemStudiesDec.2011.pdf.

Michlic, Joanna B. *Jewish Children in Nazi-Occupied Poland: Survival and Polish-Jewish Relations during the Holocaust as Reflected in Early Postwar Recollections*. Search and Research 14. Jerusalén: Yad Vashem, 2008.

Michlic, Joanna B. «Many Faces of the Memory of the Holocaust in Post-Communist Poland». En *Legends and Legacies 11: Expanding Perspectives on the Holocaust in a Changing World*, editado por Hilary Earl y Karl A. Schleunes, 144-179. Evanston, IL: Northwestern University Press, 2019.

Michlic, Joanna B. *Poland's Threatening Other: The Image of the Jew from 1880 to the Present*. Lincoln: University of Nebraska Press, 2006.

Michnik, Adam. «Poles and the Jews: How Deep the Guilt?». *New York Times*, 17 de marzo de 2001. https://www.nytimes.com/2001/03/17/arts/poles-and-the-jews-how-deep-the-guilt.html.

Michnik, Adam. «The Shock of Jedwabne». En *Search of Lost Meaning: The New Eastern Europe*, editado por Irena Grudzinska Gross, traducido por Roman S. Czarny, 204-12. Berkeley: University of California Press, 2011.

Mikics, David. «The Day We Burned Our Neighbors Alive». *Tablet*, 20 de octubre de 2015. https://www.tabletmag.com/sections/arts-letters /articles/anna-bikont-jedwabne.

«Obchody 75. rocznicy powstania Narodowych Sił Zbrojnych» [Celebración del 75 aniversario de la creación de las Fuerzas Armadas Nacionales]. Institute of National Remembrance, 16 de septiembre de 2017. https://ipn.gov.pl/pl/aktualnosci/41742, Obchody-75-rocznicy-powstania-Narodowych-Sil-Zbrojnych-Warszawa-16-wrzesnia-2017.html.

Pileggi, Tamar. «Poland Moves to Strip Jewish Holocaust Scholar of Award». *Times of Israel*, 14 de febrero de 2016. https://www.timesofisrael.com/poland-moves-to-strip-jewish-holocaust-scholar-of-award/.

Polonsky, Antony (ed.), «*My Brother's Keeper?*»: *Recent Polish Debates on the Holocaust*. Londres: Routledge, 1990.

Polonsky, Antony y Joanna B. Michlic. *The Neighbors Respond: The Controversy over the Jedwabne Massacre in Poland*. Princeton, NJ: Princeton University Press, 2004.

Popowycz, Jennifer. «Nazi Forced Labor Policy in Eastern Europe». National World War II Museum, 14 de marzo, 2022. https://www.nationalww2museum.org/war/articles/nazi-forced-labor-policy-eastern-europe.

«Populations and Migration». *YIVO Encyclopedia of Jews in Eastern Europe.* Consultado el 30 de junio de 2022. https:// yivoencyclopedia.org/article.aspx/Population_and_Migration/ Population_since_World _War_I#id0ezsbi.

Raack, R. C. «Stalin Fixes the Oder-Neisse Line». *Journal of Contemporary History* 25, núm. 4 (octubre de 1990): 467-88. https://www.jstor.org/stable/260758.

«Sachsenhausen». United States Holocaust Memorial Museum. Consultado el 24 de julio de 2022. https://encyclopedia.ushmm.org/ content/en/article/sachsenhausen#prisoners-in-the-camp-.

«Schindler's Lists». United States Holocaust Memorial Museum. Consultado el 20 de junio de 2022. https://www.ushmm.org/ online/hsv/source_view.php ?SourceId=20610.

Skibińska, Alina, y Jakub Petelewicz. «Udział Polaków w zbrodniach na Żydach na prowincji regionu świętokrzyskiego» [La participación de los polacos en los crímenes contra los judíos en la región de Świętokrzyskie]. *Zagłada Żydów* 1 (2005): 114-48. https://doi.org/10.32927/ZZSiM.151.

Sobieski, John. *The Life of King John Sobieski: John the Third of Poland, a Christian Knight, the Savior of Christendom.* Boston: Richard G. Badger, 1915.

Sommer, Anna. «Auschwitz Today: Personal Observations and Reflections about Visitors to the Auschwitz-Birkenau State Museum and Memorial». *Les Cahiers Irice* 7, núm. 1 (2011): 87-94. https://doi.org/10.3917/lci.007.0087.

Stola, Dariusz. «The Polish Government in Exile and the Final Solution». En *Contested Memories: Poles and Jews during the Holocaust and Its Aftermath,* editado por Joshua D. Zimmerman, 85-96. Piscataway, NJ: Rutgers University Press, 2003.

Stutz, Eli. «Saved by Keeping Shabbat». *Israel National News,* 14 de abril de 2010. https://web.archive.org/web/20211217071934/ https://www.israelnationalnews.com/news/137018.

Teller, Adam. «Polish-Jewish Relations: Historical Research and Social Significance: On the Legacy of Jacob Goldberg». *Studia Judaica* 15, núm. 1-2 (2012): 29-30.

Tokarska-Bakir, Joanna. «How to Exit the Conspiracy of Silence?: Social Sciences Facing the Polish-Jewish Relations». *East European Politics and Societies: and Cultures* 25, núm. 1 (2011): 129-52. https://doi.org/10.1177/0888325410387640.

Tokarska-Bakir, Joanna. *Jewish Fugitives in the Polish Countryside, 1939-1945: Beyond the German Holocaust Project.* Traducido por Yecheskiel Anis, Ewa Gedroyc, Nicholas Hodge, Jerzy Jurus, Jessica Taylor-Kucia y Benjamin Voelkel. Eastern European Culture, Politics and Societies 18. Varsovia: Peter Lang, 2022.

Tokarska-Bakir, Joanna. «The Ultimate Lost Object». Ponencia presentada en el Segundo Taller Anual de Estudios Judíos Polacos, Princeton University, Princeton, NJ, 17-19 de abril de 2015. https://doi.org/10.13140/RG.2.1.3613.0725.

Tokarska-Bakir, Joanna y Avner Greenberg. «The Unrighteous Righteous and the Righteous Unrighteous». *Dapim: Studies on the Shoah* 24, núm. 1 (2010): 11-63. https://doi.org/10.1080/2 3256249.2010.10744397.

Traducción de sentencia de la jueza Joanna Wisniewska-Sadomska, Tribunal de Apelación de Varsovia I División Civil, I ACa 300/21, Sentencia en nombre de la República de Polonia, 16 de agosto de 2021.

Van Pelt, Robert Jan, Luis Ferreiro y Miriam Greenbaum (eds.). *Auschwitz: Not Long Ago. Not Far Away.* Nueva York: Abbeville Press, 2019.

Vinokour, Maya. «90% of Polish Jews Died in the Holocaust. So Why Are Poland's Nationalists Chanting "Get the Jews Out of Power"?». *Haaretz*, 13 de noviembre de 2017. https://www. haaretz. com/jewish/holocaust-remembrance-day/2017-11-13/ ty-article/why-polish-nationalists-chant-get-the-jews-out-of- power/0000017f-e7fe-d97e-a37f-f7ffb30e0000.

«Warsaw Ghetto». Yad Vashem. Consultado el 24 de julio de 2022. https://yadvashem.org/holocaust/about/ghettos/warsaw.html.

Wauchope, Mary. «*The Counterfeiters:* Seeking Moral Lessons from a Holocaust Thriller». *Shofar* 28, núm. 4 (2010): 57-71. http://www.jstor.org/stable/10.5703/shofar.28.4.57.

Wolentarska-Ochman, Ewa. «Collective Remembrance in Jedwabne: Unsettled Memory of World War II in Postcommunist Poland». *History & Memory* 18, núm. 1 (2006): 152-78. https://muse.jhu.edu/article/196874.

Wróbel, Piotr. *Historical Dictionary of Poland, 1945-1996.* Nueva York: Routledge, 1998.

Zimmerman, Joshua D. *The Polish Underground and the Jews, 1939-1945.* Cambridge: Cambridge University Press, 2015.

Zimmerman, Joshua D. «The Polish Underground Home Army (AK) and the Jews: What Postwar Jewish Testimonies and Wartime Documents Reveal». *East European Politics and Societies: and Cultures* 34, núm. 1 (2020): 194-220. https://doi.org/10.1177/0888325419844816.

NOTAS

Prólogo: Hena oculta

[1] Jennifer Popowycz, «Nazi Forced Labor Policy in Eastern Europe», National WWII Museum, 14 de marzo de 2022, https://www.nationalww2museum.org/war/articles/nazi-forced-labor-policy-eastern-europe.

Capítulo 1: Perdido y encontrado

[1] David M. Crowe, *Oskar Schindler: The Untold Account of His Life, Wartime Activities, and the True Story Behind the List* (Cambridge, MA: Westview Press, 2004), 237.

[2] Mary Wauchope, «The Counterfeiters: Seeking Moral Lessons from a Holocaust Thriller», *Shofar* 28, núm. 4 (2010): 57-71, http://www.jstor.org/stable/10.5703/shofar.28.4.57.

[3] «Sachsenhausen», United States Holocaust Memorial Museum, consultado el 24 de julio de 2022, https://encyclopedia.ushmm.org/content/en/article/sachsenhausen.

[4] «Schindler's Lists», United States Holocaust Memorial Museum, consultado el 20 de junio de 2022, https://www.ushmm.org/online/hsv/source_view.php?SourceId=20610.

Capítulo 2: El viejo país

[1] Mark Tolts, «Populations and Migration: Population since World War I», *YIVO Encyclopedia of Jews in Eastern Europe,* 12 de octubre de 2010, https://yivoencyclopedia.org/article.aspx/Population_and_Migration/Population_since_World_War_I.

[2] John Sobieski, *The Life of King John Sobieski: John the Third of Poland, a Christian Knight, the Savior of Christendom* (Boston: Richard G. Badger, 1915), viii.

[3] «Encyclopedia of Camps and Ghettos, 1933-1945», United States Holocaust Memorial Museum, consultado el 30 de junio de 2022, https://www.ushmm.org/research/publications/encyclopedia-camps-ghettos.

[4] Joshua D. Zimmerman, *The Polish Underground and the Jews, 1939-1945* (Cambridge: Cambridge University Press, 2015), 13-35.

[5] Joanna Dobrowolska, «A Complicated Peace: Nationalism and Antisemitism in Interwar Poland» (tesis de maestría, Utah State University, 2018), 25, https://digitalcommons.usu.edu/etd/7103/.

[6] Joanna B. Michlic, «Many Faces of the Memory of the Holocaust in Post-Communist Poland», en *Lessons and Legacies XI: Expanding Perspectives on the Holocaust in a Changing World*, eds. Hilary Earl y Karl A. Schleune (Evanston, IL: Northwestern University Press, 2019), 144-79.

[7] Marek Kucia, Marta Duch-Dyngosz y Mateusz Magierowski, «The Collective Memory of Auschwitz and World War II among Catholics in Poland: A Qualitative Study of Three Communities», *History and Memory* 25, núm. 2 (2013): 132-73, https://doi.org/10.2979/histmemo.25.2.132.

[8] R. C. Raack, «Stalin Fixes the Oder-Neisse Line», *Journal of Contemporary History* 25, núm. 4 (octubre de 1990): 467-88, https://www.jstor.org/stable/260758.

[9] Raack, «Stalin Fixes the Oder-Neisse Line», 469-71.

[10] Tadeusz Kozioł, *Dodatek do kwestii martyrologii I zagłady społeczności żydowskiej w Kazimierzy Wielkiej i okoliach* [Suplemento al número de Martirologio y Holocausto de la Comunidad Judía] (Odonów: Cultural Society of Odonów, 2017), 12-13; Tadeusz Kozioł, *Żydzi w historii Kazimierzy Wielkiej* [Jews in the history of Kazimierza Wielka] (Busko-Zdrój, Polonia: Buskie Stowarzyszenie Kulturalne, 2021).

Capítulo 3: Corrales

[1] Zimmerman, *Polish Underground*, 371.

[2] Roy F. Leslie, *The History of Poland Since 1863* (Cambridge: Cambridge University Press, 1983), 234.

[3] *Ibid.*, 235-36.

[4] Dariusz Stola, «The Polish Government in Exile and the Final Solution», en *Contested Memories: Poles and Jews during the Holocaust and Its Aftermath*, ed. Joshua D. Zimmerman (Piscataway, NJ: Rutgers University Press, 2003), 85-96.

[5] Leslie, *History of Poland, op. cit.*, 235-36.

[6] «Obchody 75. rocznicy powstania Narodowych Sił Zbrojnych» [Celebración del 75 aniversario de la creación de las Fuerzas Armadas Nacionales], Ins-

titute of National Remembrance, 16 de septiembre de 2017, https://IPN.gov.pl/
pl/aktualnosci/41742,Obchody-75-rocznicy-powstania-Narodowych-
Sil-Zbrojnych-Warszawa-16-wrzesnia-2017.html.

[7] Szymon Rudnicki, «Mogą żyć, byle nie u nas... Propaganda NSZ wobec
Żydów» [Pueden vivir, pero no con nosotros... Propaganda de los NSZ hacia los
judíos], Wiez, 20 de septiembre de 2017, https://wiez.pl/2017/09/20/moga-zyc-
byle-nie-u-nas-propaganda-NSZ-wobec-zydow/.

[8] Stola, «Polish Government in Exile», op. cit., 87.

[9] Joshua D. Zimmerman, «The Polish Underground Home Army (AK)
and the Jews: What Postwar Jewish Testimonies and Wartime Documents Reveal», East European Politics and Societies: and Cultures 34, núm. 1 (febrero de
2020):194-220, https://doi.org/10.1177/0888325419844816.

Capítulo 4: Orígenes

[1] Dariusz Libionka, «Documents of the Polish Underground State concerning the Extermination of the Jews», en Guide to the Sources on the Holocaust in
Occupied Poland, ed. Alina Skibińska, traducción de Jessica Taylor-Kucia (Varsovia: European Holocaust Research Infrastructure, 2014), 251-58.

[2] «Warsaw Ghetto», Yad Vashem, consultado el 24 de julio de 2022, https://
yadvashem.org/holocaust/about/ghettos/warsaw.html.

[3] David Engel, «Poland Since 1939», YIVO Encyclopedia of Jews in Eastern
Europe, 14 de marzo de 2011, https://yivoencyclopedia.org/article.aspx/poland/
poland_since_1939; Ruth Ellen Gruber, «East-Central Europe», American
Jewish Year Book 102, (2002): 445-79, https://www.jstor.org/stable/23604553;
Geneviève Zubrzycki, «The Politics of Jewish Absence in Contemporary Poland», Journal of Contemporary History 52, núm. 2 (abril de 2017): 250-77,
https://www.jstor.org/stable/44504015; «Murder of the Jews of Poland», Yad Vashem, consultado el 24 de julio de 2022, https://www.yadvashem.org/holocaust/
about/fate-of-jews/poland.html.

Capítulo 6: Un avance

[1] Joel Brinkley, «Walesa, in Israel, Regrets Poland's Anti-Semitism», New
York Times, 21 de mayo de 1991, https://www.nytimes.com/1991/05/21/world/
walesa-in-israel-regrets-poland-s-anti-semitism. html.

Capítulo 9: Rellenando casillas

[1] Jan Tomasz Gross, *Neighbors: The Destruction of the Jewish Community in Jedwabne*, Polonia (Princeton, NJ: Princeton University Press, 2001), 48-49; David Mikics, «The Day We Burned Our Neighbors Alive», *Tablet*, 20 de octubre de 2015, https://www.tabletmag.com/sections/arts-letters/articles/anna-bikont-jedwabne.

[2] Janine P. Holc, «Working through Jan Gross's Neighbors», *Slavic Review* 61, núm. 3 (2002): 453-59, https://doi.org/10.2307/3090294.

[3] Ian Fisher, «At Site of Massacre, Polish Leader Asks Jews for Forgiveness», *New York Times*, 11 de julio de 2001, https://www.nytimes.com/2001/07/11/world/at-site-of-massacre-polish-leader-asks-jews-for-forgiveness. html.

[4] Mikics, «Day We Burned».

[5] Associated Press, «Poles to Exhume Mass Grave of Jews Killed in Massacre», *Los Angeles Times*, 25 de mayo de 2001, https://www.latimes.com/archives/la-xpm-2001-may-25-mn-2305-story. html.

Capítulo 11: Verdad tensa

[1] Masha Gessen, «The Historians under Attack for Exploring Poland's Role in the Holocaust», *New Yorker*, 26 de marzo de 2021, https://www.newyorker.com/news/our-columnists/the-historians-under-attack-for-exploring-polands-role-in-the-holocaust.

[2] Matthew Day, «Smolensk Air Disaster "Was Caused by Mystery Explosion"», *Telegraph*, 10 de abril de 2014, https://www.telegraph.co.uk/news/worldnews/europe/poland/10758863/Smolensk-air-disaster-was-caused-by-mystery-explosion. html.

[3] Eli Stutz, «Saved by Keeping Shabbat», *Israel National News*, 14 de abril de 2010, https://web.archive.org/web/20211217071934/https://www.israelnationalnews.com/news/137018.

[4] Piotr Wróbel, correo electrónico al autor, 25 de abril de 2007.

[5] Seth Abramovitch, «"Aftermath" Dares to Unearth Terrible Secrets of Poland's Lost Jews», *Hollywood Reporter*, 28 de octubre de 2013, https://www.hollywoodreporter.com/news/general-news/aftermath-dares-unearth-terrible-secrets-651230/.

[6] Hanna Krall, *Shielding the Flame: An Intimate Conversation with Dr. Marek Edelman, the Last Surviving Leader of the Warsaw Ghetto Uprising*, traducción de Joanna Stasinska Weschler y Lawrence Weschler (Nueva York: Henry Holt, 1986), 95.

[7] Liz Elsby, «Rapoport's Memorial to the Warsaw Ghetto Uprising—A Personal Interpretation», Yad Vashem, consultado el 24 de julio de 2022, https://

www.yadvashem.org/articles/general/warsaw-memorial-personal-interpretation.html; Jodi Elowitz, «Heroism and Sacrifice as Represented in Nathan Rapoport's Warsaw Ghetto Monument», Society Pages, 22 de abril de 2018, https://thesocietypages.org/holocaust-genocide/heroism-and-sacrifice-as-represented-in-nathan-rapoports-warsaw-ghetto-monument/.

[8] Joanna Tokarska-Bakir, «How to Exit the Conspiracy of Silence?: Social Sciences Facing the Polish-Jewish Relations», East European Politics and Societies: and Cultures 25, núm. 1 (febrero de 2011): 129-52, https://doi.org/10.1177/0888325410387640.

[9] Antoni Sułek, «Ordinary Poles Look at the Jews», East European Politics and Societies: and Cultures 26, núm. 2 (agosto de 2011): 425-44, https://doi.org/10.1177/0888325411415402.

Capítulo 12: Falsos partisanos

[1] Kozioł, Dodatek do kwestii martyrologii.
[2] Ibid., 12-13 (traducciones por Przemek Swadzka).
[3] Ibid., 3.
[4] Ibid., 4-5.
[5] Ibid., 14.
[6] Ibid., 40.
[7] Ibid., 35.
[8] Kozioł, Dodatek do kwestii martyrologii, 43.
[9] Ibid., 44.

Capítulo 13: Evidencia documentada

[1] «Chapter XXVI, Shawnee Township: 1885», Ohio Genealogy Express, consultado el 24 de julio de 2022, http://www.ohiogenealogyexpress.com/allen/allenco _hist_1885/allenco_hist_1885_chpt_xxv_shawnee.htm.

[2] Act on the Institute of National Remembrance-Commission for the Prosecution of Crimes against the Polish Nation, 18 de diciembre de 1998, Journal of Laws of 1998, núm. 155, item 1016, https://www.legal-tools. org/doc/fc69d7/pdf/.

[3] «Archive of Jewish War Graves», Zapomniane, consultado el 24 de julio de 2022, https://zapomniane.org/en/.

[4] Ewa Wolentarska-Ochman, «Collective Remembrance in Jedwabne: Unsettled Memory of World War II in Postcommunist Poland», History & Memory 18, núm. 1 (primavera/verano de 2006): 152-78, https://doi.org/10.1353/ham.2006.0005.

[5] Jan Grabowski, *Hunt for the Jews: Betrayal and Murder in German-Occupied Poland* (Bloomington: Indiana University Press, 2013), 241-46.

[6] IPN Ki 128/37 III K 83/51, GK 306/32, 1950-1953, Expedientes de la causa penal contra Edward Grudzien y otras 19 personas acusadas de matar a ciudadanos polacos de nacionalidad judía y miembros del Ejército Popular Polaco en 1944, Tribunal de Apelación de Kielce, traducido por Przemek Swadzka. Este archivo involucra el asesinato en mayo de 1944 en el pueblo de Chruszczyna Wielka de cinco integrantes de la familia Dula en la granja de Sodo. Dos semanas después, el mismo grupo asesinó a nueve judíos que también se escondían en el pueblo de Bełzów. Todas las citas de los procedimientos judiciales siguientes son de este archivo.

[7] Alina Skibińska y Jakub Petelewicz, «Udział Polaków w zbrodniach na Żydach na prowincji regionu Świętokrzyskiego» [La participación de los polacos en los crímenes contra los judíos en la región de Świętokrzyskie], *Zagłada Żydów* 1 (2005): 114-48, https://doi.org/10.32927/ZZSiM.151.

[8] Yehuda Bauer, Yad Vashem, correo electrónico al autor, 23 de enero de 2006.

[9] Barbara Engelking-Boni, correo electrónico a la autora, 19 de abril de 2006.

[10] Dariusz Libionka, correo electrónico al autor, 26 de abril de 2006.

[11] Libionka, «Documents of the Polish Underground State», 251-58.

[12] «Dekret o wymiarze kary dla faszystowsko-hitlerowskich zbrodniarzy winnych zabójstw i znęcania się nad ludnością cywilną i jeńcami oraz dla zdrajców Narodu Polskiego», (Decreto sobre la pena de los criminales fascistas-nazis culpables de asesinato y maltrato de civiles y prisioneros, y traidores de la nación polaca), *Dziennik Ustaw* 27, núm. 4 (septiembre de 1944).

[13] Joanna Tokarska-Bakir, *Jewish Fugitives in the Polish Countryside, 1939-1945: Beyond the German Holocaust Project*, traducción de Yecheskiel Anis, Ewa Gedroyc, Nicholas Hodge, Jerzy Jurus, Jessica Taylor-Kucia y Benjamin Voelkel, Eastern European Culture, Politics and Societies 18 (Varsovia: Peter Lang, 2022): 74.

[14] Tokarska-Bakir, *Jewish Fugitives, op. cit.*, 81-82.

[15] Maya Vinokour, «90% of Polish Jews Died in the Holocaust. So Why Are Poland's Nationalists Chanting 'Get the Jews Out of Power'?,» *Haaretz*, 13 de noviembre de 2017, https://www.haaretz.com/jewish/holocaust-remembrance-day/2017-11-13/ty-article/why-polish-nationalists-chant-get-the-jews-out-of-power/0000017f-e7fe-d97e-a37f-f7ffb30e0000.

[16] Associated Press, «New Polish Historical Policy Could Silence Holocaust Debates», *VOA News*, 22 de marzo de 2016, https://www.voanews.com/a/new-polish-historical-policy-could-silence-holocaust-debates/3249438.html.

[17] Tamar Pileggi, «Poland Moves to Strip Jewish Holocaust Scholar of Award», Times of Israel, 14 de febrero de 2016, https://www.timesofisrael.com/poland-moves-to-strip-jewish-holocaust-scholar-of-award/.

[18] Associated Press, «New Polish Historical Policy».

[19] *Idem.*

Capítulo 14: No hay historia sin la verdad

[1] Isabelle de Pommereau, «Son of an Anti-Nazi Hero Uses Family Estate to Nurture Democracy and Rule of Law», *Christian Science Monitor*, 6 de julio de 2012, https://www.csmonitor.com/World/Making-a-difference/2012/0706/Son-of-an-anti-Nazi-hero-uses-family-estate-to-nurture-democracy-and-rule-of-law.

[2] IPN Ki 128/37 III K 83/51, GK 306/32.

[3] Joanna B. Michlic, «"I Will Never Forget What You Did for Me during the War": Rescuer-Rescuee Relationships in the Light of Postwar Correspondence in Poland, 1945-1949», *Yad Vashem Studies* 39, núm. 2 (2011): 169-207, http://www.yadvashem.org/yv/en/about/institute/studies/issues/39–2/index.asp.

[4] *Ibid.*, 172.

[5] Joanna B. Michlic, *Poland's Threatening Other: The Image of the Jew from 1880 to the Present* (Lincoln: University of Nebraska Press, 2006), 274.

[6] *Ibid.*, 276.

Capítulo 15: Invitados de honor

[1] Jan Grabowski y Barbara Engelking (eds.), *Night without End: The Fate of Jews in German-Occupied Poland* (Bloomington: Indiana University Press, 2022), vii.

[2] Omer Bartov, reseña de *Noche sin fin*, portada.

[3] Barbara Engelking y Jan Grabowski, eds., *Dalej jest noc. Losy Żydów w wybranych powiatach okupowanej Polski* [Noche sin fin: El destino de los judíos en los condados seleccionados de la Polonia ocupada], 2 vols. (Varsovia: Centrum Badan nad Zaglada Zydów, 2018), 192.

[4] Joanna Tokarska-Bakir, correo electrónico al autor, 5 de octubre de 2021.

[5] Traducción del fallo de la jueza Joanna Wisniewska-Sadomska, Tribunal de Apelaciones de Varsovia I División Civil, I ACa 300/21, Sentencia en nombre de la República de Polonia, 16 de agosto de 2021.

[6] Jan Grabowski leyendo el fallo traducido de la jueza Ewa Jończyk durante su discurso, «Hijacking Memory of the Holocaust: From Treblinka through Auschwitz to the Warsaw Ghetto», 12 de junio de 2022, video, 25:30, https://www.hkw.de/en/app/mediathek/video/91276.

[7] *Idem.*

[8] John Lowell Armstrong, «The Polish Underground and the Jews: A Reassessment of Home Army Commander Tadeusz Bór-Komorowski's Order 116 against Banditry», *Slavonic and East European Review* 72, núm. 2 (abril de 1994): 259-76, http://www.jstor.org/stable/4211476; Kazimierza Wielka municipal website http://www.kazimierzawielka.pl/asp/62-rocznica-powstania-kazimiersko-8211-proszowickiej-republiki-partyzanckiej, 40,artykul,1,148.

[9] Masha Gessen, «Poland's Ruling Party Puts an Extraordinary Museum of 364 Notes Polish-Jewish History into Limbo», *New Yorker*, 23 de septiembre de 2019, https://www.newyorker.com/news/our-columnists/polands-ruling-party-puts-an-extraordinary-museum-of-polish-jewish-history-into-limbo; Anna Sommer, «Auschwitz Today: Personal Observations and Reflections about Visitors to the Auschwitz-Birkenau State Museum and Memorial», *Les Cahiers Irice 7*, núm. 1 (2011): 87-94, https://doi.org/10.3917/lci.007.0087.

[10] Adam Teller, «Polish-Jewish Relations: Historical Research and Social Significance: On the Legacy of Jacob Goldberg», *Studia Judaica 15*, núm. 1-2 (2012): 29-30.

Epílogo

[1] Grabowski, «Hijacking Memory».

[2] Wisniewska-Sadomska, I ACa 300/21.

[3] Grabowski, «Hijacking Memory».

[4] Engelking y Grabowski, *Dalej jest noc.*, 177, 192, *op. cit.*

[5] Grabowski, «Hijacking Memory», *op. cit.*